回答世界之问

Responding to the Questions Posed By The World

唐健 著

人民出版社

总　序

习近平总书记指出："坚持问题导向是马克思主义的鲜明特点。问题是创新的起点，也是创新的动力源。只有聆听时代的声音，回应时代的呼唤，认真研究解决重大而紧迫的问题，才能真正把握住历史脉络、找到发展规律，推动理论创新。"[①] 马克思主义之所以具有科学性、科学社会主义道路之所以具有生命力，一个根本的原因就是，马克思主义经典作家始终反对"从头脑中想出联系"，而是强调要"从事实中发现联系"。正是因此，马克思主义深刻揭示了人类不同社会形态之间的历史联系，即由社会基本矛盾运动所构成的"社会革命机制"是人类历史发展的一般规律，这使得人们的历史认识第一次置于科学的基础之上。不仅如此，马克思主义还深刻揭示了现代资本主义生产方式的内在矛盾，这为打破"资本主义＝历史终结"的意识形态幻象，开启真正的人类历史提供了科学依据。

马克思主义传入中国之际，正是中华民族遭受劫难、中国人民遭受罹难之际。为化解这一危机，中国人民也曾奋起反抗，无数仁人志士也曾奔走呐喊……可是，所有这些抗争活动与救国方案最终都以失败告终，唯有马克思主义阶级分析方法才让中国人民认清了"反帝反封建"的革命现实，这便是中国共产党领导的新民主主义革命区别于旧式民主革命，进而实现民族独立和人民解放的科学性所在。实际上，要真正解决好中国的问题，仅靠几句马克思主义教条显然不够，而应立足中国现实，通过具体问题的解决去证明马克思主义的实践性和生命力。中国的新民主主义革命、社会主义革命和建设以及改革开放事业所取得的伟大成就说明，马克思主义没

① 习近平：《论党的宣传思想工作》，中央文献出版社2020年版，第225页。

有辜负中国，中国也没有辜负马克思主义。但是，这种互不辜负是实践基础上不断推进理论创新的结果，正如邓小平同志所言："马克思主义理论从来不是教条，而是行动的指南。它要求人们根据它的基本原则和基本方法，不断结合变化着的实际，探索解决新问题的答案，从而也发展马克思主义理论本身"①。

中国特色社会主义进入新时代，习近平总书记进一步强调："坚持以马克思主义为指导，必须落到研究我国发展和我们党执政面临的重大理论和实践问题上来，落到提出解决问题的正确思路和有效办法上来。"② 问题意识、问题导向是习近平新时代中国特色社会主义思想的源头活水，体现了新时代中国共产党人根据中国实际和时代特点创新发展马克思主义的理论清醒、赓续中国特色社会主义事业的实践自觉。从理论逻辑分析，新时代中国共产党人的问题意识和问题导向可以归结为一个"四·五·三"的结构，具体是："中国之问、世界之问、人民之问、时代之问"表征着问题的提法和类型；"实践遇到的新问题、改革发展稳定存在的深层次问题、人民群众的急难愁盼问题、国际变局中的重大问题和党的建设面临的突出问题"涵盖了问题的内容和形式；"新时代坚持和发展什么样的中国特色社会主义、怎样坚持和发展中国特色社会主义，建设什么样的社会主义现代化强国、怎样建设社会主义现代化强国，建设什么样的长期执政的马克思主义政党、怎样建设长期执政的马克思主义政党"彰显着问题的要义和实质。这些问题尽管角度不同，但都体现出以习近平同志为核心的党中央直面问题、筛选问题、分析问题、解决问题的果断与清醒，它们是我们把握习近平新时代中国特色社会主义思想真理性和实践性的"敲门砖"和"指示牌"。

为了深刻把握习近平新时代中国特色社会主义思想的问题导向、逻辑起点和思想实质，我们组织人员编写了这套"问题导向"研究丛书，其研究侧重和逻辑关系大致是：

① 《邓小平文选》第三卷，人民出版社 1993 年版，第 146 页。
② 习近平：《在哲学社会科学工作座谈会上的讲话》，人民出版社 2016 年版，第 14 页。

“回答中国之问”体现了以习近平同志为核心的党中央“坚持把国家和民族发展放在自己力量的基点上，坚持把中国发展进步的命运牢牢掌握在自己手中”的政治自觉。为什么会有这个政治自觉？一个根本的原因是，在实现中华民族伟大复兴的问题上，无论外部环境怎样严峻复杂，无论改革发展怎样艰难困苦，中国特色社会主义道路是实现中华民族伟大复兴的唯一正确道路。这条道路，体现着社会主义的发展方向，根植于五千多年的中华文明，代表着中国共产党人的共同理想，凝聚着十四亿多中国人的美好生活期盼。如习近平总书记所言：“中国特色社会主义，是科学社会主义理论逻辑和中国社会发展历史逻辑的辩证统一，是根植于中国大地、反映中国人民意愿、适应中国和时代发展进步要求的科学社会主义，是全面建成小康社会、加快推进社会主义现代化、实现中华民族伟大复兴的必由之路。”① 这一论断不仅深刻阐明了中国特色社会主义与科学社会主义的理论关联，而且指明了中国特色社会主义道路与全面建成社会主义现代化的实践关联。

当前，实现中华民族伟大复兴已经进入关键时期，能否在“完善和发展中国特色社会主义制度、推进国家治理体系和治理能力现代化”的总目标下，构建高水平市场经济体制，实现中国经济高质量发展，成为“中国之问”的新内涵和新要求，为此，我们必须在保持对中国特色社会主义的道路自信、理论自信、制度自信、文化自信以及对中华文明历史自信的基础上，大胆改革，锐意创新，从而推动生产关系与生产力、上层建筑和经济基础、国家治理和社会发展更好适应，为中国式现代化提供强大动力和制度保障。

“回答世界之问”体现了新时代中国共产党人在世界百年未有之大变局之下对“人类向何处去”这一问题的严肃思考和科学回应。历史的现实是，今天的人类已经生活在一个“你中有我、我中有你”的地球村里，但以美国为首的一些西方国家似乎在制度、道路、文化和意识形态层面还接

---

① 《习近平著作选读》第一卷，人民出版社 2023 年版，第 85 页。

受不了这个现实，他们似乎还不懂得世界历史时代不同民族、国家和地区的和平共处、合作发展之道。当今世界，和平赤字、发展赤字、安全赤字、治理赤字不断加重的事实说明，人类又一次站在历史的十字路口，在此重大历史转折之际，习近平总书记明确指出："让和平的薪火代代相传，让发展的动力源源不断，让文明的光芒熠熠生辉，是各国人民的期待，也是我们这一代政治家应有的担当。中国的方案是：构建人类命运共同体，实现共赢共享。"① 这个"中国方案"体现着马克思主义的共同体思想，凝聚着中华文明的天下观念，汇聚着世界各国人民对和平、发展、繁荣向往的最大公约数。

为了使这个美好向往变成现实，中国还提出了全球发展倡议、全球安全倡议、全球文明倡议，而且愿同国际社会一道，坚持对话协商，推动建设一个持久和平的世界；坚持共建共享，推动建设一个普遍安全的世界；坚持合作共赢，推动建设一个共同繁荣的世界；坚持交流互鉴，推动建设一个开放包容的世界；坚持绿色低碳，推动建设一个清洁美丽的世界。构建人类命运共同体是世界各国人民的前途所在，事实充分说明，这一"中国方案"已经得到了世界大多数国家的认同和支持。

"回答人民之问"体现了新时代中国共产党人对"如何满足人民群众对美好生活的新期待"这一问题的思考与回应。我们注意到，在习近平总书记的著作和讲话中，有一句话经常出现："过去的一切运动都是少数人的，或者为少数人谋利益的运动。无产阶级的运动是绝大多数人的，为绝大多数人谋利益的独立的运动。"② 这句话道出了以追求全人类解放为目的的共产主义运动与以追求少数人解放为目的的阶级社会的根本区别，在此，"为绝大多数人谋利益"实际上定义了共产党人的初心和使命。习近平总书记明确指出："全党必须牢记，为什么人的问题，是检验一个政党、一个政权性质的试金石。带领人民创造美好生活，是我们党始终不

① 《习近平外交演讲集》第二卷，中央文献出版社 2022 年版，第 17 页。

② 《马克思恩格斯文集》第 2 卷，人民出版社 2009 年版，第 42 页。

渝的奋斗目标。”[①] 正是因为牢记初心使命和奋斗目标，所以，习近平总书记提出了“以人民为中心的发展思想”“我将无我，不负人民”“江山就是人民，人民就是江山”“共产党就是给人民办事的”“坚持人民至上”“发挥人民主体作用”等新论断、新表述，这体现了一个马克思主义政治家的思想自觉和实践自觉。面向新征程，“人民日益增长的美好生活需要和不平衡不充分的发展之间的矛盾”已成为我国社会的主要矛盾，这对我们发展的质量、服务的效能、治理的水平提出了更高要求。

前进的道路上，尽管我们还面临这样那样的问题和矛盾，但是，只要紧紧依靠人民，坚持全心全意为人民服务的根本宗旨，站稳人民立场，贯彻党的群众路线，尊重人民首创精神，践行以人民为中心的发展思想，发展全过程人民民主，维护社会公平正义，着力解决发展不平衡不充分问题和人民群众急难愁盼问题，扎实推进共同富裕，广大人民群众的创造力必将更加迸发，社会主义制度的优越性必将更加显现。

“回答时代之问”体现了新时代中国共产党人对经济全球化时代人类生产和交往关系的思考与回应。马克思和恩格斯曾指出，“每一历史时代主要的经济生产方式和交换方式以及必然由此产生的社会结构，是该时代政治的和精神的历史所赖以确立的基础，并且只有从这一基础出发，这一历史才能得到说明”[②]。马克思主义经典作家侧重从生产力和生产关系入手来定义时代、划分时代、评价时代，这可以视为马克思主义时代观的重要内容。从马克思所生活的那个时代开始，经济全球化的大幕就已拉开，但是，这个进程既包含着生产和交往活动的世界化，也包含着殖民侵略和政治霸权的世界化，以此建构起来的世界政治和经济秩序显然具有剥削性，充满斗争性。

历经长期的艰苦奋斗，特别是通过坚定不移的改革开放，中国已经实现了从高度集中的计划经济体制到充满活力的社会主义市场经济体制、从

① 《习近平谈治国理政》第三卷，外文出版社 2020 年版，第 35 页。

② 《马克思恩格斯文集》第 2 卷，人民出版社 2009 年版，第 14 页。

封闭半封闭到全方位开放的历史转变，从生产力相对落后的状况到经济总量跃居世界第二的历史性突破，人民生活从温饱不足到全面小康的历史性跨越，这充分说明，改革开放是中国大踏步赶上时代的重要法宝，是决定中国式现代化成败的关键一招；同时也要看到，从改革开放至今，国内外各种敌对势力对中国的遏制、打压、渗透和破坏活动从未间断，更为重要的是，随着新一轮科技革命的到来，西方国家日益展现出创新动力不足、治理效能低下、开放空间收缩的问题，对此，他们没有采取积极有效措施，反而将矛盾推向外部，通过“脱钩断链”、设置“小院高墙”对以中国为代表的广大发展中国家进行无端指责和恶意抹黑，这使经济全球化的进程遇到阻碍，使世界各国的共同利益受到挑战。面对严峻的风险挑战，中国人民志不改、道不变，依然坚定奉行独立自主的和平外交政策，依然坚持经济全球化的正确方向。要看到，走和平发展道路是中国式现代化道路的突出特征，在坚定维护世界和平发展中谋求自身发展，又以自身发展维护世界和平与发展，代表了中国人民对经济全球化发展规律的深刻理解。这就正如习近平总书记所言：“世界潮流，浩浩荡荡，顺之则昌，逆之则亡。纵观世界历史，依靠武力对外侵略扩张最终都是要失败的。这就是历史规律。世界繁荣稳定是中国的机遇，中国发展也是世界的机遇。和平发展道路能不能走得通，很大程度上要看我们能不能把世界的机遇转变为中国的机遇，把中国的机遇转变为世界的机遇，在中国与世界各国良性互动、互利共赢中开拓前进。”[①] 正是因为坚定站在历史正确的一边、站在人类文明进步一边，中国始终愿意成为世界和平的建设者、全球发展的贡献者、国际秩序的维护者，也正是在这个意义上，中国式现代化必将有利于推动经济全球化朝着正确方向发展，必将对应对世界百年未有之大变局发挥积极和正面的作用。

综合来看，这套丛书力求从不同侧面对以习近平同志为主要代表的中国共产党人的问题意识、问题导向进行解读。“回答中国之问”侧重于阐

① 《习近平谈治国理政》，外文出版社 2014 年版，第 248 页。

释中国特色社会主义道路对实现中华民族伟大复兴的决定性意义，“回答世界之问”侧重于阐释中国提出的推动构建人类命运共同体方案对促进世界和平发展的积极意义，“回答人民之问”侧重于阐释人民立场对推进发展改革稳定的根本作用，“回答时代之问”侧重于阐释中国式现代化对推进中华民族伟大复兴和创造人类文明新形态的重大意义。立足“两个大局”，这“四问”反映了我们对发展道路、国际环境、价值立场、历史趋势的严肃思考与深切回应，是习近平新时代中国特色社会主义思想所蕴含的问题意识和问题导向的集中呈现。

同时，我们也认为，这“四问”也包含着一定的逻辑关系：首先，“中国之问”是摆在首位的问题意识和问题导向。也就是说，如果没有中国自身的长期、稳定、持续向好发展，其他问题都无从谈起。以“中国之问”作为“首发之问”体现出当代中国共产党人立足中国这个“力量基点”来处理中国与世界、历史与现实、安全与发展、真理与道义问题的历史清醒和战略定力。其次，“世界之问”问的是当前中国的发展是否具备一个安全和友好的外部环境问题，其侧重点应该是国际政治和国际关系。近些年，一些国家不惜人为制造“科技战”“人才战”“认知战”乃至武力冲突的事实已经说明，这个世界并不太平，实现发展不能一厢情愿，没有哪个国家能够退回到自我封闭、坐享其成的孤岛。只有世界各国共同维护以联合国为核心的国际体系、以国际法为基础的国际秩序、以联合国宪章宗旨和原则为基础的国际关系准则，世界安全、共同安全才能有保证。再次，“人民之问”实际上包含着中国人民和世界人民对美好生活的共同向往，这体现的是以习近平同志为主要代表的中国共产党人考虑问题的道义制高点和真理制高点，体现我们以真理的光芒照亮人类前行之路的理论自觉和行动自觉。最后，“时代之问”问的是经济全球化和逆全球化并行博弈的情况下，中国和世界各国应该以何种态度来推动公平合理的世界经济秩序的构建问题，这个问题与“世界之问”有一定的相关性。我们看到，面对世界经济和贸易交往中出现的问题，一些国家没有想着以相互协商、合作共赢的方式来积极应对，反而采取的是损人利己的单边主义、弱肉强食的从林法则、唯我独尊的霸权路径来加剧国际社会矛盾，从而使本就不平衡的世界经济更加不平衡，在这个意义上而言，中国提出的推动构建人类命运共同体方案是回答“世界之问”和“时代之问”的正确有效答案。

更为重要的是，“中国之问”“世界之问”“人民之问”“时代之问”的发问主体都是中国共产党。历史地看，当今中国和世界面临的很多问题也并不都是新问题，有的问题是发展的新阶段出现的新问题，有的问题则是历史中已经重复上演的老问题。所以，“四问”背后还有一个中国共产党“怎样建设长期执政的马克思主义政党”的“能力之问”。习近平总书记指出：“我们中国共产党人干革命、搞建设、抓改革，从来都是为了解决中国的现实问题。可以说，改革是由问题倒逼而产生，又在不断解决问题中得以深化。”① 正是因为有这样的问题意识，新时代的中国共产党人既没有在自身存在的问题面前讳疾忌医，也没有在加速演进的世界变局面前随波逐流，而是以自我革命的勇气推动党和国家事业取得历史性成就、发生历史性变革，以伟大斗争的锐气使世界范围内社会主义和资本主义两种意识形态、两种社会制度的历史演进及其较量发生了有利于社会主义的重大转变。这充分说明，拥有马克思主义科学理论指导是我们党坚定信仰、把握历史主动的根本所在，习近平新时代中国特色社会主义思想就是当代中国马克思主义、21世纪马克思主义。只有不断坚持和发展这一马克思主义中国化时代化的最新理论成果，实现中华民族伟大复兴的历史伟业，推动世界和平发展的崇高事业才能行稳致远、一往无前。

焦佩锋

2024年8月26日

① 习近平：《论坚持全面深化改革》，中央文献出版社2018年版，第27页。

目录

Contents

导言：应对世界之变，共建美好世界

君行吾为发浩歌，鲲鹏击浪从兹始。

——毛泽东：《七古·送纵宇一郎东行》，1918

1918 年末，梁启超一行人乘坐日本邮船会社的“横滨丸”从上海出发前往欧洲，经南洋至印度洋，再到地中海，环绕半个地球后，抵达目的地。① 此时，世界大战的烽火在将欧洲从“骄傲之塔”燃烧成为一片野蛮大陆之后②，正隐隐熄灭。然而，梁启超一踏足欧洲，就敏锐地发现，和谈或许只是更大危机的开端：大国矛盾并未因为战争结束而消弭；民族主义全球高涨，预示着殖民体系的道德基础已经被釜底抽薪；经济危机和贫富差距之下，欧洲诸国社会革命的暗潮已然汹涌。因此，梁启超断言这回大战，“还不是新世界历史的正文，不过一个承上启下的转捩段落罢了”③。

欧洲列强内外交困之际，1917 年发生的两件大事，预示着居于欧洲

① 1918 年，梁启超筹资 10 万元，同行 7 人，包括蒋百里（军事学）、刘崇杰（外交）、丁文江（地质学）、张君劢（哲学）、徐新六（金融学）和杨鼎甫（图书馆学）赴欧洲游历一年。其中，丁文江和徐新六乘坐飞机，梁启超和其余人乘坐“横滨丸”到达欧洲。参见梁启超：《欧游心影录》，商务印书馆 2014 年版。

② “骄傲之塔”一语来自著名历史学家巴巴拉·塔奇曼（Barbara W. Tuchman）描述第一次世界大战之前欧洲诸国社会、经济和社会心理的著作（参见［美］巴巴拉·W. 塔奇曼：《骄傲之塔：战前世界的肖像（1890—1914）》，陈丹丹译，中信出版社 2016 年版）。

③ 梁启超：《欧游心影录》，商务印书馆 2014 年版，第 8 页。

东西两侧的两大强国将在旧世界废墟的基础上构筑起人类新秩序，尽管其需延宕约 30 年至第二次世界大战结束后才彻底显露出其完整面貌：1917 年 4 月，美国对德国宣战，伍德罗・威尔逊（Woodrow Wilson）得偿所愿，将美国大兵带到欧洲大陆；1917 年 11 月，俄国爆发“十月革命”，人类诞生第一个社会主义国家，列宁宣布退出第一次世界大战。1916 年至 1917 年，列宁完成《帝国主义是资本主义的最高阶段》和《国家与革命》的写作，1918 年 1 月，威尔逊提出“十四点和平原则”。威尔逊和列宁为一个“起火的世界”开出了不同的药方，[①] 深刻改变了人类历史走向。[②] 由此可见，一国之强盛，不仅在于物力之雄厚，更在于是否具有在人类历史转折变革之际，回应重大时代课题的智识能力。

在美俄震撼世界的 1917 年，刚刚经历洪宪之难的中国，又上演张勋复辟的闹剧，民生凋敝、国力衰颓，列强蚕食侵略日甚一日。是年，梁启超起草讨伐张勋复辟的全国通电，并力主加入协约国，向德国宣战，希望借美欧之力抵御日本对山东的狼子野心，尽量保全中国主权。梁启超坦言奔赴欧洲的一大原因是，“正在做正义人道的外交梦，以为这次和会，真是要把全世界不合理的国际关系根本改造，立个永久和平的基础，想拿私人资格将我们的冤苦向世界舆论伸诉伸诉，也算尽一二分国民责任”。但自己做不到的事，又如何奢望别人替你出力，1919 年缔结的《凡尔赛和约》将战前德国在山东的特权转给日本，“到头来，外交是完全失败了”[③]。

1921 年，中国共产党成立，于幽暗中擎起火炬，中国的前途命运就此转折。经二十八载艰苦卓绝之奋斗，中国共产党人收拾晚清以来破碎山河，赤县神州再造一统。1949 年 10 月 1 日，毛泽东同志登上天安门城楼，

① Arthur Herman, *1917: Lenin, Wilson, and the Birth of the New World Disorder*, New York: Harper Collins Publishers Inc., 2017.

② 参见［美］唐纳德・E. 戴维斯：《第一次冷战：伍德罗・威尔逊对美苏关系的遗产》，徐以骅等译，北京大学出版社 2007 年版。

③ 梁启超：《欧游心影录》，商务印书馆 2014 年版，第 55 页。

在这座始建于大明永乐十五年巍峨建筑的见证下，中华民族革故鼎新，掀开了新的历史篇章，“一唱雄鸡天下白，万方乐奏有于阗”①，马克思主义思想为中国注入新的精神动能，一扫近代以来的懦弱颓丧，中国人终于能够在现代世界站稳脚跟。

1978 年 12 月，中共十一届三中全会召开，“中央提出了把全党工作的重心转移到实现四个现代化上来的根本指导方针”②。邓小平同志接手发展这一重任时，占人口总数 80% 的中国农民，人均年收入只有 40 美元③。他打开了这个国家的大门④，拥抱世界，吸纳一切有利于中国发展的科技、资金、管理经验和制度成果，中国的生机与活力被释放。1997 年 2 月，他离开时，一个开放、新型的中国已经开始腾升，以超乎想象的速度和幅度聚集着自己的能量。同年 3 月 3 日，美国《时代》杂志刊登了邓小平逝世的特别报道，标题是《下一个中国：邓的继任者能否把中国变为世界所热爱的超级大国？》。⑤

未来已来。1978 年，中国 GDP 总量约为 1495 亿美元，占世界 GDP 总量的 1.7%，2022 年中国 GDP 总量约 18 万亿美元，全球占比约 18%；

---

① 1950 年 10 月，国庆节歌舞晚会上，柳亚子先生即席赋《浣溪沙》，毛主席第二天用原韵奉和《浣溪沙·和柳亚子先生》，全篇为：“长夜难明赤县天，百年魔怪舞翩跹，人民五亿不团圆。一唱雄鸡天下白，万方乐奏有于阗，诗人兴会更无前。”（周振甫：《毛泽东诗词欣赏》，中华书局 2019 年版，第 86—89 页。）

② 《邓小平文选》第二卷，人民出版社 1994 年版，第 140 页。

③ 参见［美］傅高义：《邓小平时代》，冯克利译，生活·读书·新知三联书店 2013 年版，第 17 页。

④ 1984 年 6 月 30 日，邓小平在会见第二次中日民间人士会议日方委员会代表团时深刻地指出：“现在的世界是开放的世界。中国在西方国家产业革命以后变得落后了，一个重要原因就是闭关自守。建国以后，人家封锁我们，在某种程度上我们也还是闭关自守，这给我们带来了一些困难……关起门有两种，一种是对国外；还有一种是对国内，就是一个地区对另外一个地区，一个部门对另外一个部门。两种关门都不行。我们提出要发展得快一点，太快不切合实际，要尽可能快一点，这就要求对内把经济搞活，对外实现开放政策。”（《邓小平文选》第三卷，人民出版社 1993 年版，第 64—65 页）

⑤ *Times*, “*The Next China: Will Deng's Heirs Turn Beijing into a Superpower the World Can Love?*”, Vol. 149, No. 9, 1997.

1978年中国的人均GDP是156.4美元，2021年达到了12556.3美元。[①]1991年中国进出口贸易总额约为1357亿美元，约占世界总量（7.2万亿美元）的1.9%。2022年，中国进出口总值首次突破40万亿元关口，连续6年保持世界第一货物贸易国地位[②]，中国已经成为全球140多个国家和地区的主要贸易伙伴。[③]中国人类发展指数从1990年的0.499增长到2019年的0.761，是1990年全球首次测算该指数以来唯一从低人类发展水平组跨越到高人类发展水平组的国家。[④]

汉字蕴藏着中国人的思维玄机。“世界”一词本身就能体现中国人对自我与外部关系的思考与回应。“界”，与田地有关，指将田地间隔开，表示空间和方位；“世”是时间概念，《说文解字》讲，“革”字从三十，三十年为一世，而道更也。[⑤]世界两个字合起来就表示，空间是变动不居的，变化积累一段时间，空间及其运作逻辑就会发生重大改变，人需要不断观察空间并准确定位所处方位，确定并运筹想抵达的位置。“世界”两个字体现了时间、空间，以及居于其间的人和人组成的组织相互影响、共同演化的辩证关系。

2018年6月22日至23日，中央外事工作会议在北京召开，习近平总书记指出：“当前，我国处于近代以来最好的发展时期，世界处于百年未有之大变局，两者同步交织、相互激荡。做好当前和今后一个时期对

---

① 数据来自世界银行数据库，见 https://data.worldbank.org.cn/indicator/NY.GDP.PCAP.CD?locations=CN&name_desc=true。

② 历史数据参见世界银行（World Bank）公开的数据统计，见 https://data.worldbank.org.cn/topic/贸易；2022年中国贸易额参见杜海涛：《我国进出口规模首次突破40万亿元》，《人民日报》2023年1月14日；全球贸易数据参见《贸发会议：今年全球贸易额将创纪录，但增速放缓已在下半年显现》，联合国新闻，2022年12月13日，见 https://news.un.org/zh/story/2022/12/1113332。

③ 参见罗珊珊：《我国成为140多个国家和地区的主要贸易伙伴：国际经济合作和竞争新优势不断增强》，《人民日报》2022年11月23日。

④ 吴汶倩、孔禄渊：《外交部介绍中国人权事业成就》，2022年6月21日，见 https://www.chinanews.com.cn/gn/2022/06-21/9785138.shtml。

⑤ 参见［汉］许慎：《说文解字》，中华书局1963年版，第60页。

外工作具备很多国际有利条件。”[1]2022年10月16日，习近平总书记在党的二十大报告中对世界百年未有之大变局的内涵和影响做了进一步阐释：“当前，世界百年未有之大变局加速演进，新一轮科技革命和产业变革深入发展，国际力量对比深刻调整，我国发展面临新的战略机遇。同时，世纪疫情影响深远，逆全球化思潮抬头，单边主义、保护主义明显上升，世界经济复苏乏力，局部冲突和动荡频发，全球性问题加剧，世界进入新的动荡变革期。”百年未有之大变局的深刻内涵可以从三大变革切入理解，“当前，世界之变、时代之变、历史之变正以前所未有的方式展开”[2]，三大变革加重了和平赤字、发展赤字、安全赤字、治理赤字（图1），并为它们增加了新的内涵，人类社会面临前所未有的挑战。

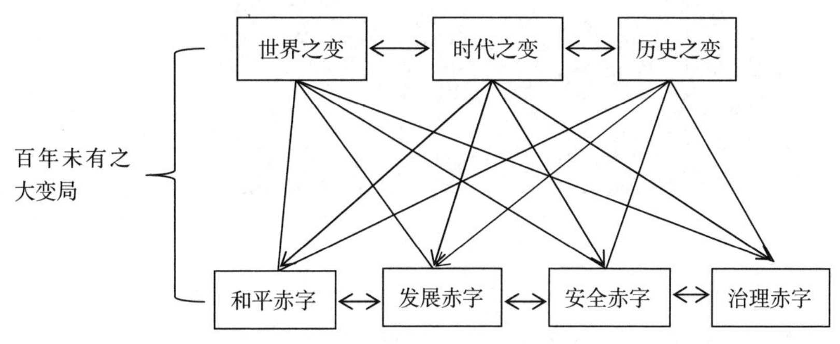

图1　百年未有之大变局与四大赤字

资料来源：作者自制。

第一，世界之变。国际力量格局正发生百年来的重大变化，西方国家自工业革命以来确立的力量优势正逐步丧失。[3]根据欧洲环境署（European Environment Agency）的预测（图2），按照2005年美元购买力平价，到

① 鞠鹏：《习近平在中央外事工作会议上强调：坚持以新时代中国特色社会主义外交思想为指导，努力开创中国特色大国外交新局面》，《人民日报》2018年6月24日。

② 习近平：《高举中国特色社会主义伟大旗帜　为全面建设社会主义现代化国家而团结奋斗——在中国共产党第二十次全国代表大会上的报告》，人民出版社2022年版，第26、60页。

③ 参见［美］查尔斯·蒂利：《强制、资本和欧洲国家：公元990—1992年》，魏洪钟译，上海人民出版社2007年版。

2050 年，经济合作与发展组织（OECD）国家 GDP 在世界总量中的比重将从 2000 年的接近 80%①，下降至 50% 左右，而金砖五国（BRICS）的份额将升至 40% 左右②。国际货币基金组织（IMF）预测，2030 年金砖五

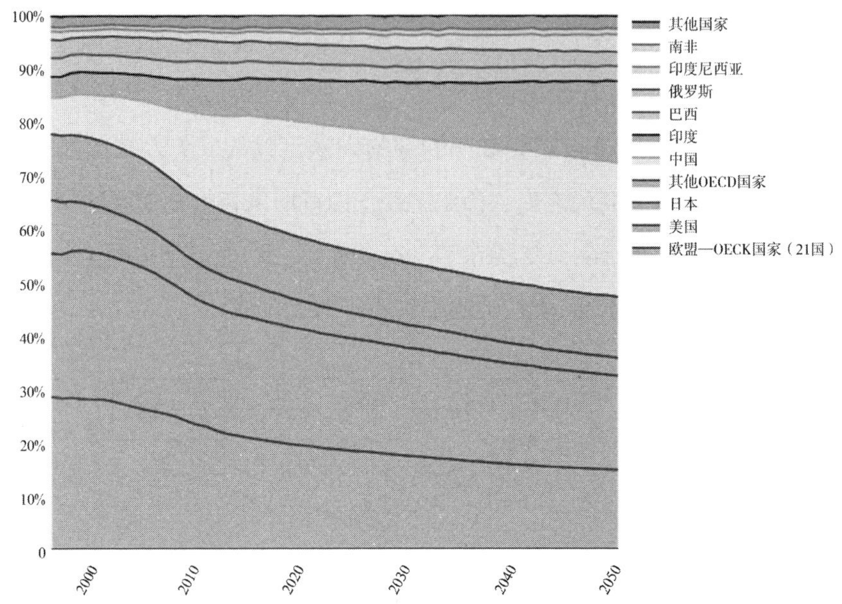

图 2　全球 GDP 份额比较（2005 年购买力平价）

资料来源：European Environment Agency, "Contribution of Major Economies to Global GDP", 2015, https://www.eea.europa.eu/data-and-maps/daviz/regional-composition-of-global-gdp-2#tab-chart_1。

① 经济合作与发展组织的前身是 1947 年由美国和加拿大发起，成立于 1948 年的欧洲经济合作组织，目的是帮助执行第二次世界大战后支持欧洲重建的"马歇尔计划"。1961 年，欧洲经济合作组织改名为经济合作与发展组织。目前，该组织有 38 个成员国。

② 2001 年，美国高盛公司首次提出"金砖四国"（BRIC）这一概念，由巴西（Brazil）、俄罗斯（Russia）、印度（India）和中国（China）四国英文名称首字母组成，2011 年南非（South Africa）作为正式成员加入四国合作机制，称为金砖五国（BRICS）。2006 年，金砖国家外长举行首次会晤，开启金砖国家合作序幕。2009 年 6 月，金砖国家领导人在俄罗斯叶卡捷琳堡举行首次会晤。2011 年 11 月，金砖国家领导人在法国戛纳二十国集团峰会前夕举行非正式会晤。截至 2024 年 7 月底，金砖国家领导人共进行了 15 次会晤和 9 次非正式会晤。

国将占据全球 GDP 一半的份额。[1]

力量对比的变化意味着国际秩序进入调整变革期：一方面，现有规则秩序需要更多的“非西方性”，特别是“非美国性”，“西方发达国家主导的国际政治经济秩序越来越难以为继”[2]，非西方国家需要一个更加公平合理的国际秩序。比如，新兴市场和发展中国家在 IMF 的份额被大大低估，“代表性严重不足，而西方发达国家却始终掌握着大部分的投票权，使得 IMF 采取的措施大多符合发达国家的利益。以西方发达国家为主导的 IMF 必须作出相应调整，从而更好地反映世界经济的客观现实”[3]。另一方面，气候变化、网络空间、数字经济等新兴领域规则秩序尚未形成，发展中国家希望建立符合人类共同利益，更加公正合理的规则秩序，并以此推动国际关系的民主化。

但是，美国等一些国家将非西方国家的合理正当诉求视为威胁，随之而来的就是将经济、科技、社会交流泛安全化，试图以安全为理由，打压新兴力量，尤其将矛头对准中国。经济方面，美国筑墙设垒、“脱钩断链”，逆经济全球化潮流而动，以“近岸外包”和“友岸外包”的名义扰乱全球供应链和贸易体系；政治方面，美国鼓吹进入所谓战略竞争时代，出于维护霸权的需要，用西方地缘政治和大国争霸的理论框架与思维逻辑来观察、解释国际政治现实，加剧了国际关系的对抗性；意识形态方面，美国鼓吹“(数字)自由民主”对抗“(数字)威权主义”的虚假叙事，自恃文明优越、道路优越，抗拒国际关系民主化的历史趋势；科学技术方面，美国奉行技术民族主义和技术地缘政治，将中国等新兴国家的技术进

① Chris Devonshire-Ellis, “The BRICS Nations Are Headed for 50% of Global GDP by 2030. This Is What It Could Mean for Developing Global Supply Chains & Emerging Consumer Markets”, Silk Road Briefing, December 2, 2019, https://www.silkroadbriefing.com/news/2019/11/21/brics-nations-headed-50-global-gdp-2030-mean-developing-global-supply-chains-emerging-consumer-markets/.

② 《习近平新时代中国特色社会主义思想学习问答》，学习出版社、人民出版社 2021 年版，第 44 页。

③ 谢世清、黄兆和：《当代国际货币基金组织的改革》，《宏观经济研究》2022 年第 2 期。

步视为是对美国全球霸权的威胁和挑战，采取一系列措施打击中国的科技企业，限制与中国的科学技术交流合作，实施所谓的“小院高墙”政策，并着力推动美国科技企业将设置在中国的生产线和研发机构转移至其他国家。

第二，时代之变。1985 年邓小平同志在会见日本商工会议所访华团时表示:“现在世界上真正大的问题，带全球性的战略问题，一个是和平问题，一个是经济问题或者说发展问题。和平问题是东西问题，发展问题是南北问题。概括起来，就是东西南北四个字。”①

中国始终致力于促进世界和平与发展，也享受到了和平与发展给世界带来的红利。但是当前，和平与发展这两大主题正面临新的挑战。从和平方面看，国内和国际暴力与冲突频繁发生，全球被迫流离失所的难民数量快速上升。

全球，尤其是美国及其军事盟友的军费开支快速上涨。美国擅长“以乱取利”，通过耀武扬威的军事政策，制造和加剧地区、国际紧张与混乱局势，收割经济和地缘政治利益，最终达到维护霸权的目的。2021 年全球军费超过 2 万亿美元，美国一家就高达 8010 亿美元，占美国 GDP 的 3.5%，是全球军费开支总量的 40%，而美国 GDP 只占世界总量的 23% 左右。2012 年至 2021 年间，美国用于军事研发（R&D）的资金增长了 24%，美国政府一再强调，需要保持美军相对于所谓战略竞争对手的技术优势。②

美国安全盟友也在增加军费。未来 5 年，澳大利亚的防务开支将以 3.8% 的速度上涨，目标是军事能力现代化，提升地区军事活动能力。③

---

① 《邓小平文选》第三卷，人民出版社 1993 年版，第 105 页。

② Stockholm International Peace Research Institute, “World Military Expenditure Passes $2 Trillion for First Time”, April 25, 2022, https://www.sipri.org/media/press-release/2022/world-military-expenditure-passes-2-trillion-first-time.

③ Naval Technology, “Asia-Pacific Nations to Increase Defense Spending Through the Next Five Years”, August 16, 2022, https://www.naval-technology.com/analysis/australia-and-singapore-will-increase-defence-spending-every-year-through-to-2027-according-to-globaldata/.

2022 年 12 月 16 日，日本公布新版未来十年军事战略，将中国列为最大战略挑战[1]，日本政府表示到 2027 财年，国防开支与国内生产总值之比将从现在的 1% 左右上升至约 2%，以当前 GDP 计，意味着日本每年国防开支将达到约 800 亿美元，将成为全球第三大国防支出国。[2]

当人们纷纷投资大炮时，黄油就会出问题。IMF 的世界不确定指数（World Uncertainty Index）显示（见图 3），2015 年以来世界不确定性已经达到冷战后前所未有的高度，突出事件包括特朗普赢得 2016 年美国

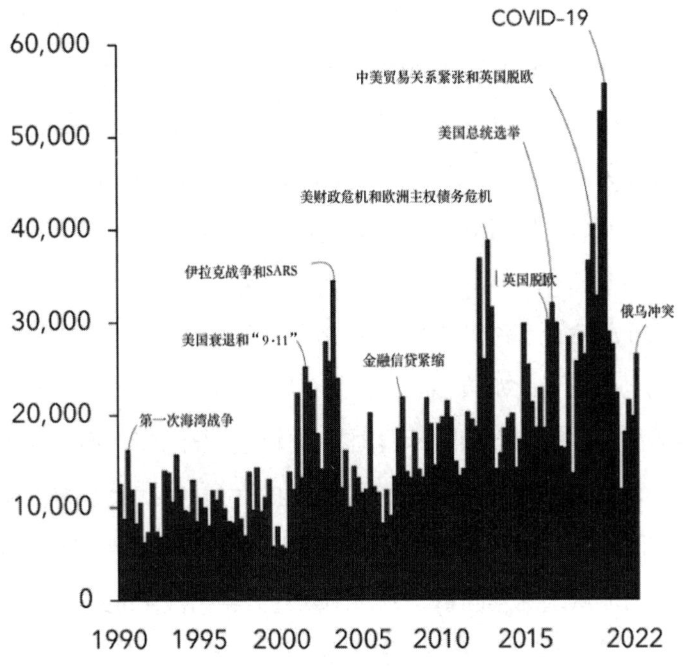

图 3　全球经济不稳定指数

资料来源：HitesAhir, et al., “Global Economic Uncertainty, Surging Amid War, May Slow Growth”, IMF, April 15, 2022。

① National Security Council, *National Defense Strategy*, December 16, 2022, https://www.mod.go.jp/j/approach/agenda/guideline/strategy/pdf/strategy_en.pdf.

② Alastair Gale and Chielo Tsuneoka, “Japan to Build a More Powerful Military, Citing China as Its No. 1 Menace”, *The Wall Street Journal*, December 19, 2022.

大选、中美贸易紧张和英国脱欧、新冠疫情和俄乌冲突等①，加上全球经济增长动能不足、以美欧为中心的通货膨胀浪潮、能源和粮食危机等复合因素影响，总体不确定性仍然处于上升态势，“世界经济在靠近至暗时刻”②。

过去几十年发展累积的问题也成为经济全球化必须克服的障碍。因为财富分配的国内不平衡，比如杰夫·贝索斯（Jeff Bezos）、比尔·盖茨（Bill Gates）和沃伦·巴菲特（Warren Buffett）三个人的财富超过了后50%美国人的财富总和，③ 上一波全球化的推动力量正在走向自己的反面。《纽约时报》著名专栏作家大卫·布鲁克斯（David Brooks）撰文道，全球化已经结束，“2008年至2019年间，世界贸易相对于全球GDP下降了约五个百分点。一系列新的关税和其他贸易壁垒出现。移民流动放缓。2016年至2019年，全球长期投资流量减少了一半。……各种形式的反全球化运动已经兴起：脱欧派、仇外民族主义者、特朗普民粹主义者、反全球化左派”④。

新的工业革命正在深刻改变人类生活，培育新的增长动能，但在发展和安全领域也引发了诸如数字鸿沟和网络安全问题等许多负面效应。

数字鸿沟在国家内部和国际层面都有体现。在国内，不同阶层的人接触数字产品和数字技术的机会是不同的，数字红利在社会中的分配是不平衡的，农村居民、收入水平较低者、年长者等在整个社会的数字转型中遭受更大的压力。从国际层面看，北方国家的数字指数（digital index）远远

---

① HitesAhir, et al., “Global Economic Uncertainty, Surging Amid War, May Slow Growth”, IMF Blog, April 15, 2022, https://www.imf.org/en/Blogs/Articles/2022/04/15/global-economic-uncertainty-surging-amid-war-may-slow-growth.

② 菅野幹雄：《世界经济在靠近至暗时刻》，2022年10月28日，见 https://cn.nikkei.com/columnviewpoint/column/50234-2022-10-28-05-04-00.html。

③ Chuck Collins, et al., *Billionaire Bonanza 2020: Wealth Windfalls, Tumbling Taxes, and Pandemic Profiteers,* Institute for Policy Studies, 2020, https://ips-dc.org/wp-content/uploads/2020/04/Billionaire-Bonanza-2020.pdf.

④ David Brooks, “Globalization Is Over. The Global Culture Wars Have Begun”, *The New York Times*, April 8, 2022.

高于南方国家，拥有更好的数字基础设施、数字人才储备和数字产品消费市场等。世界上有接近一半的人（约37亿）仍然无法使用互联网，这些人口集中在发展中国家。[①] 主要数字企业集中在发达国家，《福布斯》的全球百大数字企业中美国拥有40家，前十大数字企业中有8家是美国企业[②]，这些企业在全球范围内生产、收集和分析数据，在高度层级化的数字产业链中，这些企业掌握着数字霸权，对数字信息的监控和掠取也威胁南方国家的政治、社会和文化安全。

数字时代，网络安全与每个人息息相关。我们社交、获取资讯，工作、学习、驾驶等都已经离不开网络，如果存储、服务器、网络、操作系统、数据库、大数据系统等数字基础设施遭受攻击而陷入大面积瘫痪，我们的生活会因此变得不便甚至陷入混乱。我们每天的网络行为都会生成海量的数据，大数据可以描摹关于我们每个人消费习惯、思维方式、政治立场、言论表达等全方位的立体画像，算法会精准地向我们的大脑“喂料”，根据我们的品味推送视频和信息，进而塑造我们的“三观”与人格。英国一家政治咨询公司“剑桥分析”（Cambridge Analytica）被指控利用社交媒体巨头“脸书”（Facebook）约5000万人的用户数据，精准制造舆论信息和政治广告，影响了2016年英国脱欧公投和美国大选。深度伪造（Deep Fake）、生成式人工智能等技术的进步，意味着意识形态阵地和较量方式正在发生重大变化。随着人类生活数字转型的愈发深入，传统基础设施的安全性也日益依赖于网络安全。2021年2月，黑客入侵了美国佛罗里达州一个小城的自来水厂，将供应水中的氢氧化钠含量调高了100倍以上，居民饮用后可能身患重病，险些造成严重后果。[③]2021年，网

① United Nations, “With Almost Half of World’s Population Still Offline, Digital Divide Risks Becoming ‘New Face of Inequality’, Deputy Secretary-General Warns General Assembly”, April 27, 2021, https://press.un.org/en/2021/dsgsm1579.doc.htm.

② Forbes, “Top 100 Digital Companies”, https://www.forbes.com/top-digital-companies/list/#tab:rank.

③ Frances Robles and Nicole Perlroth, “‘Dangerous Stuff’: Hackers Tried to Poison Water Supply of Florida Town”, *The New York Times*, February 8, 2021.

络犯罪在全球造成的损失达 6 万亿美元，2025 年预计将高达 10 万亿美元。①

第三，历史之变。黑格尔认为历史是精神自我发展的历程，是我们理性的潜能逐渐实现为自由的过程。②《国家利益》（*The National Interest*）1989 年夏季刊发表了美国日裔学者弗朗西斯·福山（Francis Fukuyama）的一篇重要文章，鼓吹历史发展至美式民主和资本主义已经臻至自由之顶峰，人类已经无法创设更加完美的社会组织模式，因此历史已经终结。③论文发表不久之后，柏林墙倒塌，东欧国家纷纷改旗易帜；1991 年 12 月，红旗从克里姆林宫落下，不少人相信了福山的论断，即所谓世界历史的意义在美国走向完结。

但是，30 余年后，2021 年 1 月 6 日，特朗普的支持者高喊着"吊死迈克·彭斯"④，冲入美国国会大厦，国会议员纷纷逃离，警察与骚乱人群对峙并使用催泪瓦斯，抗议者登上了参议院讲台，进入众议院议长南希·佩洛西（Nancy Pelosi）的办公室，其中一人坐在她的办公桌前，将腿跷在办公桌上，也将美式民主重重地踩在了脚下。⑤这就是美国当前阶层对抗、政治对立、社会撕裂的一幅缩影，墨西哥报纸专栏作家安娜·保罗·奥多里卡（Ana Paula Ordorica）感慨道："作为墨西哥人，令我们惊讶的是美国这个一直以来的民主榜样，第一次成了民主反例。"⑥

直到现在，美国人对这场骚乱的认识甚至都不能统一，美国国家公

---

① Steve Morgan, "Cybercrime to Cost the World $10.5 Trillion Annually by 2025", *Cybercrime Magazine*, November 13, 2020.

② 张汝伦：《今天，如何重新审视黑格尔的历史哲学》，《文汇报》2019 年 7 月 9 日。

③ Francis Fukuyama, "The End of History?", *The National Interest*, Vol. 16 (Summer 1989), pp. 3–18.

④ 迈克·彭斯（Mike Pence），时任美国副总统。

⑤ Annie Karni and Maggie Haberman, "Jan. 6 Was More Harrowing Than Mike Pence Ever Imagined", *The New York Times*, June 17, 2022.

⑥ Katrin Bennhold and Steven Lee Myers, "America's Friends and Foes Express Horror as Capitol Attack 'Shakes the World'", *The New York Times*, January 6, 2021.

共广播电台和益普索集团民调结果显示，超过半数的民主党人认为国会骚乱是一次“未遂政变”，而大多数共和党人把事件看成“场面失控导致的骚乱”，支持共和党的受访者中，接受2020年美国总统选举结果的人依然不到一半。① 美国知名学者罗伯特·卡根（Robert Kagan）在《华盛顿邮报》撰文指出，美国正陷入内战以来最严重的政治和宪法危机，未来三至四年内，很有可能出现大规模暴力、联邦权威瓦解、国家分裂为红蓝阵营的局面。②69%的美国人认为美国民主面临“崩溃风险”，86%的美国选民表示美国民主面临“非常严重的威胁”，人们对美式民主普遍感到绝望。③

国内政治混乱让美国政客热衷于寻找和塑造敌人，试图通过渲染来自外部的威胁加强国内团结。与中国竞争是民主党和共和党为数不多可以合作的领域，“我一直认为，如果意识到我们正面临一个危险的外国敌人，美国人就会团结起来。我们现在有了一个敌人：中国”④。美国还在以“威胁认知”动员和胁迫盟友与伙伴采取符合其霸权利益的外交政策，努力激活联盟体系的“冷战功能”，即安全和意识形态斗争。

从世界之变、时代之变、历史之变的内涵看，百年未有之大变局中的世界，步入变乱交织期，推动国际关系民主化、生产力提升和现代化道路多元化的积极力量正在积聚、生长和爆发，但地缘政治角力、发展鸿沟和意识形态之争也呈现出愈演愈烈的态势，人类站在多种甚至是截然相反可能性并存的交叉路口，未来世界像是多元矛盾聚集体，是退回到“小集团”主导的丛林政治，还是步入更加公平正义、文明富足的新秩序，取决于各

---

① 檀易晓、胡友松：《滤镜碎伤疤深，暴风雪后重访美国国会山骚乱之地》，2022年1月7日，见 http://www.news.cn/world/2022-01/06/c_1128238602.htm。

② 参见邓仙来：《国会山骚乱一周年，美国政治对立加剧》，《新华每日电讯》2022年1月7日。

③ 参见中华人民共和国国务院新闻办公室：《2022年美国侵犯人权报告》，《人民日报》2023年3月29日。

④ David Brooks, “How China Brings Us Together: An Existential Threat for the 21st Century”, *The New York Times*, February 14, 2019.

国当下的选择。

黑格尔在《历史哲学》中谈道："是因为特定的世界历史民族，在特定的历史转折点上，承担起特定的历史任务，由于这种历史任务具有更高的普遍性，所以它具有世界历史的意义。"共产党（意大利）政治局委员、意大利巴勒莫大学统计学教授阿尔贝托·隆巴尔多（Alberto Lombardo）表示："社会主义制度的优越性在中国不断彰显。在中国共产党的领导下，中国在经济建设、民生保障、科技创新等许多领域都取得了巨大成就。中国人民衷心拥护中国共产党。全球知名公关咨询公司爱德曼发布的报告显示，2021 年中国民众对政府信任度高达 91%，同比上升 9 个百分点，蝉联全球第一。在国家综合信任指数方面，中国高达 83%，同比增长 11 个百分点，位列全球首位。"①

中国共产党领导下的中国式现代化创造了人类文明新形态，但中国从来不是"唯我独尊"，而是相信多样性是人类文明的魅力和活力所在，鼓励和支持其他国家找到适合国情的发展道路，"人类社会创造的各种文明，都闪烁着璀璨光芒，为各国现代化积蓄了厚重底蕴、赋予了鲜明特质，并跨越时空、超越国界，共同为人类社会现代化进程作出了重要贡献"②。与多样性日益彰显同时发生的是，在科学技术进步和经济全球化大潮之下，商品、人员、思想的跨国流动日益频繁，是合作还是冲突，是以邻为壑还是团结协作，是各美其美、美人之美、美美与共还是妄自尊大、党同伐异、诛除异己，国际社会需要更具包容性、发展性和实践性的顶层构想，勾描出人类社会的未来形态。

中国倡导构建人类命运共同体。2017 年 1 月 18 日，习近平主席在联合国日内瓦总部以《共同构建人类命运共同体》为题发表重要演讲，提出了世界之问："世界怎么了、我们怎么办？这是整个世界都在思考的问

① ［意］阿尔贝托·隆巴尔多：《不断彰显社会主义制度优越性》，《人民日报》2022 年 12 月 5 日。

② 习近平：《携手同行现代化之路——在中国共产党与世界政党高层对话会上的主旨讲话》，人民出版社 2023 年版，第 7 页。

题，也是我一直在思考的问题。”习近平主席从人类共同的栖息之地——地球（空间上的“天下一家”）破题而入：“宇宙只有一个地球，人类共有一个家园。霍金先生提出关于‘平行宇宙’的猜想，希望在地球之外找到第二个人类得以安身立命的星球。这个愿望什么时候才能实现还是个未知数。到目前为止，地球是人类唯一赖以生存的家园，珍爱和呵护地球是人类唯一的选择。”习近平主席为构建人类命运共同体擘画了具体路径（实践上的“无偏无党，王道荡荡”）：坚持对话协商，建设一个持久和平的世界；坚持共建共享，建设一个普遍安全的世界；坚持合作共赢，建设一个共同繁荣的世界；坚持交流互鉴，建设一个开放包容的世界；坚持绿色低碳，建设一个清洁美丽的世界。①

人类命运共同体理念和“五个世界”构想清晰有力地回答了人类向何处去的世界之问，为世界携手应对和平赤字、发展赤字、安全赤字、治理赤字提供了可行之道。联合国秘书长古特雷斯表示：“中国已成为多边主义的重要支柱，而我们践行多边主义的目的，就是要建立人类命运共同体。”② 党的二十大胜利召开后，中国共产党的中心任务是团结带领全国各族人民全面建成社会主义现代化强国、实现第二个百年奋斗目标，以中国式现代化全面推进中华民族伟大复兴。站在新的历史起点，“我们所处的是一个充满挑战的时代，也是一个充满希望的时代”③，“把酒酹滔滔，心潮逐浪高！”④ 中国共产党正以广博的天下胸怀，为人类谋进步、为世界谋大同，推动世界人民携手共谋发展之道，共建美好世界。

① 《习近平著作选读》第一卷，人民出版社 2023 年版，第 561、562、565—569 页。

② 刘华等：《携手建设更加美好的世界：写在习近平主席提出构建人类命运共同体理念十周年之际》，《新华每日电讯》2023 年 3 月 23 日。

③ 习近平：《高举中国特色社会主义伟大旗帜　为全面建设社会主义现代化国家而团结奋斗——在中国共产党第二十次全国代表大会上的报告》，人民出版社 2022 年版，第 63 页。

④ 毛泽东：《菩萨蛮 · 黄鹤楼》，转引自周振甫：《毛泽东诗词欣赏》，中华书局 2019 年版，第 13 页。

第一章　如何应对和平赤字?

贫瘠的土地上长不成和平的大树，连天的烽火中结不出发展的硕果。

——习近平:《积极树立亚洲安全观，共创安全合作新局面》，2014

“我曾踏进七座阴郁森林的中央 / 我曾站在十二座死亡之海的面前 / 我曾深入离墓穴入口一万英里深的地底 / 一场暴雨，暴雨，暴雨，暴雨 / 一场暴雨将至”①，这首《暴雨将至》收录在鲍勃 · 迪伦（Bob Dylan）1963 年发行的音乐专辑《自由不羁的鲍勃 · 迪伦》（*The Freewheelin' Bob Dylan*）里。在迪伦首次表演这首歌曲一个月后，古巴导弹危机爆发，超级大国将人类带到了核大战的边缘，虽然世界最终从核毁灭中侥幸逃脱，但人类只能将自己的生死存亡交给“俄罗斯轮盘赌”来裁决吗？②

如果不能完整理解克劳塞维茨所言的“战争是政治的继续”，那么这句话就是对战争的美化。克劳塞维茨这个说法是在尊重绝对主权、有序外

---

① ［美］鲍勃 · 迪伦:《鲍勃 · 迪伦诗歌集：暴雨将至（1961—1963）》，奚密等译，广西师范大学出版社 2017 年版，第 166 页。

② 在左轮手枪的六个弹槽中放入一颗或多颗子弹，任意旋转转轮之后，关上转轮。游戏参加者轮流把手枪对着自己的头，扣动扳机，死亡和退出为输，最后活着的人是胜利者。游戏参与者将生死完全交给运气决定。

交、法律约束力这些普遍道德观的同时，为国家利益这一压倒一切的原则留有余地。也就是说这句话假定战争和战争中的人始终是理性的、节制、追求荣誉的，它的前提是军队纪律严明、下属对合法上级绝对服从，它设想的战争依照严格确定的形式进行，如封锁、对阵战、散兵战、突袭，每一项都有公认的规矩，而且战争有始有终。① 但是，战争更多时候是脱离理性和文明掌控的，李白在作于唐玄宗天宝年间的《战城南》中描绘了战争的惨烈场景，“野战格斗死，败马号鸣向天悲。乌鸢啄人肠，衔飞上挂枯树枝”，战争充斥着洗劫、屠城、掠夺等种种恶行，它一次又一次地释放出人性中最彻底的恶在烈日底下暴晒，散发出令人恶心的腥臭味道，是焚毁一切的“地狱之火”。

《战城南》最后两句说：“乃知兵者是凶器，圣人不得已而用之。”但遗憾的是，战争始终伴随着人类。工业革命之后，战争的破坏力更加触目惊心。人类经历了极为残忍的 20 世纪，马里兰大学国际和安全研究中心资深研究助理米尔顿·莱顿伯（Milton Leitenberg）估算，20 世纪因为“人的决策”而在战争和冲突中死亡的人数达 2.31 亿人②，侥幸存活的人也因为战争而变得贫穷和短寿。③ 至少到目前为止，生活在 21 世纪的人是相对幸运的，世界上绝大多数地区是和平的，主要大国之间也没有发生直接暴力冲突和战争。但是，根据联合国难民署的数据，2012 年之后，全球难民的数量呈急剧上升态势，截止到 2021 年底，全球有近 9000 万人因战争和冲突等原因被迫流离失所，相当于全球每 80 个人左右就有一个人成为难民，数量是 2012 年的 2 倍多。④

① 参见［英］约翰·基根：《战争史》，林华译，中信出版社 2015 年版。

② Milton Leitenberg, *Death in Wars and Conflicts in the 20th Century*, Peace Studies Program of Cornell University, 2006.

③ 毛泽东同志曾经指出，“中国人民的贫困和不自由的程度，是世界所少见的”。由于战乱、贫困、病疫等原因，旧中国的人均寿命只有 35 岁（参见中华人民共和国国务院新闻办公室：《中国共产党尊重和保障人权的伟大实践》，载《中国政府白皮书汇编（2021 年）》上册，人民出版社、外文出版社 2022 年版，第 178 页）。

④ The UN Refugee Agency, *Global Trends Forced Displacement in 2021*, June 2022.

习近平主席在2013年亚洲博鳌论坛上形象地说道，“和平是人民的永恒期望。和平犹如空气和阳光，受益而不觉，失之则难存。没有和平，发展就无从谈起”，为了和平，“国家无论大小、强弱、贫富，都应该做和平的维护者和促进者，不能这边搭台、那边拆台，而应该相互补台、好戏连台”，国际社会应该“使我们的地球村成为共谋发展的大舞台，而不是相互角力的竞技场，更不能为一己之私把一个地区乃至世界搞乱”①。习近平主席既点出了和平赤字出现的原因，即一些国家将地球村当作角斗场，利用一些国家内部问题，甚至是主动使用暴力导致地区乃至世界陷入混乱，也开出了药方，呼吁所有国家共同维护和塑造和平，为希望解决发展难题、宗教矛盾、派系冲突的国家“搭台”和“补台”，共铸永久和平。

第一节　问题表现

目前全球有20多个潜在和正在发生的冲突，可以区分为国内和国际两大类（见表1）。

表1　全球潜在和正在发生的冲突

	国内冲突	国际冲突
美洲	·墨西哥犯罪暴力 ·美国国内暴力	
亚洲	·阿富汗局势不稳定 ·巴基斯坦局势不稳定 ·缅甸局势不稳定	·朝鲜半岛问题 ·印度和巴基斯坦冲突
欧洲和欧亚		·俄乌冲突 ·纳卡冲突

① 习近平：《共同创造亚洲和世界的美好未来——在博鳌亚洲论坛2013年年会上的主旨演讲》，人民出版社2013年版，第5页。

续表

	国内冲突	国际冲突
中东和北非	· 叙利亚冲突 · 伊拉克局势不稳定 · 黎巴嫩局势不稳定 · 利比亚不稳定 · 也门内战	· 土耳其和库尔德武装冲突 · 以色列—巴勒斯坦冲突 · 伊朗核问题
撒哈拉以南非洲	· 尼日利亚博科圣地组织冲突 · 马里局势不稳定 · 中非共和国不稳定 · 刚果民主共和国不稳定 · 苏丹武装冲突 · 南苏丹内战 · 索马里青年党反叛武装冲突 · 埃塞俄比亚冲突	

资料来源：作者在美国外交关系委员会（Council on Foreign Relations）的“全球冲突追踪”（*Global Conflict Tracker*）相关材料的基础上整理制作。

一、“分裂之家难以持存”

国内冲突按照严重等级，可以分为三类：第一类是国内党派矛盾、枪支泛滥和种族主义引发的暴力。2022 年 10 月，美国全国广播公司新闻网发布的调查结果显示，81% 的民主党人认为共和党的议题对国家构成威胁，79% 的共和党人相信民主党的议题将摧毁美国。①2021 年 1 月 6 日，美国爆发国会骚乱，特朗普的支持者冲入国会，拒绝承认 2020 年总统选举结果，冲突导致 5 人死亡，超过 140 人受伤②，这是政治极端化加剧国内暴力和冲突的一个标志性缩影。③

① 参见钟声：《民主失真、政治失能严重侵蚀美式人权根基：美国已成为全球人权发展的搅局者和阻碍者》，《人民日报》2023 年 4 月 5 日。

② Kenya Evelyn, “Capitol Attack: The Five People Who Died”, *The Guardian*, January 8, 2021.

③ Nicole Austin-Hillery and Victoria Strang, “Racism’s Prominent Role in January 6 US Capitol Attack: National Leaders Should Confront the Truth about the Nation’s Divisions”, Human Rights Watch, January 5, 2022, https://www.hrw.org/news/2022/01/05/racisms-prominent-role-january-6-us-capitol-attack.

2021 年，美国全年共发生 693 起大规模枪击事件，比 2020 年增长 10.1%，枪击事件导致超过 4.4 万人丧生。2021 年纽约市针对亚裔的仇恨犯罪比 2020 年猛增 361%。[①]2022 年美国发生 647 起大规模枪击事件，超过 4 万人在枪支暴力中丧生。[②]2023 年 1 月，美国只有 8 天没有发生至少造成 4 人伤亡的大规模枪击事件，共发生了 52 起大规模枪击事件，共有超过 3600 人死于各类涉枪事件。[③]

根据美国"警察暴力地图"网站的统计数据，2013 年至 2022 年，美国每年死于警察暴力的人数都在 1000 人以上，平均每天有超过 3 人因警察暴力执法身亡，2022 年更是高达 1239 人。美国哥伦比亚广播公司和舆观民意调查公司 2023 年 2 月联合发布的一项民意调查显示，只有 25% 的非洲裔受访者认为受到美国警察保护，仅有 29% 的非洲裔认为美国警察能平等对待非洲裔和白人。英国《卫报》调查发现，2021 年美国加利福尼亚州非洲裔被警察搜身的概率是白人的 2.2 倍。种族主义引发了美国国内广泛的社会抗争，2020 年美国非洲裔男子弗洛伊德被白人警察残忍跪压致死，引发了全国性的游行抗议，要求正视根深蒂固种族歧视问题。2022 年，美国非洲裔男子杰兰德·沃克（Jayland Walker）被警察连开 90 多枪致死，2023 年非洲裔男子泰尔·尼科尔斯（Tyre Nichols）被 5 名警察暴力执法致死，都引发了大规模抗议。[④]

第二类是国内有武装冲突发生，存在局势进一步恶化的可能性。亚洲方面。2023 年 1 月 30 日，巴基斯坦西北部开伯尔普赫图赫瓦省首府白沙瓦市一座清真寺发生自杀式爆炸袭击，导致 100 人死亡，200 人受伤。[⑤]2022

① 参见中华人民共和国国务院新闻办公室：《2021 年美国侵犯人权报告》，2022 年 2 月，见 http://www.gov.cn/xinwen/2022-02/28/content_5676070.htm。

② Shayanne Gal, et al., "The US Had 647 Mass Shootings in 2022. Here's the Full List", *Insider*, January 24, 2023, https://www.insider.com/number-of-mass-shootingsin-america-this-year-2022-5.

③ 参见张朋辉：《枪支暴力，美国社会解不开的死结》，《人民日报》2023 年 2 月 13 日。

④ 参见孙本熊：《警察暴力凸显美国人权顽疾》，《人民日报》2023 年 4 月 4 日。

⑤ 参见姜江：《巴基斯坦西北部爆炸袭击死亡人数升至 100 人》，2023 年 2 月 1 日，见 http://www.news.cn/world/2023-01/31/c_1129326583.htm。

年 4 月 21 日，阿富汗北部巴尔赫省首府马扎里沙里夫一座清真寺遭遇炸弹袭击，北部昆都士省首府昆都士市一辆巴士同日遭袭，两起事件造成数十人伤亡。[①]8 月，阿富汗首都喀布尔一座清真寺发生爆炸造成 21 人死亡、33 人受伤。[②]2023 年 1 月，塔利班领导的阿富汗临时政府要求禁止女性报名参加大学入学考试[③]，中国政府强调支持阿富汗和平重建，支持阿富汗温和稳健施政，“希望阿富汗临时政府保护包括妇女儿童、少数族裔在内的全体阿富汗人民基本权益，继续朝着符合阿富汗人民利益和国际社会期待的方向做出积极努力”[④]。

中东北非方面。2017 年 12 月，伊拉克宣布取得打击“伊斯兰国”的胜利，但“伊斯兰国”的残余势力仍然在伊拉克偏远农村地区以及该国与叙利亚接壤的边境地带流窜，不时发动袭击。[⑤]利比亚停火局面总体维持，但安全局势紧张脆弱。[⑥]2022 年 8 月 26 日，分别隶属于利比亚民族团结政府和国民代表大会的武装在利比亚首都的黎波里多个地区发生武装冲突，导致 23 人死亡、140 人受伤。[⑦]联合国驻黎巴嫩临时部队（联黎部队）有超过 1 万名维和人员在黎南部执行维和任务。2022 年 12 月 14 日，联

① 参见史先涛：《阿富汗发生两起袭击事件致数十人伤亡》，2022 年 4 月 21 日，见 http://www.news.cn/world/2022-04/21/c_1128583217.htm。

② 参见邹学冕：《阿富汗首都一清真寺爆炸致 21 死 33 伤》，2022 年 8 月 19 日，见 http://www.news.cn/world/2022-08/18/c_1128925710.htm。

③ 2022 年 12 月，塔利班运营的阿富汗高等教育部门暂停女性就读大学的权利，此举之前，阿富汗十多岁女孩大多已被禁止接受中等教育。2023 年 4 月，塔利班告知联合国，他们禁止所有联合国在该国雇用的阿富汗女性工作。联合国评价该决定“不可接受”和“不可理喻”（参见《联合国抗议塔利班禁止女性工作》，2022 年 12 月 22 日，见 https://www.cankaoxiaoxi.com/#/detailsPage/%20/9e6a7c8368b04ad6a22b2ceb836994a5/1/2023-04-06%2010:37?childrenAlias=undefined）。

④ 《中国外交部发布〈关于阿富汗问题的中国立场〉文件》，《人民日报》2023 年 4 月 13 日。

⑤ 董亚雷、凡帅帅：《伊拉克军方打死 7 名“伊斯兰国”武装分子》，2023 年 1 月 12 日，见 http://www.news.cn/world/2023-02/13/c_1129359333.htm。

⑥ 王建刚：《中方呼吁利比亚各方坚持政治解决的大方向》，2022 年 12 月 16 日，见 http://www.news.cn/world/2022-12/17/c_1129214616.htm。

⑦ 潘晓菁：《利比亚首都武装冲突致 23 死 140 伤》，2022 年 8 月 27 日，见 http://www.news.cn/world/2022-08/28/c_1128954187.htm。

黎部队在前往黎首都贝鲁特的途中遭遇拦截和枪击，一名维和人员遇害，三名维和人员受伤。①

撒哈拉以南非洲方面。2012 年 3 月，马里发生军事政变。2015 年 5 月，马里政府与北部地区部分武装组织签署和平与和解协议。然而，马里北部地区近年来冲突不断，中部和南部地区武装袭击也有增多的趋势。2023 年 1 月，马里中部地区发生针对马里武装部队的简易爆炸装置袭击，共造成 14 名士兵死亡、11 人受伤。② 刚果（金）矿产资源丰富的东部地区存在多支地方武装和外国反政府武装，刚果（金）政府自 2021 年 4 月底在北基伍省和伊图里省实施戒严。联合国刚果（金）稳定特派团（联刚稳定团）在刚果（金）东部驻有约 1.82 万人，但安全形势依然严峻。20 世纪 90 年代后期，流窜至刚果（金）的乌干达反政府武装“民主同盟军”一直盘踞在东部地区，2023 年以来已经制造多起针对村庄、市场和教堂的袭击，造成至少 100 多位平民伤亡。③2023 年 1 月，东部北基伍省一处市场遭乌干达反政府武装“民主同盟军”袭击，造成至少 24 名平民死亡。2023 年 2 月 5 日，联刚稳定团一架直升机在东部地区飞行时遇袭，导致一人死亡，一人受伤。④

第三类是国内陷入内战或存在内战的风险。中东和北非方面。2011 年叙利亚陷入内战，虽然 2018 年开始向以政治和谈为主的政治重建过渡，但深陷地缘政治旋涡的叙利亚仍然内外交困，联合国人权事务高级专员办

① 刘宗亚：《一名联合国维和人员在黎巴嫩遇害》，2022 年 12 月 15 日，见 http://www.news.cn/world/2022-12/15/c_1129211749.htm。

② 王子正：《14 名马里士兵在该国中部遇袭身亡》，2023 年 1 月 12 日，见 http://www.news.cn/world/2023-01/12/c_1129278917.htm。

③ 史彧：《刚果（金）东部一教堂遭炸弹袭击致 10 死 39 伤》，2023 年 1 月 15 日，见 http://www.news.cn/world/2023-01/17/c_1129291539.htm；史彧：《刚果（金）一村庄遭袭，至少 24 名平民丧生》，2023 年 1 月 23 日，见 http://www.news.cn/world/2023-01/24/c_1129310031.htm；史彧：《刚果（金）东部一市场遭炸弹袭击致 20 人伤》，2021 年 1 月 25 日，见 http://www.news.cn/world/2023-01/26/c_1129313146.htm。

④ 沈敏：《联合国维和部队一直升机在刚果（金）遇袭，一名维和人员死亡》，2023 年 2 月 6 日，见 http://www.news.cn/mil/2023-02/06/c_1211725774.htm。

公室 2022 年 6 月发布报告称，截至 2021 年 3 月，持续超过 10 年的冲突已经导致超过 30 万叙平民死亡，占 2011 年 3 月冲突爆发前该国总人口的 1.5%。这还仅仅是因为战争行动直接丧生的人，预计还有许多平民因为冲突无法就医，缺乏食物和其他基本服务而在冲突中间接死亡。[①] 世界卫生组织表示多年的战乱状态预计让叙利亚的卫生系统处于瘫痪状态，2022 年 8 月下旬以来报告了约 8.5 万例霍乱病例[②]，2023 年 2 月的强震使情况雪上加霜，联合国难民署预计 530 万叙利亚人在地震过后流离失所。[③] 叙利亚对立阵营之间的敌意严重阻碍了震后救灾工作的展开，控制叙西北部伊德利卜省的"解放叙利亚"联盟称该组织不会允许物资从叙政府控制区进入，"我们不会允许政府趁机展示他们正伸出援手"[④]。

2014 年，也门爆发内战。2018 年 12 月，在联合国斡旋下，也门政府和胡塞武装就停火、战俘交换等议题达成一致，但双方相互谴责对方破坏停火协议。2021 年 12 月，支持也门政府的沙特等国联军对胡塞武装发动大规模攻击。根据联合国统计，截至 2021 年底，也门 7 年内战已经导致 37.7 万当地民众死亡，其中大多数是儿童。2021 年，每 9 分钟就有一个 5 岁以下也门儿童因冲突死亡。[⑤]

撒哈拉以南非洲方面。联合国人道主义事务协调厅2022年12月底称，南苏丹大皮博尔行政区发生的地方武装冲突导致约 3 万人流离失所。受暴力冲突、粮食短缺、气候变化等因素影响，预计到 2023 年，南苏丹将有 940 万人需要人道主义援助和保护，长期流离失所让超过 220 万人无法返

① 聂晓阳、陈俊侠：《联合国：叙利亚冲突已导致 30 万平民死亡》，2022 年 6 月 28 日，见 http://www.news.cn/world/2022-06/28/c_1128785678.htm。

② 刘曲：《世卫组织：叙利亚地震灾区卫生系统面临挑战》，2023 年 2 月 9 日，见 http://www.news.cn/world/2023-02/09/c_1129352409.htm。

③ 联合国：《联合国援助持续送达叙利亚地震灾民手中，但还远远不够》，2023 年 2 月 10 日，见 https://news.un.org/zh/story/2023/02/1115042。

④ 胡若愚：《联合国：叙利亚西北部地震救援面临反对派"批准"难题》，2023 年 2 月 13 日，见 https://baijiahao.baidu.com/s?id=1757705734314744882&wfr=spider&for=pc。

⑤ 刘秀玲：《联合国报告：死于也门内战人数年底将超过 37 万》，2021 年 11 月 24 日，见 https://baijiahao.baidu.com/s?id=1717293503353525336&wfr=spider&for=pc。

回家园。①

2020年11月起，“提格雷人民解放阵线”（简称“提人阵”）武装与埃塞政府军不断发生武装冲突。“提人阵”原本是执政联盟埃塞俄比亚人民革命民主阵线的核心政党，2019年12月，埃塞总理阿比成立将“提人阵”排除在外的新执政党埃塞俄比亚繁荣党，此后两党矛盾不断加剧。2022年11月，埃塞俄比亚政府和“提人阵”武装签署永久停火协议。②但埃塞境内仍然存在暴力问题，2023年1月30日，9名中国公民在埃塞中南部遭武装袭击，1人不幸身亡。③

索马里“青年党”是与基地组织有关联的极端组织，目前索马里政府军加强了对“青年党”的攻势，“青年党”节节败退，但仍然控制索马里中部和南部一些地区。④“博科圣地”等非法武装组织在尼日利亚依然活跃，2023年1月，尼中部纳萨拉瓦州一个村庄发生炸弹爆炸，造成至少27位平民死亡、多人受伤。⑤2023年4月15日，苏丹武装部队同快速支援部队在首都喀土穆等地发生激烈武装冲突⑥，有专家认为，正在发生的冲突可能是内战的前奏。⑦2023年4月28日，中国海军执行撤离中国在苏丹人员任务，这是继2011年利比亚撤离行动和2015年也门撤离行动后，中国海军第三次派军舰执行海外撤离任务，充分体现中国以人民为中心的发

---

① 赵倩：《联合国：南苏丹地方武装冲突已致约3万人流离失所》，2022年12月29日，见 https://baijiahao.baidu.com/s?id=1753546522291362401&wfr=spider&for=pc。

② 谢江：《埃塞俄比亚政府和“提人阵”武装达成停火协议》，2022年11月3日，见 http://www.news.cn/2022-11/03/c_1129096679.htm。

③ 汪平：《中国公民在埃塞俄比亚遭武装袭击，1人遇难》，2023年1月31日，见 http://www.news.cn/2023-01/31/c_1129326314.htm。

④ 李卓群：《索马里政府军打死21名“青年党”武装分子》，2023年1月17日，见 http://www.news.cn/world/2023-01/17/c_1129294580.htm。

⑤ 郭骏：《尼日利亚中部发生爆炸至少27人死亡》，2023年1月26日，见 http://www.news.cn/world/2023-01/26/c_1129313760.htm。

⑥ 《外交部发言人就苏丹发生武装冲突答记者问》，《人民日报》2023年4月17日。

⑦ 马小东：《苏丹会陷入长期内战吗？外部国家或令局势“树欲静而风不止”》，2023年4月26日，见 https://m.thepaper.cn/newsDetail_forward_22846732。

展思想，始终把人民安危放在第一位。①

表 2　联合国难民署公布的部分国家 2021 年新被迫流离失所的人数

	国别	2021 年新被迫流离失所的人数
亚洲	阿富汗	超过 90 万人
中东北非	叙利亚	数十万人
	也门	数十万人
非洲	苏丹	约 50 万人
	布基纳法索和马里	数十万人
	尼日利亚	数十万人
	中非共和国	约 50 万人
	刚果民主共和国	约 300 万人
	南苏丹	约 50 万人
	埃塞俄比亚	数百万人
	索马里	约 55 万人

资料来源：The UN Refugee Agency, *Global Trends Forced Displacement in 2021*, p. 6。

国家内部混乱、暴力和冲突造成了无数的人间悲剧（见表 2），根本原因是国家能力不足。国家无法驾驭暴力，也就无力制止武装团体对民众生命财产的伤害与掠夺；国家无法提供教育和卫生等公共产品，也就无法建构现代国家认同，身份政治驱动不同的教派和族群陷入冲突旋涡；国家无法引领经济发展并合理地分配财富，也就不能铲除滋生极端思想的贫困土壤，地方武装就会纠集起来争夺自然资源或国际援助，造成国家更持久和深层次的动荡撕裂。②

弗朗西斯·福山认为一些思想家所幻想的最小政府或无政府社会并非海市蜃楼，它们真实存在但并不美好，“非洲撒哈拉以南的很多地方是自由至上主义者的天堂。该地区大体上都是低税收的乌托邦，政府征收的税金通常不超过国民生产总值的 10%。相比之下，美国超过 30%，部分欧

① 参见任皓宇等：《“我们背后是强大的祖国”》，《人民日报》2023 年 4 月 29 日。

② 参见［美］罗伯特·H. 贝茨：《当一切土崩瓦解：20 世纪末非洲国家的失败》，赵玲译，民主与建设出版社 2015 年版；［德］李峻石：《何故为敌：族群与宗教冲突论纲》，吴秀杰译，社会科学文献出版社 2017 年版。

洲国家占50%。如此低的税收，与其说释放工商创业热情，倒不如说导致政府资金异常短缺，无法提供健康、教育、填补道路坑洼之类的基本公共服务。现代经济所依据的基础设施，例如道路、法庭、警察，在这里不见踪影。自20世纪80年代晚期以来，索马里就缺乏强大的中央政府。普通人不但可拥有突击步枪，还可以拥有火箭推进榴弹、防空导弹、坦克"[①]。

只有建立强大的现代国家治理体系和治理能力，才能摆脱内部暴力、冲突和战争，进入发展与安全的良性循环。[②]因此，国际社会应该在帮助这些国家强化治理能力上下功夫。2022年9月，中国常驻联合国副代表戴兵在安理会审议南苏丹问题时发言指出，协议签署方就过渡期延期路线图达成一致，"是南苏丹各方自主作出的政治决定，也是符合当前形势、利于和平进程的正确选择。个别国家应当理解南苏丹面临的现实困难，客观看待延长过渡期的决定，不要一味将选举当作解决一切问题的'灵丹妙药'，忽视南苏丹各方对话和解的政治努力"[③]。2022年10月，中国常驻联合国副代表耿爽在安理会呼吁国际社会帮助中非共和国巩固和平成果时指出："国际伙伴和联合国中非共和国多层面综合稳定团要帮助该国提升自主维稳能力，尊重其开展对外安全合作的权利。"[④]

但是有地区和全球性大国利用甚至制造其他国家的不稳定，以实现自己扩张意识形态、提升地缘政治影响力和打击所谓安全威胁的目的，这些都在削弱而不是加强这些国家的治理能力，导致它们陷入无政府状态，贫困与暴力恶性循环，难民、极端思潮、恐怖组织不断外溢，成为地区和全球性难题。中国人民大学国际关系学院的刁大明撰文表示，冷战后，"中

① [美] 弗朗西斯·福山：《政治秩序的起源：从前人类时代到法国大革命》，毛俊杰译，广西师范大学出版社2014年版，第18页。

② 参见 [美] 赛斯·D. 卡普兰：《修复脆弱的国家：发展的新范例》，颜琳译，民主与建设出版社2015年版；[美] 德里克·W. 布林克霍夫：《冲突后社会的治理：重建脆弱国家》，赵俊、霍龙译，民主与建设出版社2015年版。

③ 《中国代表敦促安理会早日解除对南苏丹制裁》，2022年9月16日，见 http://www.news.cn/world/2022-09/17/c_1129010587.htm。

④ 《中方呼吁国际社会帮助中非共和国巩固和平成果》，2022年10月19日，见 http://www.news.cn/world/2022-10/20/c_1129071659.htm。

东欧、中亚以及西亚北非的某些国家纷纷出现了国内政治局势不同程度的动荡，甚至出现了以暴力方式实现的政权更迭，这些所谓的‘革命’被统一称为所谓的‘颜色革命’，其最大的共同点都是美国这只‘黑手’的介入与操作”[①]。

法国情报研究中心主任埃里克·德纳塞（Eric Denece）等人对“阿拉伯之春”进行系统研究后发现：社会不满确实存在，但被利用；境外势力指引、导演了“革命”，以便推进其国家利益；运用屡试不爽的操纵社会和颠覆政权的技术；所谓“革命”产生了灾难性的后果。德纳塞等指出美国在“阿拉伯之春”中运用的所有技术都在颠覆莫斯科盟友塞尔维亚、乌克兰、格鲁吉亚政府的过程中使用过，即通过筛选并培训抗议运动的领导人、鼓励活动分子建立网状联系、炒作一些网站披露的“内幕”等方式创造有利形势和条件，再通过“非暴力的”街头政治、意见领袖和专家歪曲事实，互联网和社交网站推波助澜，以及美国政府联合盟友施加压力等操纵民众和国际舆论，最终导致政府崩溃垮台。德纳塞指出，“阿拉伯之春”这部故事片从选角到撰写剧本，从筹资到拍摄，从启幕到高潮再到谢幕，整个流程都活跃着美国媒体、非政府组织、科技公司、情报机构和政府部门的影子，它们穿针引线、嗅捕时机、提供资金、设置场景、包装主角、刻画反派、编辑剪接，最终推广发行，一切看上去都像美国“好心”地送去了必要的援助，为大家组织了一场盛大的狂欢，参与者浑然不知激情背后是美国的战略理性之手在撩拨与牵引，目的在于能更好地引导和控制这一地区。[②]

颠覆外国政府是美国拓展全球触角的重要手段，目的在于强加美国的意识形态、增长权势，以及控制有价值的资源。[③] 隐蔽行动（covert

---

① 刁大明：《美国是“颜色革命”的幕后推手》，《光明日报》2019 年 9 月 2 日。

② 参见［法］埃里克·德纳塞等：《阿拉伯“革命”隐藏的另一面》，王朔、周谭豪译，中信出版社 2020 年版。

③ Stephen Kinzer, *Overthrow: America's Century of Regime Change from Hawaii to Iraq*, New York: Times Books, 2006.

operations）因为成本低、可控程度高而受到美国政府的青睐，成为其颠覆外国政府的一种重要手段（见表 3）。美国波士顿学院副教授奥罗克（Lindsey A. O'Rourke）在著作《隐蔽的政权变革：美国的秘密冷战》中根据已经公开的资料统计发现，冷战期间美国至少实施了 64 起志在颠覆他国政权的隐蔽行动，其中有 25 起取得了成功，相比之下公开的干涉只有 6 起。奥罗克将美国的政权颠覆行动分为三种类型：一种是进攻性的，即针对的是被美国划定为对手和敌人的国家；一种是预防性的，美国基于"莫须有"的理由采取行动防止目标国"损害"美国利益；一种是霸权性的，美国的行动是为了确保目标国政治从属地位。按照美国政体模式划分标准，隐蔽行动的作用对象包括敌人和盟友、强国和弱国、民主和威权、共产主义和资本主义等所有类型，因此可以说，所谓"自由民主"只是幌子，关键在于强加美国意志。①

表 3　冷战期间（1947—1989）美国的隐蔽行动：类型与案例

进攻性		预防性		霸权性	
隐蔽	公开	隐蔽	公开	隐蔽	公开
阿尔巴尼亚 1949—1956	朝鲜	法国 1947—1952	黎巴嫩	危地马拉 1952—1954	多米尼加
白俄罗斯 1949—1956	1950	意大利 1947—1968	1958	古巴 1960—1961	1965
保加利亚 1949—1956		伊朗 1952—1953		多米尼加 1960—1961	格拉纳达
中国 1949—1965	利比亚	印尼 1954—1958		圭亚那 1961—1971	1983
捷克斯洛伐克 1949—1956	1986	叙利亚 1955—1957		多米尼加 1961—1962	巴拿马
东德 1949—1956		黎巴嫩 1957—1958		智利 1962—1973	1989
爱沙尼亚 1949—1956		老挝 1959—1973		海地 1963	
匈牙利 1949—1956		南越 1963		玻利维亚 1963—1966	
拉脱维亚 1949—1956		安哥拉 1964—1972		巴西 1964	
立陶宛 1949—1956		莫桑比克 1964—1968		多米尼加 1965—1968	
波兰 1949—1946		索马里 1964—1967		海地 1965—1969	
苏联 / 俄罗斯 1949—1956		泰国 1965—1969		玻利维亚 1971	
乌克兰 1949—1956		南越 1967—1971		格拉纳达 1979	
朝鲜 1950—1953		伊拉克 1972—1975		尼加拉瓜 1979—1980	
古巴 1961—1968		意大利 1972—1973		苏里南 1982—1985	

① Lindsey A. O'Rourke, *Covert Regime Change: America's Secret Cold War*, Ithaca and London: Cornell University Press, 2018.

续表

进攻性		预防性		霸权性	
隐蔽	公开	隐蔽	公开	隐蔽	公开
北越 1961—1964 阿富汗 1979—1989 尼加拉瓜 1980—1989 波兰 1981—1989 柬埔寨 1982—1989 利比亚 1982—1989		葡萄牙 1974—1975 安哥拉 1975—1976 乍得 1981—1982 埃塞俄比亚 1981—1983 利比亚 1983—1988 菲律宾 1984—1986 安哥拉 1985—1988		智利 1984—1989 海地 1986—1988 巴拿马 1987—1989	

资料来源：Lindsey A. O'Rourke, *Covert Regime Change: America's Secret Cold War*, Ithaca and London: Cornell University Press, 2018, p. 3。

1953 年，美国主导推翻伊朗民选穆罕默德·摩萨台（Mohammad Mosaddeq）政府，扶植巴列维王朝复辟是冷战时期隐蔽行动的典型案例。1951 年摩萨台出任伊朗首相，他的核心主张包括建立和巩固民主制度，将英国英伊公司控制的伊朗石油国有化等。1953 年，美国通过策动政变推翻摩萨台政府实现了战略利益的"一箭三雕"：新旧帝国"换岗"，美国在中东逐渐取代英国的主导地位；在伊朗扶植起一个亲美国的政权，成为扩大地缘政治影响力的"马前卒"；美国公司取代英国公司成为伊朗石油利益分配的主导者，1956 年，石油大王纳尔逊·洛克菲勒在给艾森豪威尔的信中说道："我们终于能够取得伊朗石油……在伊朗经济地位的加强使我们能够控制它的整个对外政策。"由此我们便不难理解一位巴列维王朝的批评者所说的，"对美国决策者来说，伊朗的价值仅仅在于其丰富的能源以及在地区政治中的作用。伊朗的文化与经济发展，以及和平、福祉和公民的基本权利，则无关紧要……伊朗人永远不会忘记 1953 年美国人支持的政变，它推翻了摩萨台这个民族主义、温和、民主的政府，开启了一个封闭、专制的政治体制"①。

美国匹兹堡大学客座法学教授丹尼尔·科瓦利克（Daniel Kovalik）

① 石斌：《"清除人民党"：1953 年美英对伊朗的准军事行动》，南京大学出版社 2018 年版，第 283、333—334 页。

表示美国策动的他国政权更迭往往会产生灾难性的副作用，包括对地区稳定、人权和民主的破坏。[①]“颜色革命”所过之处，留下的是混乱与创伤，也门、约旦、叙利亚、利比亚等国接连发生动荡，阿拉伯世界深陷战争、社会动乱和经济衰退泥淖，当地民众承受了巨大痛苦，“革命意味着改变，但在阿拉伯世界的改变是摧毁性的，这些改变为地区国家塑造了新的敌人：恐怖主义和分裂主义”[②]。在所谓的战略竞争时代[③]，削弱和颠覆他国政权将是美国护持霸权的重要手段，美国前总统国家安全事务助理约翰·博尔顿 2022 年接受美国媒体采访时，公开承认他曾经协助策划在他国的政变，在自己的回忆录中大量着墨 2019 年委内瑞拉未遂政变。[④]

二、“你们扣紧扳机，叫别人开枪”

《自由不羁的鲍勃·迪伦》还收录了一首歌，叫《战争大师》(*Masters of War*)，“你们扣紧扳机 / 叫别人开枪 / 然后你们后退旁观 / 当死亡人数节节高涨 / 你们躲在自家豪宅 / 当年轻人的血液 / 自身体流出 / 埋入泥泞里”[⑤]，反对的是艾森豪威尔所批评的美国军事—工业复合体。1961 年 1 月 17 日，艾森豪威尔在白宫椭圆形办公室通过电视向全国发表了不到 10 分钟的政治告别演说，令人诧异的是，这位军事领袖和二战英雄就军事—工业复合体的危害向美国人发出强烈警告：“我们每年在军事安全上的花费比所有美国企业的净收入还要高。庞大军事机构和大型军火企业的结合在美国历史上是全新的。我们可以在每一座城市、每个州议会，以及联邦政府的每

---

① 参见李志伟：《美国煽动“颜色革命”破坏世界和平稳定》，《人民日报》2022 年 9 月 5 日。

② 田文林：《2011 年埃及动荡：意识形态渗透埋下动荡伏笔》，《人民日报》2022 年 9 月 21 日。

③ 2017 年，特朗普政府公布《美国国家安全战略》，对美国战略环境的表述是“一个竞争性的世界”，美国需要与中国、俄罗斯等在政治、经济和军事等方面展开竞争。拜登政府公布的 2022 年版《国家安全战略》称“我们正处于塑造未来国际秩序的战略竞争之中”，说明美国战略重点已经从反恐战争转向大国竞争（参见本书第 3 章）。

④ 参见徐世澄：《干涉委内瑞拉内政凸显美国霸权本性》，《人民日报》2022 年 9 月 22 日。

⑤ ［美］鲍勃·迪伦：《鲍勃·迪伦诗歌集：暴雨将至（1961—1963）》，奚密等译，广西师范大学出版社 2017 年版，第 150 页。

一个办公室感受到它的强大影响力。我们认识到这种变化的迫切需要，但我们绝不能不理解它的严重影响。我们的劳动、资源和生计，包括我们的社会结构都已卷入其中。”①

虽然有证据表明民主党与共和党的好战程度相差无几，但讽刺的是，艾森豪威尔所在的共和党于 20 世纪 60 年代完成保守主义革命之后，与大型军工企业的关系却更加紧密②，毕竟挥舞“大棒”捍卫所谓国家安全在共和党外交政策纲领中占据核心位置。③ 每年，军工企业都会向国会议员的竞选活动捐赠数百万美元（见表 4），目标在于让立法部门为购买特定的武器系统、保持极其高的军事预算，以及增加更多的军事支出开绿灯。

表 4　防务领域对军事委员会中投票支持增加国防开支成员的捐赠（2022 年选举周期）

	捐赠给民主党	捐赠给共和党	总额
众议院军事委员会	$896508	$2093744	$2990252
参议院军事委员会	$3579928	$3595164	$7175092
总额	$4476436	$5688908	$10165344

资料来源：Savannah Wooten and Rick Claypool, Military-Industrial Complex Clinches Nearly 450000% Return on Investment, p. 2。

2022 年选举周期，军事—工业复合体向军事委员会（Armed Services Committee）成员捐赠资金超过 1000 万美元，但国防部潜在预算增加了 450 亿美元，投资回报率接近 450000%。④2023 年，美国国防预算开支从 2022 年的 7280 亿美元上升至超过 8100 亿美元，这还不包括援助乌克兰

① National Archives, “President Dwight D. Eisenhower's Farewell Address (1961)”, https://www.archives.gov/milestone-documents/president-dwight-d-eisenhowers-farewell-address.

② Michael Brenes, “Republicans, US Inequality and the Military-Industrial Complex”, *Truthout*, December 21, 2015.

③ 参见［美］埃利奥特・A. 科恩：《大棒：软实力的局限和军事力量的必要性》，刘白云、郭骏译，新华出版社 2018 年版；Colin Dueck, *Hard Line: The Republican Party and U.S. Foreign Policy since World War II*, Princeton: Princeton University Press, 2010。

④ Savannah Wooten and Rick Claypool, “Military-Industrial Complex Clinches Nearly 450000% Return on Investment”, *Public Citizen*, July 7, 2022.

的资金和向军工设施的其他拨款。根据瑞典斯德哥尔摩国际和平研究所2022年4月发布的2021年全球军费情况报告，作为全球军费开支最大的国家，美国2021年军费支出占全球军费总支出的38%，约等于排在其后11个国家的军费总和。①

但是，军事—工业复合体毕竟是相当晚近的东西，尚不足以解释美国的战争文化（部分美国战争行动案例见表5）。根据美国国会研究所的统计数据，从立国（1798年）至2022年，美国在海外发动了469次军事干预行动，这一数字还不包括隐蔽行动。②1798—2010年间，美国只有8.9%的年份没有对外使用武力。其中，54.5%的年份里使用武力两次以下；25.4%的年份里使用武力三到五次；9.4%的年份里使用武力六到九次；1.9%的年份里使用武力十次以上。③

表5　美国重要的战争行动

二战以前	冷战时期	冷战后
·印第安人战争（1622—1890） ·独立战争（1776—1783） ·美英战争（1812—1815） ·美墨战争（1846—1848） ·美西战争（1898） ·南北战争（1861—1865） ·干涉中国（1900—1901） ·一战（1914—1945） ·二战（1939—1945）	·朝鲜战争（1950—1953） ·伊朗政变（1953） ·危地马拉政变（1954） ·黎巴嫩“蓝胡子”行动（1958） ·刚果内战（1960—1964） ·越南战争（1961—1975） ·多米尼加共和国内战（1965） ·智利政变（1973） ·海湾战争（1980—1988） ·格拉纳达“暴怒”行动（1983） ·利比亚“黄金峡谷”行动（1986） ·巴拿马“正义事业”行动（1989） ·其他较大规模军事行动120余次，平均每年2.8次	·海湾战争：“沙漠风暴”（1991）、“沙漠袭击”（1996）、“沙漠之狐”行动（1998） ·索马里“恢复希望”行动（1991—1995） ·波黑内战（1992—1995） ·科索沃内战（1998—1999） ·阿富汗战争（2001） ·伊拉克战争（2003） ·利比亚冲突（2011） ·其他较大规模的军事行动40多次，平均每年4次

资料来源：石斌：《美国“黩武主义”探源》，《外交评论（外交学院学报）》2014年第4期。

① Diego Lopes da Silva, et al., *Trends in World Military Expenditure 2021*, Stockholm International Peace Research Institute, April 2022.

② 郭超凯、谢雁冰：《中方：美方不要再充当全球最大的战争制造者》，2022年9月20日，见 https://www.chinanews.com.cn/gn/2022/09-20/9856625.shtml。

③ 参见王玮：《战争冲动、社会约束与武力的使用：美国的经历》，《美国研究》2014年第4期。

美国学者、越战老兵保罗·艾特伍德（Paul Atwood）认为价值观集体幻觉（“美国是人类历史进步的主要源泉”）和权势阶层的利益冲动共同塑造了美国的战争文化，“每一次都是那些有能力捍卫法则的人主导大屠杀，并给大屠杀冠以‘自由和民主’将战胜黑暗力量的名义。但是，隐藏在每一场战争背后秘而不宣的动机主要是让某些美国人（从来不是所有的美国人）获得更多的许可权和更丰富的资源。而代价就是剥夺了其他人的土地、资源、自主权和生命，包括美国军人的生命。因此，我们迷惑自己说我们帮助了饱受蹂躏的国家，例如越南和伊拉克，避免它们走上邪恶的道路；并且把成千上万死难者的名字刻在我们自己的纪念碑上，从而使大屠杀变得神圣、合理”①。

战争文化在美国是全方位和立体的：军事—娱乐复合体（The Military-Entertainment Complex）②、军事—科技复合体③、军事—数字复合体（The Military-Digital Complex）④、军事—工业—智库复合体（The Military-Industrial-Think Tank Complex）等。在意识形态、军工企业、知识精英和官僚体系的复合作用下，战争文化渗透至美国政治肌体的各个角落：资本是其中的润滑剂，它穿针引线，将战争的各个因素串联在一起，像把玩拼图一样，一旦碎片集齐并放置在恰当的位置上，它就会在世界地图的某处显露出战争的模样。

我们可以从智库切入，一窥美国复杂战争网络的运作逻辑。以新美国安全中心（Center for a New American Security，CNAS）为例，它是成立于2007年的跨党派智库，是知识和政策的生产机构，同时作为联邦行政

① ［美］保罗·艾特伍德：《美国战争史：战争如何塑造美国》，张敏等译，新华出版社2013年版，第220—221页。

② ［美］提姆·莱诺等：《军事—娱乐复合体》，陈学军译，民主与建设出版社2021年版。

③ Wendell Wallach, “The Techno-Military-Industrial-Academic Complex”, *Carnegie Council for Ethics in International Affairs*, February 18, 2022, https://www.carnegiecouncil.org/media/article/the-techno-military-industrial-academic-complex.

④ Yasha Levine, *Surveillance Valley: The Rise of the Military-Digital Complex*, New York: Public Affairs, 2018.

部门挑选外交政策人员的孵化器发挥作用，运作资金来自于私人和企业捐赠。美国企业喜欢通过聘用从政府部门和军队离职或退休的官员，掌握和调动他们手中拥有的政界人脉资源，通过捐赠的方式帮助一些人在华盛顿的重要智库中获取职位。通过 CNAS 的董事会名单①，我们可以发现前政府和军队官员、军工企业或行业协会、媒体（NBC 环球）、科技企业、游说公司（BGR 集团）等聚集在了一起，招募政策专家，支持他们赞赏（对所代表的企业或协会有利）的研究项目。比如，2009 年 12 月，CNAS 的专家发布了一份关于私人军事承包商在美国战争中角色的报告，该报告肯定了私人承包商在阿富汗和伊拉克战争中的作用，认为承包商在现代美国军事行动中至关重要，没有他们，美国无法对敌国采取行动或开展重

① 新美国安全中心（CNAS）2020 年和 2021 年部分董事会成员与捐赠的关系

董事会成员	捐赠类型	与捐赠组织交集	2019—2021 年捐赠数额
阿诺德・普纳罗（海军陆战队少将，退役）	私人和间接	国防工业协会（NDIA）董事会主席	$10,000—24,999，NDIA 成员捐赠 $100,000—249,999
卡罗尔・埃格特（准将，退役）	公司	康卡斯特 NBC 环球集团军事和退伍军人事务高级副总裁	$100,000—249,999
克里斯托弗・海因茨	基金会	亨氏家庭基金会亨氏资助董事会主席	$50,000—99,999
埃里克・范宁（前美国陆军部长）	间接	航空航天工业协会（AIA）主席兼首席执行官	AIA 成员是捐赠者
弗雷德里克・汉弗莱斯	公司	微软公司美国政府事务副主席	$100,000—249,999
希瑟・劳维特（国务院新闻发言人，2019—2021）	公司	BGR 集团董事会成员	$25,000—49,999
詹姆斯・比慕斯德弗（陆军上尉，退役）	公司	保德信金融集团退伍军人计划副主席	$100,000—249,999
杰里米・阿钦	公司	人工智能公司数据机器人 CEO 和联合创始人	$100,000—249,999
劳伦斯・丽塔	公司	美国银行大华盛顿特区市场总裁	$100,000—249,999
马克・钱德勒	公司	思科系统执行副总裁	$100,000—249,999
马克・皮特斯	个人和公司	亨廷顿・英格尔斯工业总裁和 CEO	个人：$10,000—24,999 公司：$100,000—249,999
尼尔・布鲁斯	个人	通用原子公司主席和 CEO	$250,000—499,999
罗杰・克罗姆	企业	雷多思公司主席和 CEO	$100,000—249,999
蒂莫西・麦克布瑞德	企业	雷神科技公司全球政府关系主任	$50,000—99,999
瓦伦・玛丽亚	个人和企业	麦卡锡资深合伙人	个人：<4,999 公司：25,000—49,999
威廉・林恩三世	个人和企业	莱昂纳多 DRS 和莱昂纳多北美总裁	个人：<$4,999 公司：$100,000—249,999

资料来源：Brett Heinz and Erica Jung, The Military-Industrial-Think Tank Complex: Conflicts of Interest at the Center for a New American Security, p. 10。

建和维稳行动。报告公布不久，CNAS 就收到了来自宙斯盾防御服务公司（Aegis Defence Services）、戴恩国际（DynCorp International）以及其他军事承包商的捐赠。①

表 6　新美国安全中心成员在拜登政府任职情况（部分）

姓名	CNAS 职位	拜登政府职位
爱丽丝・弗兰德	前兼职高级研究员	国防部副部长副幕僚长
埃夫丽尔・海恩斯	前董事会成员	国家情报总监
科林・卡尔	前高级研究员	国防部政策副部长
大卫・科恩	前兼职高级研究员	中央情报局副主任
埃利・拉特纳	执行副总裁和研究部主任	印度—太平洋安全事务助理国防部长
库特・坎贝尔	联合创始人和董事会主席	总统副助理；国家安全委员会印度—太平洋事务协调员
米拉・拉普－奥佩尔	前兼职高级研究员	国务院政策规划室中国事务高级顾问
彼得・哈勒尔	前兼职高级研究员	国家安全委员会国际经济和竞争高级主任
苏珊娜・布鲁姆	防务项目主任	国防部长高级顾问

资料来源：Brett Heinz and Erica Jung, *The Military-Industrial-Think Tank Complex: Conflicts of Interest at the Center for a New American Security*, p. 19。

通过 15 年的运作，CNAS 已经在学者与华盛顿的权势人物间建立起了广泛联系，智库的政策专家通过“旋转门”加入行政部门，占据重要的外交政策岗位。在拜登政府内（见表 6），CNAS 联合创始人和董事会主席库特・坎贝尔（Kurt Campbell）担任国家安全委员会印度—太平洋事务协调员，被称为“印太政策沙皇”；CNAS 执行副总裁和研究部主任埃利・拉特纳（Ely Ratner），出任印度—太平洋安全事务助理国防部长；防务项目主任苏珊娜・布鲁姆（Susanna Blume）成为国防部长高级顾问等。2019 年 CNAS 出台一份名为《应对中国挑战：重建美国在印度—太平洋竞争力》的报告，该报告以中国为对手，呼吁美国强化军事能力，强调“私

① Brett Heinz and Erica Jung, “The Military-Industrial-Think Tank Complex: Conflicts of Interest at the Center for a New American Security”, *Revolving Door Project*, February 2021.

营公司处于开发具有重要军事应用的新技术的前沿，包括人工智能（AI）和机器学习”，国防部需要识别这些技术并推动与企业间的合作。① 坎贝尔、拉特纳、布鲁姆等都是报告的核心成员，他们正在把呼吁变为政策。

因此，美国是“市民社会的帝国”②，它追求的不仅仅是国家间的秩序关系，还寻求对其他国家的文化传统、政治体制、经济方式和社会关系进行全方位的改造和重塑——因为美国自身不断变化，所以改造和重塑是无止境的，无论是对手还是盟友，概莫能外。因此，正如罗伯特·卡根所形容的，美国是一个“危险的国家”，危险性体现在三个方面：

第一，使用掠夺和单边制裁等强制方式损害他国利益和颠覆政权。2011 年叙利亚内战爆发后，美国及其西方盟友大力支持叙反对派武装。同时，美军非法驻扎叙东北部、东南部地区，通过其支持的武装势力系统地掠夺叙利亚石油、天然气、粮食等资源。③ 根据叙利亚石油部公布的数据，2022 年上半年，叙石油产量约为 8.03 万桶，其中 6.6 万桶被驻叙美军掠夺，占叙日产油量的 83%。美军及其支持的武装造成叙利亚石油、天然气和矿产被盗损失达 198 亿美元。此外，油气、矿产领域减产给叙利亚造成的间接损失超过 860 亿美元。④

截至 2021 财年，美国已经生效的制裁措施累计达到 9400 多项，较 20 年前增长近 10 倍。美国塔夫茨大学教授、布鲁金斯学会高级研究员德雷兹纳（Daniel W. Drezner）指出，美国历届政府滥用经济胁迫和经济暴力手段，将制裁作为解决外交问题的首选方案，非但起不到效果，还造成人道主义灾难。⑤1979 年以来美国对伊朗实施各类单边制裁，致使新冠疫

---

① Ely Ratner, et al., “Rising to the China Challenge: Renewing American Competitiveness in the Indo-Pacific”, *Center for a New American Security*, December 2019, p. 16.

② [英] 贾斯廷·罗森伯格：《市民社会的帝国：现实主义国际关系理论批判》，洪邮生译，江苏人民出版社 2002 年版。

③ 汪健等：《制裁、强震，叙利亚灾民雪上加霜》，2023 年 2 月 8 日，见 http://www.news.cn/world/2023-02/08/c_1211726719.htm。

④ 参见宋亦然：《“美国是叙利亚危机的始作俑者”》，《人民日报》2023 年 1 月 10 日。

⑤ 郭言：《美国单边制裁给世界经济蒙上阴影》，《经济日报》2022 年 9 月 29 日。

情期间，伊朗无法进口基本药物疫苗和医疗器械，据美国布鲁金斯学会估计，美国持续施加的制裁可能导致伊朗疫情最严重的时候多达 1.3 万人死亡。美国在海湾战争后对伊拉克的单边制裁，是伊拉克婴儿死亡率翻倍、5 岁以下儿童死亡率增长 6 倍的重要原因。联合国单边强制措施对人权负面影响问题特别报告员阿莱娜·杜汉（Alena Douhan）指出，叙利亚目前 90% 的人口生活在贫困线以下，获得食物、水、电、住所、取暖材料、交通和医疗保健的机会有限，对叙实施单方面的胁迫措施对人权和人道主义的普遍影响“令人震惊”。2023 年 2 月强烈地震发生后，美国单边制裁直接阻碍了叙利亚 72 小时黄金救援。①

第二，在缺乏约束的时候，美国会频繁地对他国采取武力行动，比如冷战结束后，美国使用武力的频率明显增加，短短 30 多年时间里，就发动了 251 次战争，数量超过冷战结束前 190 年间的总和，军事干预的频率是此前的 7 倍多②，说明缺乏制衡后的霸权国使用武力之随意与任性。

根据美国《史密森学会杂志》统计，2001 年以来，美国以“反恐”之名发动的战争和开展的军事行动已经覆盖了这个星球上约 40% 的国家，引发了众多人道主义灾难，特别是发动伊拉克战争，深度参与利比亚战争和叙利亚战争，严重破坏了中东的政治生态，对地区民众的生命权和生存权造成直接、严重和持久的伤害。美国布朗大学“战争代价”项目研究指出，有超过 17.4 万人直接死于阿富汗战争，其中 4.7 万多是平民。联合国难民署统计显示，持续近 20 年的阿富汗战争造成 260 万阿富汗人逃亡国外，350 万人流离失所。③

根据全球统计数据库的资料，2003—2020 年期间，有约 20.85 万伊拉克平民死于暴力冲突。截至 2020 年，有约 920 万伊拉克民众在伊战之后

① 参见高文成：《叙利亚灾民在哭泣：美国制裁何时休》，《新华每日电讯》2023 年 2 月 15 日。

② 郭超凯、谢雁冰：《中方：美方不要再充当全球最大的战争制造者》，2022 年 9 月 20 日，见 https://www.chinanews.com.cn/gn/2022/09-20/9856625.shtml。

③ 参见中国人权研究会：《美国在中东等地犯下严重侵犯人权罪行》，《新华每日电讯》2022 年 8 月 10 日。

沦为难民或被迫流离失所，大约每 25 名伊拉克人中就有 1 人流离失所。战争摧毁了伊拉克大量的基础设施，国家公共服务能力极大下降，以卫生部门为例：1990 年，伊拉克 97% 的城市人口和 71% 的农村人口能享受公共医疗服务。伊战后，约 2 万名医生逃离伊拉克，大量医疗设施在战火中被毁。在第二大城市摩苏尔，13 所医院中有 9 所被毁，180 万人的城市可用病床仅有 1000 张。①

美国暴力摧毁原有政治秩序后，根本无法建立新的有效制度。每一个国家的具体国情存在巨大差异，国内因素对一国政治生态的演进具有决定性影响，来自外部的武力干预实际上会对一个国家政治自主演化的进程造成负面影响。② 战争摧残之后的伊拉克、叙利亚和利比亚，国家能力下降：一方面，为恐怖主义的扩张提供了条件，“伊斯兰国”就是利用混乱局面逐渐坐大，兴风作浪③；另一方面，这些国家成为大国权力和意志较量的跑马场，比如美国、俄罗斯、以色列和土耳其等深度介入了叙利亚内战，叙利亚俨然成为“微型世界大战”的战场。在美国主导下，伊拉克目前建立了一套基于配额制的政治分权体系，即总统由库尔德人担任，总理和议长分别由什叶派人士和逊尼派人士担任，这一设计建立在宗教和民族分立的基础上，但直到现在伊拉克政治局势仍然不稳定，“伊拉克问题的根源在于美国强加的错误政治体制。它故意根据不同教派和民族割裂伊拉克人民，无视公民权利，使伊拉克成为一个四分五裂的国家”④。

第三，为了防止所谓“同辈竞争者”出现，美国在欧亚大陆维持了冷战时期的安全架构。在欧洲，虽然冷战已经结束，但美国对俄罗斯并没

---

① 参见朱泉钢：《美发动伊拉克战争严重损害伊斯兰世界利益》，《光明日报》2021 年 7 月 14 日。

② Bruce Bueno de Mesquita and George W. Downs, “Intervention and Democracy”, *International Organization*, Vol. 60, No.3 (Summer 2006), pp. 627–649.

③ 参见朱泉钢：《美发动伊拉克战争严重损害伊斯兰世界利益》，《光明日报》2021 年 7 月 14 日。

④ 凡帅帅、董亚雷：《伊拉克乱局根源何在》，2022 年 8 月 31 日，见 http://www.news.cn/world/2022-08/31/c_1128964287.htm。

有真正放心，它的俄罗斯政策在“制度变革”（强制或引导俄罗斯进行政治、经济和文化改造）和“权力平衡”（俄罗斯这个前敌人越弱越好，美国必须利用俄罗斯的弱点牢牢形成有利于美国的权力格局，一些人甚至希望俄罗斯本身分裂解体）之间摆动。① 但是，无论是哪种政策取向，都是试图重振地区和全球大国地位的俄罗斯所无法接受的，“美国人常常意识不到他们的扩张主义倾向——政治的、意识形态的、经济的、战略的和文化的——碰撞和侵扰了其他族群和文化”，“因此，他们不能预见他们视为正常的扩张行为将可能激起的针对他们的反应，有时是暴力性的反应”。②

曾经担任克林顿和小布什两任美国总统俄罗斯顾问的乔治城大学教授安琪拉·斯登特（Angela E. Stent）认为：“美国及其盟友都没能设计出一种冷战后的、能够将俄罗斯纳入欧洲—大西洋体系的格局，从而使得俄罗斯仍然身处这个管控欧洲安全的体系之外，规划着自己的发展道路。”③ 在俄罗斯人看来，北约是针对安全威胁的军事同盟，苏联解体后，北约不仅没有解散，反而不断东扩。唯一合理的解释是，不管俄罗斯做何种努力，美国都将视自己为敌人，俄罗斯人相信美国对俄政策是“趁他病，要他命”，违背了曾经不会东扩的承诺，“当时美国总统乔治·H.W. 布什、德国总理赫尔穆特·科尔、俄罗斯总统米哈伊尔·戈尔巴乔夫，以及他们的外交部部长们协商了德国统一及其在北约中地位的条款。当德国和美国领导人要抓住推动德国统一的转瞬即逝的事件时，他们在 1990 年 1 月和 2

① 参见［美］詹姆斯·M. 戈德盖尔、［美］迈克尔·麦克福尔：《权力与意图：后冷战时期美国对俄罗斯政策》，徐洪峰译，社会科学文献出版社 2017 年版。

② ［美］罗伯特·卡根：《危险的国家：美国从起源到 20 世纪初的世界地位》，袁胜育等译，社会科学文献出版社 2016 年版，第 3 页。需要指出的是，卡根并不认为“危险的国家”有什么不好，相反作为新保守主义的旗帜性人物，他主张美国人认识自身的“危险性”，从而主动承担起“历史责任”，接受过程中的代价与牺牲，因此他是伊拉克战争的支持与鼓吹者（参见［美］罗伯特·卡根：《天堂与权力：世界新秩序中的美国与欧洲》，刘坤译，社会科学文献出版社 2013 年版）。

③ ［美］安琪拉·斯登特：《有限伙伴：21 世纪美俄关系新常态》，欧阳瑾、宋和坤译，石油工业出版社 2016 年版，“前言”第 7 页。

月发表了关于北约与东方关系的首份声明，该声明似乎支持了这一解读。1990 年 1 月 31 日，西德外交部部长汉斯·迪特里希·格舍尔宣称：'北约必须做的是，无条件声明不论华沙条约发生什么，北约领域都不会向东扩大，也就是说更接近苏联的边界'"①。

1997 年 1 月 4 日，美国国务院政策规划办公室首任主任、冷战"遏制战略"之父乔治·凯南（George Kennan）在自己的日记中写下了对克林顿政府决定北约东扩的失望之情，"很显然，对于北约东扩到自己国界线边上，俄罗斯不可能有稳定的反应"，在俄罗斯看来，此举证明"我们这些国家都充满了邪恶的侵略欲望，也是他们严重的异端"。凯南相信俄罗斯人肯定会采取反制措施，包括加强对苏联空间的控制，与东面邻国，特别是印度和中国进一步密切关系，制衡北约谋求世界领导权的行为，"这将发展成为东西方之间全面的，甚至完全没有必要的灾难性决裂，实际上等于重新进入冷战状态"②。2014 年，美国芝加哥大学教授约翰·米尔斯海默（John Mearsheimer）指责"美国和欧洲盟友应该为（乌克兰）危机承担大部分责任。麻烦的根源是北约扩员，这是将乌克兰带出俄罗斯轨道并将其融入西方更大战略的核心要素"③。2022 年 2 月，俄乌冲突爆发，凯南的悲观预测在 25 年后，以最极端和惨烈的形式呈现在世人面前。

需要注意的是，米尔斯海默在俄乌冲突问题上对美国持批评态度并不是因为爱好和平，而是他相信俄罗斯已经不再有能力对西欧和美国构成实质性威胁，更何况，"美国有一天会需要俄罗斯帮助遏制一个崛起的中国"④。虽然与米尔斯海默的战略构想不一致，但美国在大力援助乌克兰的

---

① ［美］安琪拉·斯登特：《有限伙伴：21 世纪美俄关系新常态》，欧阳瑾、宋和坤译，石油工业出版社 2016 年版，第 224—225 页。

② ［美］乔治·凯南：《凯南日记》，曹明玉译，中信出版社 2016 年版，第 593 页。

③ John J. Mearsheimer, "Why the Ukraine Crisis Is the West's Fault: The Liberal Delusions that Provoked Putin", *Foreign Affairs*, Vol. 93, No. 5 (September/October 2014), pp. 77–89.

④ John J. Mearsheimer, "Why the Ukraine Crisis Is the West's Fault: The Liberal Delusions that Provoked Putin", *Foreign Affairs*, Vol. 93, No. 5 (September/October 2014), p. 89.

同时，始终紧盯着中国。2022 年 5 月 26 日，美国国务卿安东尼·布林肯（Antony John Blinken）在乔治·华盛顿大学发表演讲，他提醒听众，尽管俄乌冲突仍在继续，但是“我们仍将聚焦于对国际秩序最严峻的长期挑战——这就是中华人民共和国带来的挑战。中国是唯一不仅具有重塑国际秩序的意图——其日益增强的经济、外交、军事和技术力量又使之具备这样做的能力的国家”①。美国正在推动北约“亚洲化”，2022 年 7 月北约峰会发布的战略概念文件，将中国定位为“系统性挑战”②，再次表明了北约深受美国战略方向牵引的现实，它是服务于美国应对大国战略竞争、维持美国霸权地位核心目标的工具。③

第二节　中国方案：建设一个持久和平的世界

2020 年 2 月 29 日，美国与塔利班在卡塔尔多哈签署结束战争的和平协议，“帝国坟场”曾耗干了苏联，也让独步天下的美国在 20 年投入超过 2.3 万亿美元之后无功而返。④ 从越南，到阿富汗，再到伊拉克，美国决策者似乎还没有认识到“殷鉴不远，来者可追”。是年 9 月 3 日，在纪念中国人民抗日战争暨世界反法西斯战争胜利 75 周年座谈会上，习近平总书记强调：“实现中华民族伟大复兴，必须坚定不移走和平发展道路”，“中国人民热爱和平、珍惜和平，把维护世界和平、反对霸权主义和强权

① Antony J. Blinken, “The Administration’s Approach to the People’s Republic of China”, The George Washington University, May 26, 2022, https://www.state.gov/the-administrations-approach-to-the-peoples-republic-of-china/.

② NATO, *Strategic Concept*, June 2022, https://www.nato.int/strategic-concept/.

③ 参见金玲：《“全球北约”的亚太转向与前景展望》，《当代世界》2022 年第 9 期。

④ The Costs of War Project, “U.S. Costs to Date for the War in Afghanistan, in $ Billions FY2001-FY2022”, Brown University Watson Institute International & Public Affairs, https://watson.brown.edu/costsofwar/figures/2021/human-and-budgetary-costs-date-us-war-afghanistan-2001-2022.

政治作为自己的神圣职责，坚决反对动辄使用武力或以武力威胁处理国际争端，坚决反对打着所谓‘民主’、‘自由’、‘人权’等幌子肆意干涉别国内政”。①

一、“为了和平，中国将始终坚持走和平发展道路”②

2014 年 9 月，习近平总书记说他对联合国教科文总部大楼石碑前的一句话印象深刻，“战争起源于人之思想，故务需于人之思想中筑起保卫和平之屏障”③。中国对大国关系历史与现实的认识、自身历史文化传统，以及社会主义体制的本质要求，共同筑造了中国反对战争，坚持走和平发展道路的思想屏障。

2013 年 11 月 19 日，在“中国特色社会主义和中国梦宣传教育系列报告会”上，外交部部长王毅以“坚定不移走和平发展道路，为实现民族复兴中国梦营造良好国际环境”为主题做报告，在报告中他直面一个日益强大的中国给世界造成心理和力量格局双重冲击的现实：“人类历史上从未有过如此巨大国家的快速崛起，从未有过如此众多人口的现代化。中国的复兴将是 21 世纪最为重大的历史现象，必将对世界格局、力量对比和全球秩序产生全方位的深远影响。因此，国际社会关注我国的战略走向是正常的，而且这种关注势必会伴随我们民族复兴的整个过程。”④

但市面上流行的、形形色色的“中国威胁论”是基于现代西方历史的错误类比而得出的，“从以往世界力量对比演变的规律看，改变全球面貌的重大力量对比变化，往往是通过激烈的方式甚至是战争实现的。近代欧

① 习近平：《在纪念中国人民抗日战争暨世界反法西斯战争胜利 75 周年座谈会上的讲话》，人民出版社 2020 年版，第 13 页。

② 习近平：《在纪念中国人民抗日战争暨世界反法西斯战争胜利 70 周年系列活动上的讲话》，人民出版社 2015 年版，第 5 页。

③ 习近平：《在纪念孔子诞辰 2565 周年国际学术研讨会暨国际儒学联合会第五届会员大会开幕会上的讲话》，人民出版社 2014 年版，第 3 页。

④ 王毅：《坚定不移走和平发展道路，为实现民族复兴中国梦营造良好国际环境》，《国际问题研究》2014 年第 1 期。

洲三十年战争后建立起威斯特伐利亚和约体系，拿破仑战争后建立起维也纳体系，一战后建立起凡尔赛体系，二战后建立起雅尔塔体系等，大多如此”[①]。但是，站在人民立场，而不是殖民争霸者的角度来阅读战争，中国人看到的不是弱肉强食的强盗逻辑，而是一场场造成人间惨剧的滔天洪水。在谈及第二次世界大战时，习近平总书记指出：“那场战争的战火遍及亚洲、欧洲、非洲、大洋洲，军队和民众伤亡超过 1 亿人，其中中国伤亡人数超过 3500 万，苏联死亡人数超过 2700 万”，正是因为经历过人间炼狱，“无论发展到哪一步，中国都永远不称霸、永远不搞扩张，永远不会把自身曾经经历过的悲惨遭遇强加给其他民族”。[②]

中国对近代史的认知导向和平而非丛林法则有深远的文化渊源和政教传统。从文化思想看，对于坏的东西，比如战争，中国的伦理规范讲究“己所不欲，勿施于人”；对于好的东西，《礼记》讲，“礼闻来学，不闻往教”[③]，别人基于自己的实际情况和主观判断，觉得我有值得借鉴的地方，他可以自己来学习并转化运用，我倾囊相授，在这里不存在主体对客体的强迫（比如美国式的“武力输出民主”），客体是主动的，是另一个主体。我要做的就是“吾日三省吾身”[④]，完善自我。邓小平讲，“埋头实干，做好一件事，我们自己的事”[⑤]，也有这个意思。综合起来就是习近平总书记所说的：“中华民族历来是一个爱好和平的民族，爱好和平在儒家思想中也有很深的渊源。……爱好和平的思想深深嵌入了中华民族的精神世界，

① 王毅：《坚定不移走和平发展道路，为实现民族复兴中国梦营造良好国际环境》，《国际问题研究》2014 年第 1 期。

② 习近平：《在纪念中国人民抗日战争暨世界反法西斯战争胜利 70 周年系列活动上的讲话》，人民出版社 2015 年版，第 4、5 页。

③ [元] 陈澔注：《礼记》，上海古籍出版社 2016 年版，第 3 页。

④ 杨伯峻译注：《论语译注》，中华书局 2009 年版，第 3 页。《论语 · 季氏篇第十六》记载，冉有、子路谒见孔子说，“季氏准备对颛臾使用武力”，治国如果做到财富分配合理、和平团结、安全稳定，其他国家的人就会服气，甚至前来投靠。“夫如是，故远人不服，则修文德以来之”，意思是，如果做到这样，远方的人还是不服，自己便要再修仁义礼乐。杨伯峻译注：《论语译注》，中华书局 2009 年版，第 170—171 页。

⑤ 《邓小平文选》第三卷，人民出版社 1993 年版，第 321 页。

今天依然是中国处理国际关系的基本理念。”①

从政教传统看，对“秦灭”的反思构成了华夏千年政教重要哲理之源。秦王朝从横扫天下到崩溃瓦解只用了 15 年，与周朝 800 年绵延国祚形成强烈对比。始皇在世，国力鼎盛，“奋六世之余烈，振长策而御宇内，吞二周而亡诸侯，履至尊而制六合，执搞朴以鞭笞天下，威震四海”②。始皇一崩，战无不胜的秦军似乎突然消失，帝国的忠臣良将隐匿无踪，战斗力远逊于六国的农民起义军攻城略地如探囊取物，最终刘邦以布衣之身，“提三尺剑而取天下”，这又是一强烈对比。自汉以降，历代知识分子认为秦如此强盛又如此短命的重要原因在于其战争文化。秦帝国是一部无法停止的战争机器，秦完成统一后，整个中国百分之十五以上的人口被征集修建各种国家工程，甚至许多妇女也被征调来输纳劳役。③

于国家而言，战争之危害还在于其道德基础的自我反噬、不可持续。战争要杀死甚至坑埋俘虏以摧毁敌国兵员的人口基础，采取分而制之等策略瓦解敌国之间结成的任何联盟，通过间谍、贿赂等手段离间敌国内部关系④；反过来，国内人际关系也不值得信任，必须强调提防与控制，秦朝政道人伦故而刻薄寡恩、暗算一时、急法尚同。因此，秦亡不是一朝一姓之亡，而是一种生活方式、思想方式、感受方式的灭亡。秦灭之后，中国政道基础被牢固确立在行“王道”之上，“它成功的标志不是攻占了某个敌国，整顿了社会秩序，也不是什么软实力，而是非对象化地变民风、化民俗，渗透到时代生存结构的肌肤骨髓之中”⑤。

美苏历史经验告诉我们坚持走和平发展道路是时代要求。美国提供了反面教材，实力再强大的国家也无法通过武力去征服和强制改造另一个国

① 习近平：《在纪念孔子诞辰 2565 周年国际学术研讨会暨国际儒学联合会第五届会员大会开幕会上的讲话》，人民出版社 2014 年版，第 3 页。

② 贾谊：《过秦》，载徐超、王洲明：《贾谊集》，凤凰出版社 2020 年版，第 4 页。

③ 参见赵鼎新：《东周战争与儒法国家的诞生》，华东师范大学出版社 2011 年版，第 153 页。

④ 参见赵鼎新：《东周战争与儒法国家的诞生》，华东师范大学出版社 2011 年版，第 149—150 页。

⑤ 张祥龙：《拒秦兴汉和应对佛教的儒家哲学》，商务印书馆 2019 年版，第 80 页。

家，哪怕对方是一个小国。1970年7月7日，毛泽东同志在会见老挝人民党总书记凯山·丰威汉谈到美国时说，“美国它就没有困难？它的困难也许比你们还大。世界变了，从老挝来讲，也证明了这一点。帝国主义自找灭亡。它的目的就是想占地方，找人来埋葬它”①。同年8月12日，毛泽东同志在杭州会见苏丹革命指挥委员会主席尼迈里等人时表示国际形势对美国不利，“它到处伸手，闹得它国人民也不满意。美国的手伸出去了，又不好收回来，就是这么个局面。……你们可以观察到美国的世界战略，它的第七舰队可管得宽了，从美国的西太平一直延伸到日本海、台湾海峡、印度洋，到阿拉伯海。这样，真正打起来还有什么力量啊？它现在还是靠原子弹吓人”②。

在世界局势紧张动荡时代，资本主义和社会主义“两制”关系应该是怎么样的？毛泽东同志主导中美关系、中日关系改善实际上已经突破了“两制”完全隔绝对抗，最终武力决胜的模式③。1985年9月14日，邓小平同志会见奥地利总理鲁道夫·基希施莱格，在谈到对国际形势看法的时候指出，现在我们对战争不可避免的看法有了变化，进而表示：“提出‘一国两制’的构想，我是为了解决中国的统一问题，但是，我考虑这对国际

① 《毛泽东年谱（1949—1976）》第六卷，中央文献出版社2013年版，第307页。

② 《毛泽东年谱（1949—1976）》第六卷，中央文献出版社2013年版，第317—318页。

③ 1970年6月11日，毛泽东同志在会见罗马尼亚共产党中央常设主席团委员波德纳拉希等人时说：“我们现在就骂现代修正主义、社会帝国主义这一家。另一家就是美国。谈是要谈的，骂也是要骂的，中美谈判上月底停了嘛，以后怎样将来再说。两国人民总是要友好的。垄断资本不好，不能说人民不好。”1972年2月21日，毛泽东同志会见尼克松时谈道：“来自美国方面的侵略，或者来自中国方面的侵略，这个问题比较小，也可以说不是大问题，因为现在不存在我们两个国家相互打仗的问题……可是我们两家也怪得很，过去二十二年总是谈不拢”，“我们办事也有官僚主义。你们要搞人员往来这些事，要搞点小生意，我们就死也不肯。十几年，总是说不解决大问题，小问题就不干，包括我在内。后来发现还是你们对，所以就打乒乓球”。在尼克松谈到中国并不威胁美国领土时，毛泽东同志说，“也不威胁日本和南朝鲜”。周总理说：“任何国家都不威胁。”毛泽东同志最后说：“我们谈得成也行，谈不成也行，何必那么僵着呢？一定要谈成？一次没有谈成，无非是我们的路子走错了。那我们第二次又谈成了”（参见《毛泽东年谱（1949—1976）》第六卷，中央文献出版社2013年版，第302、427—428页）。

上是否也有些益处？我是指对和平会不会有点益处。……我们提出‘一国两制’的构想，不只是考虑到解决我们自己的问题，解决中国与有关国家的问题，也向国际社会提出这样一个构想，看是否对和平有利，一切都着眼于维护和平。”①

1979年11月26日，邓小平同志在与美国不列颠百科全书出版公司编委会副主席吉布尼和加拿大麦吉尔大学东亚研究所主任林达光等人谈话时指出：“当然我们不要资本主义，但是我们也不要贫穷的社会主义，我们要发达的、生产力发展的、使国家富强的社会主义。我们相信社会主义比资本主义的制度优越。它的优越性应该表现在比资本主义有更好的条件发展社会生产力。”②形成鲜明对照的是，就在谈话约一个月后，勃列日涅夫命令苏联机械化部队在圣诞节越过乌兹别克斯坦和阿富汗的边界线，“事后看来，入侵阿富汗的行动虽然在一开始取得了军事上的成功，但其实却是苏维埃帝国超负荷运行的最初的信号之一”③。

1991年，苏联解体，“世界就是这样结束的，不是砰的一声，而是低声的抽泣”，邓小平同志准确洞见了“两制”竞争本质。“两制”之间的竞争从根本上讲就是要通过发展生产力来证明自身的优越性。1984年6月30日，在会见日本客人时，邓小平同志指出马克思主义最注重发展生产力：“社会主义阶段的最根本任务就是发展生产力，社会主义的优越性归根到底要体现在它的生产力比资本主义发展得更快一些、更高一些，并且在发展生产力的基础上不断改善人民的物质文化生活。”④西方对苏战略证明了邓小平同志判断的正确性，中国社会科学院原副院长李慎明教授在一篇文章中援引了撒切尔夫人的话：“苏联是一个对西方世界构成严重威胁的国家。我讲的不是军事威胁。从本质上讲，军事上的威胁并不存在。我

① 《邓小平年谱（一九七五——一九九七）》，中央文献出版社2004年版，第1077页。

② 《邓小平文选》第二卷，人民出版社1994年版，第231页。

③ ［美］弗拉季斯拉夫·祖博克：《失败的帝国：从斯大林到戈尔巴乔夫》，李晓红译，社会科学文献出版社2014年版，第309页。

④ 《邓小平年谱（一九七五——一九九七）》，中央文献出版社2004年版，第986页。

们这些国家装备精良，包括核武器”，“我们一直采取行动，旨在削弱苏联经济，制造其内部问题”，“主要的手段是将其拖进军备竞赛”，① 苏联生产力得不到释放，人民对生活不满意，和平演变就有机会。邓小平同志也指出：“美国，还有西方其他一些国家，对社会主义国家搞和平演变。美国现在有一种提法：打一场无硝烟的世界大战。我们要警惕。资本主义是想最终战胜社会主义，过去拿武器，用原子弹、氢弹，遭到世界人民的反对，现在搞和平演变。”②

解放和发展生产力需要对外开放，需要和平的国际环境。1988 年 9 月 5 日，在会见捷克斯洛伐克总统胡萨克时，邓小平同志指出：“世界在变化，我们的思想和行动也要随之而变。过去把自己封闭起来，自我孤立，这对社会主义有什么好处呢？历史在前进，我们却停滞不前，就落后了。马克思说过，科学技术是生产力，事实证明这话讲得很对。依我看，科学技术是第一生产力。我们的根本问题就是要坚持社会主义的信念和原则，发展生产力，改善人民生活，为此就必须开放。否则，不可能很好地坚持社会主义。”③

中共中央党校原常务副校长郑必坚在总结中国和平崛起发展道路内涵时讲：“简而言之就是两句话：既争取和平的国际环境来发展自己，又以自身的发展来维护世界和平。再说得详细一些，就是在以和平与发展为主题的时代条件下，在与经济全球化相联系而不是相脱离的进程中，独立自主地建设中国特色社会主义，使中国作为维护世界和平的坚定力量，实现崛起。”④

中国的发展成就证明了改革开放与和平发展道路的正确性。在纪念邓小平同志诞辰 110 周年座谈会上，习近平总书记表示：“邓小平同志深刻

① 李慎明：《苏共的蜕化变质是苏联解体的根本原因》，《政治学研究》2021 年第 6 期。

② 《邓小平文选》第三卷，人民出版社 1993 年版，第 325—326 页。

③ 《邓小平文选》第三卷，人民出版社 1993 年版，第 274 页。

④ 郑必坚：《大战略：论中国的和平崛起与两岸关系》，上海远东出版社 2017 年版，第 112 页。

分析当今时代特征和世界大势，指出：'现在的世界是开放的世界'，'总结历史经验，中国长期处于停滞和落后状态的一个重要原因是闭关自守。经验证明，关起门来搞建设是不可能成功的，中国的发展离不开世界。'"邓小平"站在时代前沿观察思考问题，把党和人民事业放到历史长河和全球视野中来谋划"。[①] 经过冷战后40多年的发展，国际社会更加紧密交融，人类命运与共，"在全球化深入发展的今天，各国特别是大国之间越来越通过利益融合形成了'利益制衡'。发动战争冲突的代价越来越高，武力解决争端的选择越来越受到局限。此外，国际金融危机、恐怖主义、气候变化等各种全球性挑战也日益增多，都需要各国合作应对，加强全球治理"[②]。

美国正在加强在亚太地区的军事存在，但是王毅曾援引亨利·基辛格（Henry Kissinger）的判断，"美国与中国之间的决定性竞争更可能是经济竞争、社会竞争，而不是军事竞争"[③]。2022年11月14日，习近平主席与拜登总统在印度尼西亚巴厘岛会晤，在谈论中美关系时，习近平主席指出："世界正处于一个重大历史转折点，各国既需要面对前所未有的挑战，也应该抓住前所未有的机遇。我们应该从这个高度看待和处理中美关系。中美关系不应该是你输我赢、你兴我衰的零和博弈，中美各自取得成功对彼此是机遇而非挑战。宽广的地球完全容得下中美各自发展、共同繁荣"，进一步确证，"中国将坚持和平发展、开放发展、共赢发展，做全球发展的参与者、推动者，同各国一起实现共同发展"。[④]

中国共产党事业不断取得成功的一大法宝就是对工作对象做详细的区

---

① 习近平：《在纪念邓小平同志诞辰110周年座谈会上的讲话》，人民出版社2014年版，第18、19页。

② 王毅：《坚定不移走和平发展道路，为实现民族复兴中国梦营造良好国际环境》，《国际问题研究》2014年第1期。

③ ［美］亨利·基辛格：《论中国》，胡利平等译，中信出版社2015年版，第513页。

④ 杜尚泽等：《习近平同美国总统拜登在巴厘岛举行会晤》，《人民日报》2022年11月15日。

别分析，并根据事态变化有针对性地争取合作。① 当下，在面对美国内部有力量将中美推向全面对抗的企图时，这种工作方法同样适用。2023 年 2 月 7 日，习近平总书记在学习贯彻党的二十大精神研讨班开班式发表重要讲话时强调，“要把战略的原则性和策略的灵活性有机结合起来，灵活机动、随机应变、临机决断，在因地制宜、因势而动、顺势而为中把握战略主动”，借鉴吸收一切人类优秀文明成果，代表人类文明进步的发展方向，“既要创造比资本主义更高的效率，又要更有效地维护社会公平”，统筹利用国内国际两种资源，拓展中国式现代化的发展空间。②

党的二十大报告指出：“中国奉行防御性的国防政策，中国的发展是世界和平力量的增长，无论发展到什么程度，中国永远不称霸、永远不搞扩张。”③ 这是坚持走和平发展道路在军事政策上的具体实践。曾任中央军委办公厅主任、军事科学院副院长的李际均中将系统总结了防御战略的几个特点④：第一，中国军队坚持自卫立场，绝不主动挑起事端；但如果别国把战争强加给中国，中国军民必将奋起反击。2016 年 7 月 1 日，习近平总书记在庆祝中国共产党成立 95 周年大会上的讲话中强调：“中国不觊觎他国权益，不嫉妒他国发展，但决不放弃我们的正当权益。中国人民不信邪也不怕邪，不惹事也不怕事，任何外国不要指望我们会拿自己的核心利益做交易，不要指望我们会吞下损害我国主权、安全、发展利益的苦果。”⑤

2022 年 8 月 2 日，美国国会众议院时任议长佩洛西窜访中国台湾地

---

① 毛泽东同志的名篇《中国社会各阶级的分析》、《湖南农民运动考察报告》等是这方面的杰作（参见《毛泽东选集》第一卷，人民出版社 1991 年版）。

② 李学仁：《习近平在学习贯彻党的二十大精神研讨班开班式上发表重要讲话强调　正确理解和大力推进中国式现代化》，《人民日报》2023 年 2 月 8 日。

③ 习近平：《高举中国特色社会主义伟大旗帜　为全面建设社会主义现代化国家而团结奋斗——在中国共产党第二十次全国代表大会上的报告》，人民出版社 2022 年版，第 60—61 页。

④ 参见李际均：《中国军事战略思维论》，北京人民出版社 2017 年版，第 373—374 页。

⑤ 习近平：《在庆祝中国共产党成立 95 周年大会上的讲话》，人民出版社 2016 年版，第 21 页。

区。8 月 2 日晚开始，中国人民解放军东部战区在台岛周边开展一系列联合军事行动。战区火箭军部队依令对台岛东部外海预定海域，实施多区域、多型号常导火力突击，导弹全部精准命中目标，检验了精确打击和区域拒止能力。战区海军、空军、火箭军、战略支援部队、联勤保障部队等兵力，持续在台岛北部、西南、东南海空域进行高强度、成体系、环台岛联合演训，应对危机事态战备水平得到检验。①“中国政府有强大能力塑造推进国家统一的战略态势与环境，有强大能力挫败任何形式的‘台独’分裂行径，任何外部势力插手干预都不可能得逞。”②

第二，中国的核战略是纯防御性的，它只对企图对中国进行核讹诈的对手起威慑作用。2022 年 11 月 4 日，在会见来华访问的德国总理朔尔茨时，习近平主席呼吁两国：“共同反对使用或威胁使用核武器，倡导核武器用不得、核战争打不得，防止亚欧大陆出现核危机。”③2023 年 4 月 6 日，习近平主席在北京会见法国总统马克龙，在讨论乌克兰危机时强调各方应“切实履行核武器用不得、核战争打不得的承诺，反对在任何情况下使用生化武器，反对武装攻击核电站等民用核设施”④。

第三，中国一直保持适度合理的国防开支。根据 2019 年版《新时代的中国国防》白皮书的数据，改革开放以来，中国国防开支经历了从维持性投入到适度增长的发展历程，总体保持与国家经济和财政支出同步适度协调增长。国防费占国内生产总值比重从 1979 年最高的 5.43% 下降到 2017 年的 1.26%，近 30 年一直保持在 2% 以内。从国际比较来看（见图 1），2012 年至 2017 年，中国国防费占国内生产总值水平约为 1.3%，美国约为 3.5%、俄罗斯 4.4%、印度约为 2.5%。中国国防费占国内生产总值的平均比重在国防费位居世界前列的国家中排在第六位，是联合国安理会常任

---

① 参见《东部战区在台岛周边海空域组织的联合军事行动成功完成各项任务》，《人民日报》2022 年 8 月 11 日。

② 钟声：《只顾一己私利的政治秀终将徒劳》，《人民日报》2022 年 8 月 4 日。

③ 姚大伟：《习近平会见德国总理朔尔茨》，《人民日报》2022 年 11 月 5 日。

④ 刘华、谢环驰：《习近平同法国总统马克龙举行会谈》，《人民日报》2023 年 4 月 7 日。

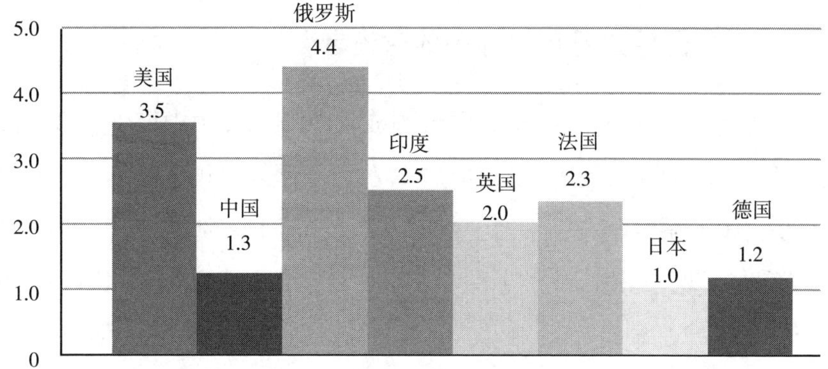

图 1　2012 年至 2017 年国防费占同期 GDP 平均比重国别比较（%）

资料来源：中华人民共和国国务院新闻办公室：《新时代的中国国防》，人民出版社 2019 年版，第 40 页。

理事国中最低的。①

1989 年 10 月 26 日，在世界格局陷入不稳定的背景下，邓小平同志会见时任泰国总理差猜时指出："中国搞社会主义，是谁也动摇不了的。我们搞的是有中国特色的社会主义，是不断发展社会生产力的社会主义，是主张和平的社会主义。只有不断发展生产力，国家才能一步步富强起来，人民生活才能一步步改善。只有争取到和平的环境，才能比较顺利地发展。中国要维护自己国家的利益、主权和领土完整，中国同样认为，社会主义国家不能侵犯别国的利益、主权和领土。"②2023 年 2 月，在百年未有大变局加速演进的浩荡历史潮流中，中国在慕尼黑安全会议上再次发出坚定的声音："中国坚持走和平发展道路，是从历史、现实和未来的深刻思考中作出的战略抉择。中国将坚定地团结更多国家一道走和平发展道路。中国的力量每增长一分，世界的和平就多一分希望；各国共同致力于和平发展，人类的未来就能充满光明。"③

① 参见中华人民共和国国务院新闻办公室：《新时代的中国国防》，人民出版社 2019 年版，第 40 页。

② 《邓小平文选》第三卷，人民出版社 1993 年版，第 328—329 页。

③ 张慧中：《王毅出席第五十九届慕尼黑安全会议并发表主旨讲话》，《人民日报》2023 年 2 月 19 日。

二、“中国始终是世界和平的建设者”①

2015年9月27日，为纪念联合国成立70周年，中国政府向联合国赠送了一座以中国古代青铜器中的“尊”为原型的“和平尊”，表达了中国对联合国的重视与支持。“和平尊”以景泰蓝工艺制成，以“中国红”为主色调，尊身展翅高飞的七只和平鸽，代表联合国为世界和平奋斗的70年，顶部龙饰象征守望和平，两侧象首、凤鸟寓意天下太平。②中国积极参与联合国维和行动、坚持发展优先，以负责任大国的实际行动支持热点问题的解决，为世界和平作出积极贡献，生动体现了习近平主席2021年9月在第七十六届联合国大会上强调的“中国始终是世界和平的建设者”。

（一）“我也许只是一根羽毛”

2015年9月28日，纽约联合国总部，“大千世界，我也许只是一根羽毛，但我也要以羽毛的方式承载和平的心愿”③，习近平主席在联合国维和峰会上分享了女警和志虹少校记录在维和日记里的这段话。来自云南的和志虹，是中国维和防暴队在海地的联络官，出发去维和的时候，孩子只有1岁多。2010年，和志虹在海地执行联合国维和任务时不幸殉职，留下年仅4岁的幼子和年逾花甲的父母。④战友在整理她遗物的时候，看到她用过的保健品时，眼泪止不住流下来，这么一个爱惜生命的人，为了和平事业，牺牲在异国他乡。

---

① 2021年对中国人民是一个极其特殊的年份，这一年是中国共产党成立100周年，也是中华人民共和国恢复联合国合法席位50周年，习近平主席在第七十六届联合国大会上表示：“中国始终是世界和平的建设者、全球发展的贡献者、国际秩序的维护者。”这反映了中国共产党和中国人民的世界担当（参见《习近平著作选读》第二卷，人民出版社2023年版，第143页）。

② 参见杜尚泽等：《习近平出席中国向联合国赠送“和平尊”仪式》，《人民日报》2015年9月28日。

③ 温红彦、宋静思：《总书记说到过这样一些英雄》，《人民日报》2021年9月29日。

④ 温红彦、宋静思：《总书记说到过这样一些英雄》，《人民日报》2021年9月29日。

1990 年 4 月，中国军队向联合国停战监督组织派遣 5 名军事观察员，中国自此开启了参加联合国维和行动的历程。① 中国军队于 1992 年向联合国柬埔寨临时权力机构派出由 400 名官兵组成的维和工程兵大队，首次成建制参加联合国维和行动；2003 年，首次向非洲地区派遣成建制维和工兵分队和医疗分队；2013 年，首次派出连级规模警卫分队支援联合国马里多层面综合稳定特派团；2015 年，向联合国南苏丹特派团派遣维和步兵营，首次派出营规模维和部队；2017 年，首次维和直升机分队部署至苏丹达尔富尔地区。截至 2022 年 6 月底，中国军队先后参加 25 项联合国维和行动（见图 2），累计派出维和官兵近 5 万人次，是联合国第二大维和摊款国，是安理会常任理事国第一大出兵国，足迹遍布全球 20 多个国家，16 位军人在执行维和任务过程中献出了宝贵的生命。目前，2200 余名中

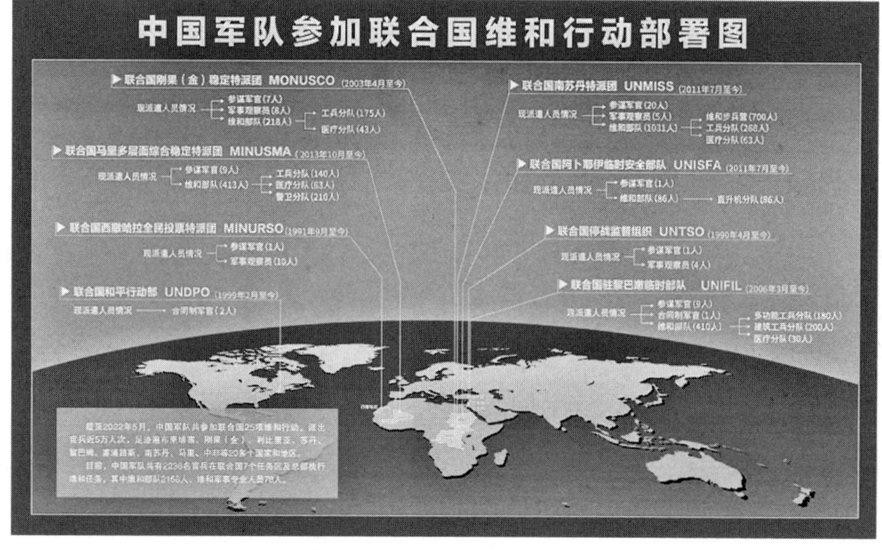

图 2 中国军队参加联合国维和行动部署图

资料来源：路金方等：《砥砺前行，履行维和使命》，《解放军报》2022 年 10 月 15 日。

---

① 以下维和部分除了特别引注，内容来自《中国军队参加联合国维和行动 30 年》白皮书。参见中华人民共和国国务院新闻办公室：《中国军队参加联合国维和行动 30 年》，载《中国政府白皮书汇编（2020 年）》，人民出版社、外文出版社 2021 年版，第 103—136 页。

国维和官兵在联合国7个任务区和总部执行任务[①]，像圣洁的羽毛托起和平的希望。

“要忠实履行维和使命，为维护世界和平贡献更多中国力量，向世界展示中国军队良好形象”，2022年1月28日，春节前夕，习近平主席在同中部战区海外维和分队进行视频通话时殷切说道。[②]联合国助理秘书长祖耶夫在2022年8月召开的首届“共同愿景”维和国际论坛发表致辞时表示，当今全球安全格局支离破碎、信任缺乏，各种形式的威胁相互交织，阻碍世界建立和平安全架构的努力，“如果没有中国和中国人民的支持，联合国维持和平行动不可能取得近年来的这些成就”[③]。

中国维和部队官兵在行动中履行以下职责。第一，监督停火，确保冲突各方履行停火协议。2006年7月25日，黎以冲突期间，中国军事观察员杜照宇在炮火中坚守岗位履行职责，为和平事业献出了生命，被追记一等功，并被联合国授予哈马舍尔德勋章。第二，稳定局势，步兵营执行武装巡逻、隔离冲突、止暴平暴、警戒搜查等任务。2015年至2020年，中国军队先后向南苏丹派遣6批维和步兵营，2018年南苏丹首都朱巴发生大规模械斗流血事件，中国维和步兵营奉命出击，迅速平息事态。第三，保护平民。2016年7月，南苏丹首都朱巴爆发激烈武装冲突，面对枪林弹雨，中国维和官兵用血肉之躯构筑“生命防线”，阻止武装分子接近平民保护区，杨磊、杨树朋两位战士壮烈牺牲，用生命守护了9000多名平民的生命安全。第四，安全护卫，确保联合国特派团设施和人员安全。2016年5月31日，中国驻马里维和士兵申亮亮为阻止载有炸药的恐怖分子车辆冲入联合国维和营地壮烈牺牲，被追记一等功，联合国授予他哈马舍尔德勋章。2019年9月，国家主席习近平签署主席令，授予申亮亮“人

① 参见陈尚文等:《中国“蓝盔”维护世界和平与发展》,《人民日报》2022年8月1日。

② 参见梅常伟、李刚:《习近平春节前夕视察慰问中部战区，向全体人民解放军指战员武警部队官兵军队文职人员民兵预备役人员致以新春祝福》,《人民日报》2022年1月29日。

③ 龚鸣:《首届“共同愿景”维和国际论坛举行》,《人民日报》2022年8月27日。

民英雄”国家荣誉称号。[①] 第五，支援保障。工程、运输、医疗、直升机等中国后勤保障分队官兵创造了“中国质量”“中国速度”“中国标准”等一块块中国品牌。30 多年来，中国军队先后派遣二级医疗分队近百支，累计接诊伤病员 35 万人次，赢得广泛赞誉。[②]

为了进一步促进联合国维和事业，2015 年 9 月，习近平主席在维和峰会上作出六项承诺：组建常备成建制维和警队，建设 8000 人规模的维和待命部队；派更多工程、运输、医疗队员参与维和行动；今后 5 年，中国为各国培训 2000 名维和人员，开展 10 个扫雷项目；今后 5 年，中国向非盟提供总额为 1 亿美元的无偿军事援助；中国将向联合国在非洲的维和行动部署首支直升机分队；中国—联合国和平与发展基金的部分资金将用于支持联合国维和行动。[③] 中国政府和军队言必信、行必果，以实际行动履行相关承诺（见表 7），取得了一系列重要成果。

表 7　中国支持联合国维和行动的承诺与落实

承诺	落实
组建常备成建制维和警队；建设 8000 人维和待命部队	2016 年 6 月，中国公安部率先组建了全球首支成建制常备维和警队。2017 年 9 月，完成 8000 人规模维和待命部队在联合国的注册，包括步兵、工兵、运输、医疗、直升机、无人机等 10 类专业力量 28 支分队。2018 年 10 月，13 支维和待命分队通过联合国考察评估，晋升为二级待命部队。2019 年至 2020 年，共 6 支分队晋升为三级待命部队。
派更多的工程、运输、医疗队员参与维和行动	2015 年至 2020 年，中国先后派遣 25 批维和工兵和医疗分队共 7000 余人次，参加在刚果（金）、南苏丹、苏丹达尔富尔、马里、黎巴嫩的维和行动。

① 参见李卓尔、廖航：《中国第四批赴马里维和部队工兵分队战士申亮亮：听从使命的召唤》，《人民日报》2021 年 10 月 13 日。

② 陈琳、孙兴维：《全军维和医疗分队首次举行部署前基地化训练》，《解放军报》2022 年 6 月 20 日。

③ 杜尚泽等：《习近平出席联合国维和峰会并发表讲话》，《人民日报》2015 年 9 月 30 日。

续表

承诺	落实
为各国培训维和人员	5 年内，先后举办了保护平民、维和特派团高级官员、维和教官、女性维和军官等 20 批专业培训，为 60 多个国家训练维和人员 1500 余人。中国公安部培训多国维和警务人员 1000 余人。中国军队开展扫雷援助项目，为柬埔寨、老挝、埃塞俄比亚、苏丹、赞比亚、津巴布韦等国培训扫雷人员 300 余人。
向非盟提供无偿军事援助	积极落实对非盟 1 亿美元无偿军事援助，支持非洲常备军和危机应对快速反应部队建设。
向联合国在非洲的维和行动部署首支直升机分队	2017 年 8 月，中国军队向非盟—联合国达尔富尔混合行动派出 140 人的首支直升机分队部署到位，编配 4 架中型多用途直升机。
中国—联合国和平与发展基金的部分资金将用于支持联合国维和行动	2016 年至 2019 年，中国—联合国和平与发展基金在和平安全领域共开展 52 个项目，使用资金约 3362 万美元。其中 23 个项目涉及支持联合国维和行动，使用资金约 1038 万美元。

资料来源：根据《中国军队参加联合国维和行动 30 年》白皮书制作。

（二）“建设和平要坚持发展优先”

2023 年 1 月 26 日，中国常驻联合国代表张军在安理会建设和平问题公开辩论会上发言时强调，建设和平是实现持久和平的重要组成部分，发展是解决各类挑战的根本出路，“将资源重点用于消除贫困、保障民生、普及教育、公共卫生等领域，支持工业化、农业和基础设施现代化”①。生存权和发展权是最基本的人权，“贫困是实现人权的最大障碍。没有物质资料的生产和供给，人类其他一切权利的实现都是非常困难或不可能的。发展既是消除贫困的手段，也为实现其他人权提供了条件，还是人实现自身潜能的过程。发展权贯穿于其他各项人权之中，其他人权为人的发展和发展权的实现创造条件”②。

确保生存权和发展权的前提是尊重国家主权，“一国政府是本国人民的代表，是建设和平最重要的行动主体，是应对冲突危机、促进发展重

① 《中方强调建设和平要坚持发展优先》，《人民日报》2023 年 1 月 28 日。

② 中华人民共和国国务院新闻办公室：《发展权：中国的理念、实践与贡献》，2016 年 12 月，见 http://www.gov.cn/zhengce/2016-12/01/content_5141177.htm。

建、凝聚社会团结的核心力量。国际社会应当支持冲突后国家加强政府治理能力，凝聚社会共识，走符合本国国情的发展道路”①。国际社会应该帮助冲突动荡国家提升治理能力，“冲突后国家百废待兴，单靠外部‘输血’难以为继，必须实现从‘输血’转向‘造血’，加强各方面能力建设是当务之急”②。

因此，中国反对滥用制裁。2022年6月，中国常驻联合国副代表戴兵在安理会南苏丹公开会上发言，“美国一再对他国实施单边制裁，给有关国家民众造成巨大伤害。制裁不能用作政治打压的工具，不能搞双重标准。越来越多的安理会成员不支持当前的对南苏丹制裁机制。南苏丹部族冲突由来已久，应该通过预防、调解、对话、发展等多种手段加以应对。联合国秘书长报告指出，部族冲突主要源于资源争夺。国际社会要帮助南苏丹发展经济、改善民生，消除冲突根源”③。西南政法大学人权研究院国别研究中心主任达璐撰文指出：“美国肆意挥舞制裁大棒，严重违反了《联合国宪章》《经济、社会及文化权利国际公约》等国际法，严重践踏了被制裁国人民的基本权利。美国霸权行径已经成为全球和平发展的破坏者、人权进步的绊脚石。”④

在百年未有之大变局的冲击下，世界安全形势更加复杂化，尤其是非洲，“和平安全挑战增多，冲突根源更加突出。帮助非洲提升治理水平，维护社会稳定和实现可持续发展具有重要意义和现实紧迫性”⑤。2021年11月29日，习近平主席在中非合作论坛第八届部长级会议开幕式上发表题为《同舟共济，继往开来，携手构建新时代中非命运共同体》的主旨演讲，

① 《中方强调建设和平应尊重国家主权》，2022年9月7日，见http://www.news.cn/2022-09/07/c_1128981931.htm。

② 《中方强调建设和平要坚持发展优先》，《人民日报》2023年1月28日。

③ 《中国常驻联合国副代表呼吁安理会尽快解除对南苏丹的武器禁运》，2022年6月20日，见http://www.news.cn/world/2022-06/21/c_1128760142.htm。

④ 达璐：《美国滥施单边制裁阻碍国际人权事业发展》，《人民日报》2023年4月6日。

⑤ 《中国代表作为安理会轮值主席同联合国建设和平委员会成员交流》，2021年5月10日，见http://www.xinhuanet.com/world/2021-05/11/c_1127430910.htm。

提出共同实施“九项工程”（见表 8），包括：卫生健康工程。中国将为非洲国家援助实施 10 个医疗卫生项目，向非洲派遣 1500 名医疗队员和公共卫生专家。贸易促进工程。中国将为非洲农产品输华建立“绿色通道”，力争未来 3 年从非洲进口总额达到 3000 亿美元，将为非洲援助实施 10 个设施联通项目，支持非洲大陆自由贸易区建设。投资驱动工程。中国未来 3 年将推动企业对非洲投资总额不少于 100 亿美元，援助实施 10 个工业化和就业促进项目，提供 100 亿美元授信额度，扶持非洲中小企业发展。和平安全工程。中国将为非洲援助实施 10 个和平安全领域项目，继续对非盟军事援助，开展中非维和部队联合训练、现场培训、轻小武器管控合作等。①“九项工程”充分体现了中国同非洲国家共筑持久和平、共建持久繁荣的倡议构想与实际举措。

2022 年年初，中国提出“非洲之角和平发展构想”，旨在帮助非洲之角国家独立自主应对安全、发展、治理三重挑战，得到了吉布提、厄立特里亚、肯尼亚、埃塞俄比亚、索马里等地区国家的欢迎与响应。构想由三重相互联系、相互促进的内涵构成②：第一，非洲之角扼守连接地中海、红海、印度洋的海上交通要道，自然资源丰富，发展潜力大，长期受大国地缘政治影响，地区内矛盾冲突多发。③ 建议加强域内对话，地区国家召开非洲之角和平会议，形成政治共识，协调沟通行动，通过平等协商，把地区命运掌握在自己手中。第二，建议加快区域振兴，克服发展挑战。中国将支持区域国家做强并拓展蒙内铁路（肯尼亚蒙巴萨至内毕罗）和亚吉铁路（埃塞俄比亚至吉布提）两条主轴，同时加快红海沿岸和东非沿岸开发，形成“两轴 + 两岸”发展框架，

① 参见习近平：《同舟共济，继往开来，携手构建新时代中非命运共同体——在中非合作论坛第八届部长级会议开幕式上的主旨演讲》，人民出版社 2021 年版，第 5—8 页。

② 除非特别引注，三重内涵的内容来自黎华玲、白林：《王毅谈“非洲之角和平发展构想》，2022 年 1 月 6 日，见 http://www.news.cn/2022-01/07/c_1128240838.htm ；《畅叙友谊，促进和平，开启互利合作新篇章：王毅国务委员兼外长就访问非洲三国和亚洲两国接受中央媒体采访》，《人民日报》2022 年 1 月 11 日。

③ 参见薛冰：《真诚助力非洲之角和平发展》，《人民日报》2022 年 4 月 13 日。

提高自主发展能力。第三，“鞋子合不合脚，自己穿了才知道”，尊重各国人民自主选择发展道路的权利。[①] 建议区域国家探求有效路径，克服治理挑战。支持非洲国家探索符合自身国情的发展道路，用非洲人的方式妥善处理民族、宗教、地域纠纷，构建非洲之间团结、稳定、和谐的发展环境。

中国和埃塞俄比亚是中非团结合作的典范。埃塞拥有 1.1 亿人口，首都亚的斯亚贝巴是联合国非洲经济委员会和非洲联盟总部所在地，被誉为“非洲的政治心脏”。埃塞俄比亚充分借鉴中国发展经验，实施以经济建设为中心、以农业和基础设施建设为先导的发展战略，2020 年内战爆发前 14 年，埃塞俄比亚经济年均增长率近 10%，长期位居全球经济增长最快 10 个国家行列。2018 年 9 月，中国和埃塞两国政府签订了“一带一路”合作谅解备忘录。[②] 中国在埃塞经济社会发展中发挥了重要作用，两国的交往合作是“九项工程”的生动体现（见表 8）。2016 年，作为共建“一带一路”标志性项目的亚吉铁路正式通车，为身处内陆的埃塞俄比亚提供了出海通道，极大提高了物流效率，埃塞在全国规划了 14 个工业园，许多位于亚吉铁路沿线。[③] 埃塞总理阿比表示，“埃塞希望向中方学习借鉴治党治国理政经验，期待同中方继续推进共建‘一带一路’，在关键领域开展更加紧密合作，欢迎更多中国企业赴埃塞投资”[④]。

表 8　中国与埃塞俄比亚的“九项工程”

九项工程	典型案例
卫生健康	·2020 年 4 月 16 日，中国赴埃塞抗疫医疗专家组启程。专家组由中国国家卫生健康委组建、四川省卫生健康委选派。 ·2021 年 3 月中国援埃塞新冠疫苗抵达亚的斯亚贝巴。

① 参见《习近平著作选读》第一卷，人民出版社 2023 年版，第 105 页。

② 参见商务部国际贸易经济合作研究院等：《对外投资合作国别（地区）指南：埃塞俄比亚》，2020 年 12 月，见 https://www.yidaiyilu.gov.cn/zchj/zcfg/163747.htm。

③ 参见景玥等：《“亚吉铁路为我们的发展增添动力”》，《人民日报》2019 年 2 月 25 日。

④ 孙奕等：《习近平会见埃塞俄比亚总理阿比》，《人民日报》2023 年 10 月 18 日。

续表

九项工程	典型案例
卫生健康	·2021 年 5 月 13 日，中国人民解放军向埃塞俄比亚军队援助的一批疫苗交付。 ·2021 年 6 月 19 日，中国红十字会援助的国药集团新冠疫苗运抵埃塞。 ·2022 年 1 月 22 日，中国援助埃塞第五批新冠疫苗举行交接仪式。 ·2022 年 6 月 27 日，中国政府援助埃塞俄比亚新一批 1000 万剂新冠疫苗交接。
减贫惠农	·2021 年 2 月，中国政府向联合国世界粮食计划署埃塞俄比亚办事处捐赠 200 万美元，用于购买 4000 吨玉米，可为当地约 26.8 万名难民提供足够口粮渡过危机。 ·2021 年 6 月 9 日，中国扶贫基金会向埃塞俄比亚一所小学 400 多名贫困学生发放“粮食包”。该项目 2015 年在埃塞和苏丹启动，2020 年在缅甸和尼泊尔推广落地，截至 2020 年底共惠及 28179 名学生。
贸易促进	·2015 年以来，中土集团先后在亚吉铁路沿线承建了阿瓦萨工业园、阿达玛工业园、德雷达瓦工业园等 6 个工业园区项目，目前已经全部投入运营。 ·阿达玛工业园 19 座现代化厂房全部出租，中国安泰纺织等企业相继入驻投产，为当地创造 5000 余个就业岗位。 ·2020 年 10 月，中国土木承建的巴赫达尔工业园区开园，一期占地 75 公顷，内有 8 栋现代化厂房，所有厂房均已出租，有一家来自中国香港的企业入驻。 ·2020 年 10 月，中国土木承建的德雷达瓦工业园开园，一期占地 150 公顷，有 15 栋现代化厂房，有来自美国、意大利等国企业入驻。 ·2022 年 5 月 12 日，中国—埃塞俄比亚投资贸易合作论坛在亚的斯亚贝巴举行。 ·2023 年 2 月 17 日，国务院关税税则委员会发布公告决定，自 2023 年 3 月 1 日起，对原产于埃塞俄比亚、布隆迪、尼日利亚等 3 国 98% 税目产品实施零关税。
投资驱动	·2016 年亚吉铁路通车，是非洲大陆第一条跨国电气化铁路和最长距离的电气化铁路，也是中国在非洲建设的第一条集技术标准、设备、融资、施工、监理、运营和管理为一体的全流程“中国元素”电气化铁路。 ·2018 年 9 月，中国（江苏）—埃塞俄比亚投资对接会。昆山开发区与埃塞工业园发展公司签署工业园区运营与管理经验交流合作备忘录。海王电子、AB 集团、艾登箱包等 7 家企业与埃塞国家投资委员会签署项目合作协议，总投资超过 14 亿美元。 ·2021 年 6 月，中国机械工业集团中工国际工程股份有限公司承建的埃塞贝雷斯 1 号糖厂正式投产。该项目建成后每年可产精糖 20 万吨，并创造近万个工作岗位。中工国际 2008 年加入埃塞市场，在糖业和电力领域承揽了多个大型项目。 ·2021 年 6 月，中国土木工程集团有限公司承建的埃塞莫焦旱港扩建项目开工，将有助于提高埃塞物流业的效率和服务水平，未来有望成为埃塞主要的物流中心。 ·2022 年 11 月，埃塞俄比亚—肯尼亚直流输电工程投入试运行，中国电力技术装备有限公司承建埃塞境内 445 千米输电线路及两个中继站等配套设施，主要设备均由中国企业制造，带动国内高端电工技术服务和装备出口超 4 亿元。

续表

九项工程	典型案例
数字创新	·2019 年 11 月，埃塞俄比亚政府与阿里巴巴签约共建 eWTP（世界电子贸易平台），阿里巴巴携手义乌，与埃塞打造多功能数字贸易枢纽，将埃塞打造成为非洲商品出口全球的门户。 ·2022 年 5 月，埃塞俄比亚启动 5G 网络试点服务，中国华为公司是埃塞电信合作方。
绿色发展	·2017 年，中国电力工程有限公司承建的莱比垃圾发电厂投入运营，日处理垃圾 1800 吨，每年发电量可达到 1.85 亿千瓦时，能够保证亚的斯亚贝巴 1/3 家庭照明用电。 ·2018 年 8 月，中国电力工程有限公司承建的位于亚的斯亚贝巴的雷皮垃圾发电厂完工，日处理垃圾 1400 吨。 ·2019 年 12 月 20 日，中国应对气候变化"南南合作"项目，赠埃塞微小卫星发射成功，该卫星能够获取农业水利、防灾减灾等领域数据。 ·2021 年 3 月 13 日，中国国家电网中国电力技术装备有限公司与南京南瑞继保工程技术有限公司以联合体承建的埃塞俄比亚甘贝拉州离网光伏电站举行竣工仪式。
能力建设	·2021 年 4 月 28 日，埃塞俄比亚鲁班工坊举行揭牌仪式。 ·2022 年 4 月 9 日，中国土木埃塞俄比亚工程有限公司向亚的斯亚贝巴一所贫困小学捐赠一批教育用品。 ·2023 年 1 月 6 日，中国（山东）—埃塞俄比亚职业教育合作对话会。埃塞俄比亚劳工与技能部、中非职业教育联盟、世界银行正式达成合作意向。
人文交流	·2019 年 9 月，228 名来自埃塞政府机关和高校等单位的学员获得了赴中国攻读硕士和博士学位的奖学金，埃塞总理阿比鼓励学员努力学习中国发展经验。 ·2019 年 12 月，埃塞俄比亚—河南旅游推介会在郑州举行。 ·2022 年 8 月，山东—埃塞俄比亚投资、贸易、旅游对接会暨鲁非同心·埃塞俄比亚国家日活动在滨州举行。 ·2022 年 10 月 4 日，中国援建的埃塞科技博物馆揭幕。该项目由江苏南通三建集团股份有限公司承建，是中国援建的亚的斯亚贝巴河岸绿色发展项目（二期中央广场标段）的一部分。
平安工程	·2021 年 3 月 6 日，中国驻埃塞俄比亚大使馆与埃塞俄比亚联邦警察总署举行"一带一路"项目安全保障机制备忘录签字仪式和安检设备交接仪式。 ·截至 2023 年 2 月，中国已经派出 8 批援埃塞俄比亚军医专家组。

资料来源：根据《人民日报》、《解放军报》等权威媒体相关报道整理。

美国长期以来将中国与埃塞的合作视为对其地区战略的挑战。埃塞内战发生后，美国趁机介入，以"侵犯人权"为借口向埃塞政府施加压力，2022 年美国宣布埃塞产品出口到美国不再享受免关税等贸易优惠政策，此举将影响埃塞超过 20 万个低收入家庭和供应链中的 100 万人。[①] 中国始终强调中美相互尊重、和平共处、合作共赢才能更好造福国际社会，正如埃塞俄比亚学者莫哈里·玛鲁所指出的，"中国已经赢得了非洲人民的心，西方若不改变想法，或将永远扮演追赶者"[②]。埃塞期待中国能够发挥更大作用，真正帮助埃塞走出战乱冲突之苦，走上富裕繁荣之路。

（三）"复杂问题没有简单解决办法"

2022 年 11 月 14 日，习近平主席在印度尼西亚巴厘岛同美国总统拜登举行会晤，围绕重大全球和地区问题坦诚深入交换了看法，在谈到乌克兰问题时，习近平主席表示，面对乌克兰危机这样的全球性、复合性危机，要知道"复杂问题没有简单解决办法"[③]。简单的解法，尤其是试图用暴力决战决胜只会加剧危机，使问题更加复杂化，死结越扣越紧，最终还是人民承受战争的惨烈代价。

习近平主席在与俄罗斯、乌克兰、美国、德国和法国等领导人的通话与会晤中对"复杂问题"给出了中国辩证的、长效的解法（见表 9），展现了建立持久和平的中国智慧。首先，中国始终倡导呼吁和平。冲突爆发前，在与法国总统马克龙的通话中，习近平主席呼吁"有关各方应该坚持政治解决的大方向，充分利用包括诺曼底机制在内的多边平台，通过对话协商寻求乌克兰问题的全面解决"[④]。冲突爆发后，2022 年 3 月 8 日，习近平主席在与德国总理朔尔茨、法国总统马克龙的会谈中主张，"我们要共同支持俄乌和谈，推动双方维护谈判势头，克服困难谈下去，谈出

---

① 参见马汉智：《"非洲之角"政治隐忧与和平发展构想》，2022 年 4 月 6 日，见 https://column.chinadaily.com.cn/a/202204/06/WS624d469da3101c3ee7acf205.html。

② 钟声：《帮助非洲，考验的是大义和格局》，《人民日报》2020 年 2 月 24 日。

③ 杜尚泽：《习近平同美国总统拜登在巴厘岛举行会晤》，《人民日报》2022 年 11 月 15 日。

④ 《习近平同法国总统马克龙通电话》，《人民日报》2022 年 2 月 17 日。2014 年在纪念诺曼底登陆 70 周年纪念活动上，俄乌两国领导人在德国总理默克尔和法国总统奥朗德出席的情况下举行了会谈，由此诞生了"诺曼底四方"（俄罗斯、德国、法国和乌克兰）会谈的机制，寻找解决乌克兰危机的途径（参见林雪丹：《乌克兰"最快速度"停火呈现新契机》，《人民日报》2015 年 2 月 7 日）。

结果、谈出和平”①。2022 年 3 月 18 日，在与拜登的视频通话中，习近平主席强调：“中国历来主张和平，反对战争，这是中国历史文化传统。”②

表 9　中国关于乌克兰问题的立场表述

时间和场合	立场表述
2022 年 2 月 16 日 习近平主席同法国总统马克龙通电话	有关各方应该坚持政治解决的大方向，充分利用包括“诺曼底机制”在内的多边平台，通过对话协商寻求乌克兰问题的全面解决。
2022 年 2 月 25 日 习近平主席同俄罗斯总统普京通电话	1. 中方根据乌克兰问题本身是非曲直决定立场。 2. 要摒弃冷战思维，重视和尊重各国合理安全关切，通过谈判形成均衡、有效、可持续的欧洲安全机制。 3. 中方关于尊重各国主权和领土完整、遵守联合国宪章宗旨和原则的立场是一贯的。 4. 中方倡导共同、综合、合作、可持续的安全观，坚定维护以联合国为核心的国际体系和以国际法为基础的国际秩序。
2022 年 3 月 8 日 习近平主席同法国、德国领导人举行视频峰会	1. 中方主张，各国主权、领土完整都应该得到尊重，联合国宪章宗旨和原则都应该得到遵守。 2. 各国合理安全关切都应该得到重视，一切有利于和平解决危机的努力都应该得到支持。 3. 共同支持俄乌和谈。 4. 中方提出关于乌克兰人道主义局势的六点倡议，向乌克兰进一步提供人道主义物资援助。 5. 有关制裁对全球金融、能源、交通、供应链稳定都会造成冲击，拖累世界经济，对各方都不利。 6. 倡导共同、综合、合作、可持续的安全观，支持法德两国坚持战略自主，推动构建均衡、有效、可持续的欧洲安全框架。 7. 中方乐见欧美俄及北约开展平等对话。
2022 年 3 月 18 日 习近平主席同美国总统拜登视频通话	1. 中方历来主张和平，反对战争，这是中国的历史文化传统。 2. 我们向来从事情本身是非曲直出发，独立自主作出判断，倡导维护国际法和公认的国际关系基本准则，坚持按照联合国宪章办事，主张共同、综合、合作、可持续的安全观。 3. 各方应该共同支持俄乌对话谈判，谈出结果、谈出和平。 4. 美国和北约应该同俄罗斯开展对话，解开乌克兰危机的背后症结，化解俄乌双方的安全忧虑。 5. 实施全方位、无差别制裁，受罪的还是老百姓，如果进一步升级，还会导致全球经贸、金融、能源、粮食、产业链供应链等发生严重危机，使本已困难的世界经济雪上加霜。 6. 长久之道在于大国相互尊重、摒弃冷战思维、不搞阵营对抗，逐步构建均衡、有效、可持续的全球和地区安全架构。

① 黄敬文、李响：《习近平同法国德国领导人举行视频峰会》，《人民日报》2022 年 3 月 9 日。

② 黄敬文、刘彬：《习近平同美国总统拜登视频通话》，《人民日报》2022 年 3 月 19 日。

续表

时间和场合	立场表述
2022年5月9日习近平主席同德国总理朔尔茨举行视频会晤	1. 乌克兰危机将欧洲安全再次推到关键十字路口，要全力避免冲突激化、扩大化，导致不可收拾的局面。 2. 欧方要拿出历史担当和政治智慧，着眼欧洲长远安宁，寻求以负责任方式推动解决问题。欧洲安全应该掌握在欧洲人自己手中。中方支持欧方在劝和促谈进程中发挥积极作用，推动最终构建均衡、有效、可持续的欧洲安全框架。 3. 中方欢迎有关各方支持俄乌双方通过谈判实现和平。
2022年5月10日习近平主席同法国总统马克龙通电话	1. 中方一直在以自己的方式劝和促谈。 2. 支持欧洲国家将欧洲安全掌握在自己手中。 3. 要特别警惕形成集团对抗，对全球安全稳定造成更大更持久的威胁。
2022年6月15日习近平主席同俄罗斯总统普京通电话	1. 中方始终从乌克兰问题的历史经纬和是非曲直出发，独立自主作出判断，积极促进世界和平，促进全球经济秩序稳定。 2. 各方应该以负责任方式推动乌克兰危机得到妥善解决。 3. 中方愿继续为此发挥应有作用。
2022年11月4日习近平主席会见来华正式访问的德国总理朔尔茨	1. 中方支持德方、欧方为劝和促谈发挥重要作用，推动构建均衡、有效、可持续的欧洲安全框架。 2. 国际社会应该共同支持一切致力于和平解决乌克兰危机的努力，呼吁有关各方保持理性和克制，尽快开展直接接触，为重启谈判创造条件。 3. 共同反对使用或威胁使用核武器，倡导核武器用不得、核战争打不得，防止亚欧大陆出现核危机。 4. 共同努力确保全球产业链供应链稳定，防止国际能源、粮食、金融等合作受到干扰，损害全球经济复苏特别是发展中国家经济财政稳定。 5. 共同为危机地区的平民过冬纾困，改善人道主义状况，防止出现更大规模人道主义危机。
2022年11月14日习近平主席同美国总统拜登在巴厘岛会晤	1. 面对乌克兰危机这样的全球性、复合性危机，有这么几条值得认真思考：一是冲突战争没有赢家；二是复杂问题没有简单解决办法；三是大国对抗必须避免。 2. 中方始终站在和平的一边，将继续劝和促谈，支持并期待俄乌双方恢复和谈。 3. 同时希望美国、北约、欧盟同俄罗斯开展全面对话。
2022年12月30日习近平主席同俄罗斯总统普京举行视频会晤	1. 中方注意到俄方表示从未拒绝以外交谈判方式解决冲突，对此表示赞赏。和谈之路不会一帆风顺，但只要不放弃努力，和平前景就始终存在。 2. 中方将继续秉持客观公正立场，推动国际社会形成合力，为和平解决乌克兰危机发挥建设性作用。
2023年3月20日习近平主席访问俄罗斯会见普京	1. 在乌克兰问题上，和平、理性的声音不断积聚，大多数国家都支持缓和紧张局势，主张劝和促谈，反对火上浇油。 2. 呼吁政治解决乌克兰危机，反对冷战思维，反对单边制裁。越是困难重重，越要为和平留下空间。越是矛盾尖锐，越不能放弃对话努力。中方愿继续为推动政治解决乌克兰问题发挥建设性作用。

续表

时间和场合	立场表述
2023 年 4 月 6 日 习近平主席同法国总统马克龙、欧盟委员会主席冯德莱恩举行三方会晤	1. 中方在乌克兰问题上的方针归结为一句话，就是劝和促谈。当务之急是推动停火止战，反对火上浇油、让问题复杂化。 2. 乌克兰危机不是中欧之间的问题。中方将继续为劝和促谈发挥积极作用，支持欧方从自身根本和长远利益出发，提出政治解决乌克兰危机的思路和方案，推动构建均衡、有效、可持续的欧洲安全框架。
2023 年 4 月 27 日 习近平主席同乌克兰总统泽连斯基通电话	1. 相互尊重主权和领土完整是中乌关系的政治基础。 2. 在乌克兰危机问题上，中方始终站在和平一边，核心立场就是劝和促谈。对话谈判是唯一可行的出路。核战争没有赢家。 3. 希望各方从乌克兰危机中深刻反思，通过对话，共同寻求欧洲长治久安之道。 4. 中方已向乌方提供了多批人道主义援助，愿继续提供力所能及的帮助。

资料来源：根据《人民日报》等权威媒体相关报道整理。

其次，中国呼吁各方为劝和促谈采取行动，反对火上浇油的行为。2022 年 5 月 10 日，在与法国总统马克龙的通话中，习近平主席表示，“中方一直在以自己的方式劝和促谈”①。2022 年 6 月 15 日，在与普京的通话中，习近平主席强调，“各方应该以负责任方式推动乌克兰危机得到妥善解决。中方愿继续为此发挥应有作用”②。12 月 30 日，习近平主席与普京总统举行视频会晤时表示，“中方注意到俄方表示从未拒绝以外交谈判方式解决冲突，对此表示赞赏。和谈之路不会一帆风顺，但只要不放弃努力，和平前景就始终存在。中方将继续秉持客观公正立场，推动国际社会形成合力，为和平解决乌克兰危机发挥建设性作用”③。

习近平主席特别强调支持欧洲力量在劝和促谈中发挥重要作用。2022 年 3 月 8 日，在与法、德领导人视频峰会中，习近平主席指出：“支持法德两国坚持战略自主，推动构建均衡、有效、可持续的欧洲安全框架。”2022 年 5 月 9 日，习近平主席与德国朔尔茨总理举行视频会晤，就

① 《习近平同法国总统马克龙通电话》，《人民日报》2022 年 5 月 11 日。

② 《习近平同俄罗斯总统普京通电话》，《人民日报》2022 年 6 月 16 日。

③ 姚大伟、岳月伟：《习近平同俄罗斯总统普京举行视频会晤》，《人民日报》2022 年 12 月 31 日。

乌克兰局势深入坦诚地交换了意见，习近平主席强调："乌克兰危机将欧洲安全再次推到关键十字路口。要全力避免冲突激化、扩大化，导致不可收拾的局面。欧方要拿出历史担当和政治智慧，着眼欧洲长远安宁，寻求以负责任方式推动解决问题。欧洲安全应该掌握在欧洲人自己手中。中方支持欧方在劝和促谈进程中发挥积极作用，推动最终构建均衡、有效、可持续的欧洲安全框架。"[①]2022 年 5 月 10 日，习近平主席在与马克龙的通话中，再次指出："支持欧洲国家将欧洲安全掌握在自己手中。要特别警惕形成集团对抗，对全球安全稳定造成更大更持久的威胁。"[②]2022 年 11 月，朔尔茨来华，习近平主席明确表示："中方支持德方、欧方为劝和促谈发挥重要作用，推动构建均衡、有效、可持续的欧洲安全框架。"[③]2023 年 4 月 6 日，习近平主席在与来华访问的马克龙、欧盟委员会主席冯德莱恩举行中法欧三方会晤时表示，"支持欧方从自身根本和长远利益出发，提出政治解决乌克兰危机的思路和方案，推动构建均衡、有效、可持续的欧洲安全框架"[④]。

中方明确反对不但无助于和平反而使危机影响更大范围外溢的行为。2022 年 3 月 8 日，在同法、德领导人的会晤中，习近平主席指出："有关制裁对全球金融、能源、交通、供应链稳定都会造成冲击，拖累疫情下负重前行的世界经济，对各方都不利。"[⑤]2022 年 3 月 18 日，在与拜登总统的视频通话中，习近平主席强调："当前，世界各国已经十分困难了，既要应对新冠肺炎疫情，又要保经济保民生。作为大国领导人，我们要考虑妥善解决全球热点问题，更要考虑全球稳定和几十亿人民的生产生活。实

---

① 李学仁、岳月伟：《习近平同德国总理朔尔茨举行视频会晤》，《人民日报》2022 年 5 月 10 日。

② 《习近平同法国总统马克龙通电话》，《人民日报》2022 年 5 月 11 日。

③ 姚大伟：《习近平会见德国总理朔尔茨》，《人民日报》2022 年 11 月 5 日。

④ 刘华、翟健岚：《习近平同法国总统马克龙、欧盟委员会主席冯德莱恩举行中法欧三方会晤》，《人民日报》2023 年 4 月 7 日。

⑤ 黄敬文、李响：《习近平同法国德国领导人举行视频峰会》，《人民日报》2022 年 3 月 9 日。

施全方位、无差别制裁，受罪的还是老百姓。如果进一步升级，还会引发全球经贸、金融、能源、粮食、产业链供应链等发生严重危机，使本已困难的世界经济雪上加霜，造成不可挽回的损失。形势越是复杂，越需要保持冷静和理性。任何情况下都要拿出政治勇气，为和平创造空间，为政治解决留有余地。”① 在巴厘岛会晤时，习近平主席对拜登明确提出：“大国对抗必须避免。”②

再次，中国强调要解开乌克兰危机的背后症结，寻求和平的长久之道。习近平主席在与普京总统、拜登总统、朔尔茨总理和马克龙总统的谈话中，都特别强调了两点：一是要摒弃冷战思维，重视和尊重各国合理安全关切；一是中方尊重各国主权和领土完整、遵守联合国宪章宗旨和原则的基本立场是一贯的。③ 中方倡导共同、综合、合作、可持续的安全观，因此希望并乐见美国、北约、欧盟同俄罗斯开展全面对话，和平的“长久之道在于大国相互尊重、摒弃冷战思维、不搞阵营对抗，逐步构建均衡、有效、可持续的全球和地区安全架构”④。2023 年 4 月 6 日，在与马克龙会谈时，习近平主席强调：“尽快重启和谈，按照联合国宪章宗旨和原则，兼顾各方合理安全关切，寻求政治解决，构建均衡、有效、可持续的欧洲安全框架。”⑤

最后，中方关心冲突地区的人民，采取行动并呼吁国际社会形成合力改善人道主义状况。为了防止出现大规模人道主义危机，中方提出 6 点倡议：人道主义行动必须遵守中立、公正的原则，防止将人道问题政治化；全面关注乌克兰的流离失所者，帮助其得以妥善安置；切实保护平民，防止乌境内出现次生人道灾害；保障人道援助活动顺利、安全开展，包括提

① 黄敬文、刘彬：《习近平同美国总统拜登视频通话》，《人民日报》2022 年 3 月 19 日。

② 杜尚泽：《习近平同美国总统拜登在巴厘岛举行会晤》，《人民日报》2022 年 11 月 15 日。

③ 参见《习近平同俄罗斯总统普京通电话》，《人民日报》2022 年 2 月 26 日；黄敬文、李响：《习近平同法国德国领导人举行视频峰会》，《人民日报》2022 年 3 月 9 日；黄敬文、刘彬：《习近平同美国总统拜登视频通话》，《人民日报》2022 年 3 月 19 日。

④ 黄敬文、刘彬：《习近平同美国总统拜登视频通话》，《人民日报》2022 年 3 月 19 日。

⑤ 刘华、谢环驰：《习近平同法国总统马克龙举行会谈》，《人民日报》2023 年 4 月 7 日。

供快速、安全、无障碍的人道主义准入；确保在乌外国人安全，允许其从乌克兰安全离开，并为其回国提供帮助；支持联合国在对乌人道援助方面发挥协调作用，支持联合国乌克兰危机协调员工作。[①] 习近平主席在同法国、德国领导人的视频峰会上承诺向乌克兰提供人道主义援助；2022 年 11 月 4 日，在会见朔尔茨时指出，“共同为危机地区的平民过冬纾困，改善人道主义状况，防止出现更大规模人道主义危机”[②]。

2023 年 2 月 24 日，在乌克兰危机全面升级一周年之际，中国外交部发布《关于政治解决乌克兰危机的中国立场》文件，提出尊重各国主权、摒弃冷战思维、停火止战、启动和谈、解决人道危机、保护平民和战俘、维护核电站安全、减少战略风险、保障粮食外运、停止单边制裁、确保产业链供应链稳定、推动战后重建等具体主张。[③] 联合国秘书长发言人迪雅里克表示，中国政府提出的方案是一项重要贡献，其中关于应反对使用或威胁使用核武器的主张尤其重要。[④]

---

① 参见《王毅在十三届全国人大第五次会议举行的视频记者会上就中国外交政策和对外关系回答中外记者提问》，《人民日报》2022 年 3 月 8 日。

② 姚大伟：《习近平会见德国总理朔尔茨》，《人民日报》2022 年 11 月 5 日。

③ 参见《中国外交部发布〈关于政治解决乌克兰危机的中国立场〉》，《人民日报》2023 年 2 月 25 日。

④ 《联合国秘书长发言人：中国关于政治解决乌克兰危机的立场文件是一项重要贡献》，《人民日报》2023 年 2 月 26 日。

第二章　如何应对发展赤字？

要聚焦发展这个根本性问题，释放各国发展潜力，实现经济大融合、发展大联动、成果大共享。

——习近平：《携手推进“一带一路”建设》，2017

2023 年 1 月 31 日，国际货币基金组织发布《世界经济展望》，称全球经济增长将触底回升，但 2023 年至 2024 年全球增长率预计仍然低于 3.8% 的历史（2000—2019 年）平均水平，约为 3% 左右。世界银行行长戴维·马尔帕斯表示，“全球资本被那些政府债务水平极高且利率不断上升的发达经济体所吸纳，在这种情况下，新兴市场和发展中国家由于债务沉重、投资疲软，可能在未来多年都会增长乏力”①。形成对比的是，2023 年中国 GDP 增速达到 5.2%，显示出强大的经济活力和韧性。

2023 年 3 月，中国发展高层论坛在北京召开年会，主题为“经济复苏：机遇与合作”，习近平主席在贺信中指出，为推动世界经济复苏，“中国将坚持对外开放的基本国策，坚定奉行互利共赢的开放战略，不断以中国新发展为世界提供新机遇。中国将稳步扩大规则、规制、管理、标准等制度型开放，推动各国各方共享制度型开放机遇”②。中共中央政治局常委、国务院副

① 参见《全球经济大幅持久放缓将重创发展中国家》，2023 年 1 月 10 日，见 https://www.shihang.org/zh/news/press-release/2023/01/10/global-economic-prospects。

② 《习近平向中国发展高层论坛 2023 年年会致贺信》，《人民日报》2023 年 3 月 27 日。

总理丁薛祥发表主旨演讲，强调中国要与世界各国携手建设开放型世界经济，“中国不断扩大对外开放，不仅发展了自己，也造福了世界。我们构建新发展格局，决不是封闭的国内循环，而是更加开放的国内国际双循环。我们将着力推动国内国际双循环相互促进，积极扩大高质量产品和服务进口，同各国各方共享市场机遇”，拓展和优化区域开放空间布局，丁薛祥呼吁积极落实全球发展倡议，共建团结、平等、均衡、普惠的全球发展伙伴关系。①

第一节　问题表现

一、全球不平等

2016 年 5 月 17 日，习近平总书记在哲学社会科学工作座谈会上谈到了《21 世纪资本论》：“该书用翔实的数据证明，美国等西方国家的不平等程度已经达到或超过了历史最高水平，认为不加制约的资本主义加剧了财富不平等现象，而且将继续恶化下去。”②“只要科学调查仍然不能触及当代社会不同阶层的收入，就没有希望产生有益的经济和社会历史”，在这本书的结尾处，作者托马斯·皮凯蒂（Thomas Piketty）引述了这段令人钦佩的话，然后他严肃地说道：“所有社会科学家、新闻工作者和时事评论员、工会和各个派系的积极分子，甚至所有民众都应该对金钱、金钱的度量、围绕金钱的事实和金钱的历史抱以严肃的关切。有钱人不可能不捍卫其利益。拒绝与数字打交道，很难为最不富裕者的利益带来帮助。”③皮

① 《中国发展高层论坛 2023 年年会开幕，丁薛祥宣读习近平主席贺信并发表主旨演讲》，《人民日报》2023 年 3 月 27 日。

② 习近平：《在哲学社会科学工作座谈会上的讲话》，人民出版社 2016 年版，第 15 页。

③ ［法］托马斯·皮凯蒂：《21 世纪资本论》，巴曙松等译，中信出版社 2014 年版，第 593、595 页。

凯蒂这本600多页、严肃甚至晦涩的学术著作的热销说明当下金钱"数字"的社会分布确实出了问题，不平等已经成为全球关注的热点。

20世纪80年代的全球化缩小了国家之间的差距。根据全球收入不平等数据库（World Income Inequality Database, WIID）公布的数据（见图1），从1990年到2019年，世界整体的基尼系数从70降低到60.7，国家之间的基尼系数从61左右降低到47.1，主要原因是过去几十年原本低收入和高人口的国家，比如中国和印度经历了比高收入国家更快的增长①，降低了国家间的贫富差距。

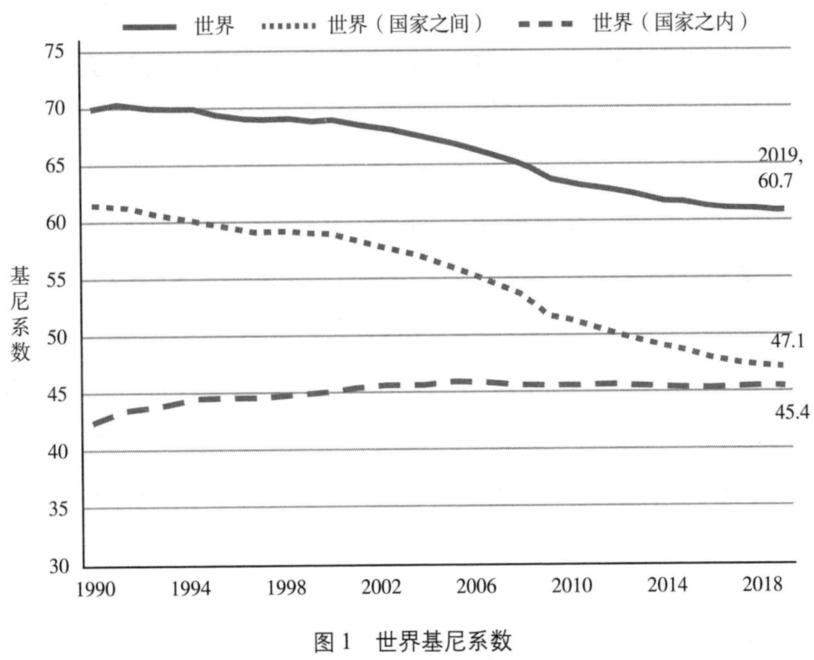

图1 世界基尼系数

资料来源：Development Initiatives: *Inequality: Global Trends*, February 2022, p.5。

1978年10月24日访日期间，邓小平同志在参观神奈川县日产汽车时说道："中国正在进行现代化建设，我们感谢工业发达的国家，尤其是日本产业界对我们的协助。"②1979年10月4日，邓小平同志在中共省、

① Development Initiatives, *Inequality: Global Trends*, February 2022, https://devinit.org/resources/inequality-global-trends.

② 《邓小平年谱（一九七五——一九九七）》上，中央文献出版社2004年版，第409页。

市、自治区委员会第一书记座谈会上讲："第二次世界大战以后，一些破坏得很厉害的国家，包括欧洲、日本，都是采用贷款的方式搞起来的，不过它们主要是引进技术、专利。我们现在如果条件利用得好，外资数目可能更大一些。"①

参与全球经济循环的效果是显而易见的。1989年苏联外长谢瓦尔德纳泽来到北京，邓小平同志在越南问题上立场坚定。谢瓦尔德纳泽亲眼见到了中国领导层自信的底气所在，"自20世纪70年代末以来，邓推行的经济改革释放了中国沿海地区的创业活力，吸引了大量的直接外国投资。中国与苏联形成了鲜明的对比。上海的'摩登文化'和'商业关系'给来自莫斯科的访问者们留下了深刻的印象。摩天大楼和商店橱窗宣示着中国经济特区所取得的经济发展"②。邓小平同志的远见卓识让中国拥有了与苏东不同的历史命运，他洞悉到"两制"竞争的本质不是武力较量，而是让老百姓过上好日子，"贫穷不是社会主义，更不是共产主义"③，冷战终结的方式证明了邓小平同志战略判断的正确性，超市而不是军火库决定了冷战的结局。

加入世界贸易组织（WTO），跟世界经济更加深度交融之后，中国经济进入飞速发展阶段（见图2）。2007年中国GDP超越德国，跃居世界第三，2010年中国GDP超越日本，成为世界第二。2021年中国的GDP（17.7万亿美元）已经达到了美国（23.3万亿美元）的76%，是日本（4.9万亿美元）的3.6倍，德国（4.2万亿美元）的4.2倍。④2015年9月，习近平主席在接受《华尔街日报》采访时指出："中国几十年的发展很大程度上得益于国际合作。"⑤"白宫秋叙"时也对奥巴马表示："中国是现行国际体

① 《邓小平文选》第二卷，人民出版社1994年版，第198页。

② ［英］罗伯特·瑟维斯：《冷战的终结：1985—1991》，周方茹译，社会科学文献出版社2021年版，第426—427页。

③ 《邓小平文选》第三卷，人民出版社1993年版，第64页。

④ 数据来自世界银行，参见 https://data.worldbank.org/indicator/NY.GDP.MKTP.CD。

⑤ 《坚持构建中美新型大国关系正确方向，促进亚太地区和世界和平稳定发展》，《人民日报》2015年9月23日。

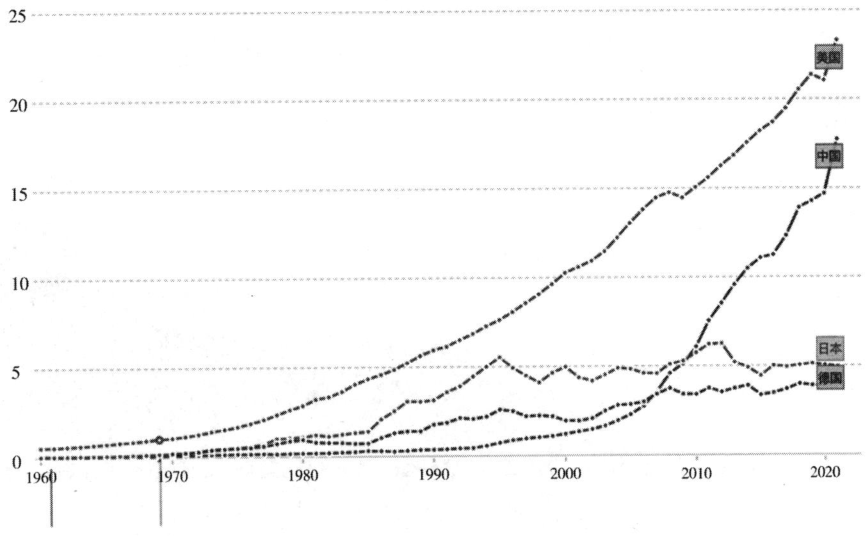

图 2 美国、中国、日本和德国的 GDP 总量变化（1960—2021）
资料来源：世界银行数据库[①]。

系的参与者、建设者、贡献者，同时也是受益者。”[②] 但是，中国的成功更应该归功于政党和政府强有力领导和正确的政策制定[③]、高水平社会主义市场经济体制、地区性竞争制度[④]、民众的勤劳等内生因素，毕竟不是所有发展中国家都在这一轮全球化中表现如此出色，甚至在亮眼的金砖国家内，中国也是一枝独秀（见图 3）。

以与中国的市场和产业联系非常紧密的苹果公司为例。[⑤] 中国日益扩张的、庞大的中产阶层贡献了苹果每年五分之一左右的营收。在解释苹果为什么聚焦亚洲时，一位公司高管形象地说：“整条供应链如今都在中

---

① https://data.worldbank.org/indicator/NY.GDP.MKTP.CD.

② 杜尚泽、李博雅：《习近平同美国总统奥巴马会晤》，《人民日报》2015 年 9 月 26 日。

③ 阎小骏：《中国何以稳定：来自田野的观察与思考》，中国社会科学出版社 2017 年版。

④ 章奇、刘明兴：《权力结构、政治激励和经济增长：基于浙江民营经济发展经验的政治经济学分析》，格致出版社 2016 年版；兰小欢：《置身事内：中国政府与经济发展》，上海人民出版社 2021 年版。

⑤ Tripp Mickle, “How China Has Added to Its Influence Over the iPhone”, *The New York Times*, September 6, 2022.

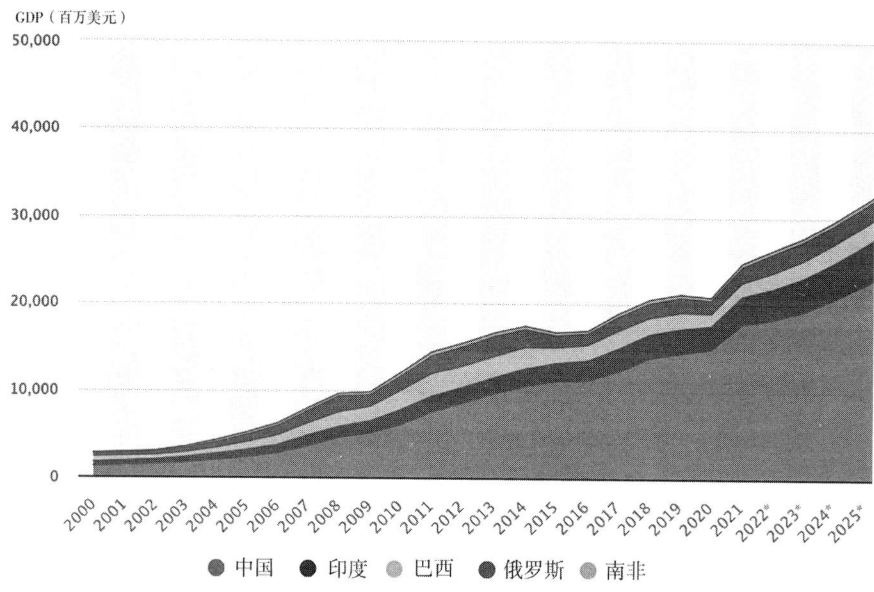

图 3　金砖五国 GDP 总量比较

资料来源：Aaron O'Neill, "Gross Domestic Product of the BRICS Countries from 2000 to 2027", *Statista*, February 15, 2023。

国。需要 1000 个橡胶垫圈吗？隔壁就有这样的工厂。需要 100 万个螺丝钉吗？厂子就在一个街区之外。需要对螺丝钉做一点小小的改动吗？三个小时就可以办到。"富士康城则进一步证明中国有能力提供比美国同行更好的工人，勤勉的态度也超过美国。① 中国地方政府有强大动力和能力支持产业发展，比如郑州在争取到富士康投资设厂后，协议签订仅仅几个月后，厂房就拔地而起，将原本贫瘠且尘土飞扬的一大片平原土地变成了庞大的工业园，加州大学圣迭戈分校（University of California, San Diego）中国经济问题权威巴里·诺顿（Barry Naughton）表示，"我们知道中国有各种各样的促发展政策，这些政策满足了所有需求"②。因此，中

① Charles Duhigg and Keith Bradsher, "How the U.S. Lost Out on iPhone Work", *The New York Times*, January 22, 2012.

② David Barboza, "How China Built 'iPhone City' with Billions in Perks for Apple's Partner", *The New York Times*, December 29, 2016.

国参与全球经济是互利行为，根据世界银行的数据，从 2013 年到 2021 年，中国对世界经济增长的十年平均贡献率达到了 38.6%，远超 G7 总和（18.6%）。[①]

但是，从目前全球经济体系运行的内在逻辑来看，美国学者伊曼纽尔·沃勒斯坦（Immanuel Wallerstein）提出的中心—半边缘—边缘结构依然适用，掌握资金和技术的西方世界处于中心位置，而美国依托军事、美元和科技霸权成为中心的中心，有着庞大人口、较成熟制造业体系的新兴经济体是半边缘，而其他国家处于边缘地带。资本主义体系的结构性不平等体现在它对边缘是漠视的，边缘被认为是能源和稀有金属的提供者，是需要"自由民主"前去拯救的沉沦者，是大国地缘政治博弈之地，是中心国家满足自身崇高道德想象的遥远神秘符号。

冷战史著名学者文安立（Odd Arne Westad）对美国在第三世界的介入行为进行过激烈的批评，虽然美国人宣称自己的意图是好的，将实现稳定的增长和民主的结合，但这些许诺，在"自 1945 年以来的美国直接或间接地干涉过的大约 30 个国家当中都是毫无踪影。其对敌对友所造成的人间悲剧罄竹难书"[②]。美国对第三世界的援助往往是"口惠而实不至"。比如，2013 年，时任总统奥巴马在访问南非时，提出"电力非洲"计划，"承诺到 2020 年在非洲发电 2 万兆瓦，然而截至 2020 年底，实际发电量不到承诺的四分之一。不仅如此，双方经济层面的合作也在不断倒退。2014 年美国对非投资金额为 690 亿美元，2020 年降至 475 亿美元；2010 年美非贸易额为 1130 亿美元，但到 2021 年这一数字仅为 640 亿美元"[③]。

① 参见樊宇、傅云威：《世行报告：中国经济十年对世界经济增长贡献率超 G7 总和》，2022 年 10 月 26 日，见 http://www.gov.cn/xinwen/2022-11/28/content_5729266.htm。

② ［挪］文安立：《全球冷战：美苏对第三世界的干涉与当代世界的形成》，牛可等译，世界图书出版公司 2014 年版，第 416 页。

③ 郭言：《信用透支的美国难赢非洲人心》，《经济日报》2022 年 12 月 26 日。

2023年开年，美国国务卿布林肯、副总统哈里斯相继访问非洲，但是他们打的还是地缘政治的算盘，“美国政府高层人物的一连串访问，反映出美国日渐意识到，美国需要深化与非洲大陆的接触。这一切都是因为，在面对来自其他全球大国日益激烈的竞争，尤其是中国和俄罗斯”，而不是真心为非洲国家好。对此非洲国家非常清楚，赞比亚分析师西舒瓦（Sishuwa）表示，寻求与非洲国家建立排他性关系的意愿可能会适得其反，而且不可持续。[①] 赞比亚社会主义党主席弗雷德·蒙贝（Fred M'membe）一针见血地指出，美国政客“在非洲不是为了民主和人权，他们追逐的是地缘政治利益。他们在追求他们自己的经济利益。不是为我们，而是为他们自己”[②]。

不平等性还体现在美国警惕和压制半边缘地带国家技术和产业升级的努力，甚至中心国家（基本都是美国的盟友）的可能挑战在萌芽状态就必须被扼杀，确保美国牢牢占据价值链的顶端收割全球财富并巩固霸权。2023年2月，美国商务部长吉娜·雷蒙多（Gina Raimondo）在乔治城大学发表演讲，称美国将利用规模530亿美元的“芯片法案”基金，在2030年前创建至少两个尖端半导体制造产业集群，“我们希望在这项计划完成时，美国能成为世界上唯一一个每家能够生产尖端芯片的公司都设有重要研发和量产制造业务的国家”[③]。

在全球化利益分配的“微笑曲线”中，发达国家，尤其是美国的企业占据附加值和利润率高的两端，即研发、设计、创意等制造前序，以及市

---

① 参见安妮·索伊：《哈里斯非洲行：美国的魅力攻势能吸引非洲吗?》，2023年3月27日，见 https://www.bbc.com/zhongwen/simp/world-65085310。

② Kwangu Liwewe, “Zambians Question US Vice President’s Africa Trip”, *VOA*, March 25, 2023.

③ Yuka Hayashi,“U.S. Aims to Create Semiconductor Manufacturing Clusters with Chips Act Funds”, *The Wall Street Journal*, February 24, 2023.

场、销售和服务等制造后续。① 但财富流入美国国内后却没有得到更加公平的分配，政府对医疗、教育、就业投入的资源不够，从而导致美国的贫富差距不断扩大，为特朗普代表的极端右翼的崛起创造了土壤。

图 4 横轴是全球财富分组，从左边最贫困的人（最穷的 1%），到右边最富有的人（最富有的 0.001%）。纵轴是减去通货膨胀后成年人人均财富增长率。从 1995 年至 2021 年，全球底层 50% 的人财富增长率在 3%—4% 之间，50%—65% 的财富增长率在 4%—4.5% 之间，这代表着发展中国家中产阶层的崛起，他们是这一轮全球化显著的受益者；与此形成鲜明

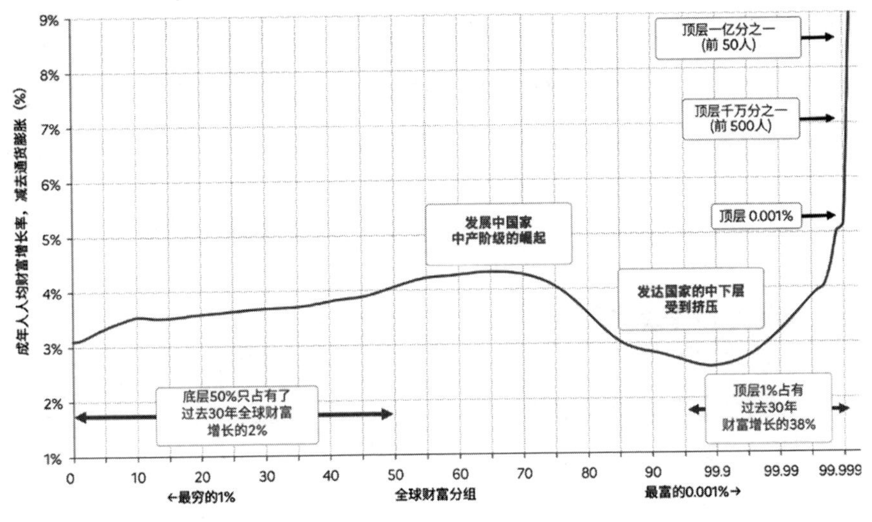

图 4　世界不平等指数

资料来源：卢卡斯·钱斯尔等：《世界不平均报告 2022（执行摘要）》，第 9 页。

① 2014 年习近平总书记在上海考察时，特别谈到了“微笑曲线”的问题，将其与我国跨越“中等收入陷阱”联系起来：“老是在产业链条的低端打拼，老是在‘微笑曲线’的底端摸爬，总是停留在附加值最低的制造环节而占领不了附加值高的研发和销售这两端，不会有根本出路。块头大不等于强，体重大不等于壮，虚胖不行。我们在国际上腰杆能不能更硬起来，能不能跨越‘中等收入陷阱’，很大程度取决于科技创新能力的提升。”反过来看，美国人试图把中国限制在“微笑曲线”底端，有将中国推入“中等收入陷阱”的图谋（参见中共中央文献研究室编：《习近平关于科技创新论述摘编》，中央文献出版社 2016 年版，第 26 页）。

对照的是发达国家中下层，位于曲线的最底端，他们在这轮全球化中的相对剥夺感非常强烈，尤其是顶层 0.001% 以上的人财富增长异常迅速。

由此就可以理解作为上一轮全球化驱动核心的美欧为什么会走向全球化的反面：2016 年英国公投脱欧；右翼政党国民阵线领袖玛丽娜·勒庞（Marine Le Pen）在 2017 年和 2022 年法国总统选举中表现出色；最令全球大跌眼镜的是特朗普击败希拉里·克林顿（Hillary Clinton）赢得 2016 年美国大选，“特朗普外交政策建立在美国可以独自繁荣的孤立主义世界观上”，大肆攻击国际经贸和全球治理机制，体现了强烈的经济保护主义和孤立主义特点。①

著名民调机构皮尤研究中心（Pew Research Center）指出了美国社会严重的经济不平等（见图 5），而且强调情况还在继续恶化。美国是 G7 中基尼系数最高的(0.432)，其他国家均低于0.4，法国和德国分别只有0.326 和 0.351。从 1970 年到 2018 年，美国中等收入人群的平均收入从 58100

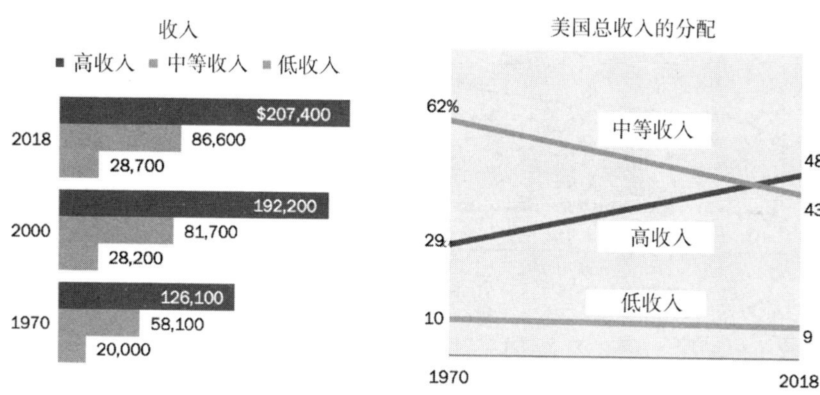

图 5　美国不同阶层收入变化

注：中等收入是样本中位数收入的三分之二至二倍的群体（根据当地生活成本和家庭规模调整收入后）。皮尤这项分析的中等收入区间为三人家庭每年约 40100 美元至 120400 美元。低收入家庭的收入少于 40100 美元，高收入家庭的收入超过 120400 美元。

资料来源：Juliana Menasce Horowitz, et al., “Most Americans Say There Is Too Much Economic Inequality in the U.S., But Fewer Than Half Call It a Top Priority”, *Pew Research Center*, January 2020。

---

① 肖河：《美国反建制主义和特朗普政策》，《国际政治科学》2017 年第 2 期。

美元增长到了 86600 美元，增长了 49%。低收入群体的平均收入从 20000 美元增长到 28200，增长了 41%，而高收入群体增长了 64%。皮尤认为曾经构成美国绝对多数的中产正在萎缩，财富在向高收入群体集中。从 1970 年到 2018 年，中等收入群体在美国总收入分配的份额从 62% 下降到 43%，而高收入群体从 29% 上升至 48%。①

特朗普、班农、纳瓦罗等人以反全球化，特别是攻击“中国制造抢走了美国人的工作”等来口号来煽动右翼选民的极端情绪，获取选票，扩大自身在思想市场（market of ideas）上的影响力。中国成为美国政客转移国内矛盾的“替罪羊”。事实是，来自中国物美价廉的商品降低了美国消费者物价水平，比如 2015 年降低其消费物价水平 1—1.5 个百分点。2015 年美国对华出口和中美双向投资支持了美国国内 260 万个就业岗位。其中，中国对美投资遍布美国 46 个州，为美国国内创造就业岗位超过 14 万个，而且大部分为制造业岗位。② 虽然美国制造业就业一直在下跌，但是从 1970 年到 2013 年，制造业创造的增加值占美国 GDP 的比重一直稳定在 13% 左右，也就是说，人少了，但是产出并没有减少，这是典型的技术进步和生产效率的表现。③

美国的国内不平等是政府失能导致的。从 20 世纪 80 年代末开始，新自由主义成为美国主流政治思潮，它以自由放任为核心，要求严格限制政府的经济社会角色，导致政府在财富调节、公共产品提供和社会福利保障等方面效用不足。美国一些左派看到了问题，而且社会也发起了零星的抵抗运动，比如 2011 年 9 月至 11 月的“占领华尔街”（Occupy Wall Street）运动，抗议者将矛头直接指向大公司的贪婪和社会不平等。2016 年这股

① Juliana Menasce Horowitz, et al., “Most Americans Say There Is Too Much Economic Inequality in the U.S., But Fewer Than Half Call It a Top Priority”, *Pew Research Center*, January 2020, pp. 15–22.

② 参见中华人民共和国国务院新闻办公室：《关于中美经贸摩擦的事实与中方立场》，人民出版社 2018 年版，第 11 页。

③ 兰小欢：《置身事内：中国政府与经济发展》，上海人民出版社 2021 年版，第 268—269 页。

力量聚集在自认是民主社会主义者的伯尼·桑德斯（Bernie Sanders）身后，支持他竞选美国总统，桑德斯以全民医疗保健、改善收入不平等和保护劳工权益等为核心政策主张，差点将希拉里挑落马下。① 但是，正如美国联邦调查局（FBI）暗中将“占领运动”称为是所谓恐怖主义行动，并用对付恐怖分子的方式对待参加者所表现出来的②，“在资本主义总体框架下，当危机产生的时候，西方国家不会形成对资本主义系统性缺陷的自觉反思，不会触及全球化背后的‘物质的生活关系’这一领域的矛盾”③。

美国富人拥有不对称的政策影响力。加州大学圣克鲁斯分校杰出名誉教授G.威廉·多姆霍夫（G. William Domhoff）称，美国大公司的所有者和高层管理人员形成了公司共同体，在感兴趣的政策议题上左右着联邦政府。④ 公司富豪联合起来创建了自己的社会机制——封闭式小区、私立学校、排他的社交俱乐部以及幽静的避暑胜地，创造了一种群体归属感和凝聚力。公司富豪资助并掌握着多种多样的非营利组织，如免税基金会、智库、政策研讨团体等，形成政策规划网络，通过“旋转门”占据政府重要职位。公司富豪还进入选举舞台，向支持的候选人捐赠巨额竞选资金，进而推行自己偏好的政策。⑤ 诺贝尔经济学奖获得者保罗·克鲁格曼（Paul Robin Krugman）在为皮凯蒂撰写的书评中指出，“《21世纪资本论》一书真正的新颖之处在于，它摧毁了保守派最为珍视的一些错误信条。保守派坚持认为，我们生活在一个靠才能成功的时代，富人的巨额财富都是赚来

---

① 虽然桑德斯最后表态支持希拉里，但进步左翼对希拉里的精英人设及其与大企业之间的密切关系非常不满，因此投票积极性不高。与共和党内特朗普力量的崛起相呼应，说明美国变得更左和更右同时发生，中间力量在被削弱，意味着美国20世纪80年代以来的内外政策政治基础愈加薄弱。Patrick Healy and Jonathan Martin, “Democrats Struggle for Unity on First Day of Convention”, *The New York Times*, July 25, 2016.

② Naomi Wolf, “Revealed: How the FBI Coordinated the Crackdown on Occupy”, *The Guardian*, December 29, 2012.

③ 陈怡：《新自由主义危机与逆全球化思潮的兴起》，《中国社会科学报》2022年3月1日。

④ 参见G.威廉·多姆霍夫：《谁统筹美国？公司富豪的胜利》，杨晓婧译，外语教学与研究出版社2017年版。

⑤ Jane Mayer, *Dark Money: The Hidden History of the Billionaires Behind the Rise of the Radical Right*, New York: Doubleday, 2016.

的，也都是应得的”[1]。

技术进步会进一步冲击就业和平均工资。牛津大学两位学者卡尔·弗雷（Carl Benedikt Frey）和米歇尔·奥斯本（Michael Osborne）仔细研究了人类工作岗位被机器替代的可能性。他们仔细评估了 702 个工作岗位，认为随着先进机器人和算法的进步，越来越多的工作领域将不再需要由人来完成。两位研究者区分了高风险、中风险和低风险职业，这取决于它们的计算机化概率，表 1 列举了一些最不可能和最可能被机器取代的工作，概率为 1 代表百分之百会被取代。研究显示美国（其他国家有所差异，但同样不可能摆脱机器化浪潮的影响）总就业人数中约有 47% 属于高风险类别，也许在未来一二十年内他们的工作将被机器人顶替。[2] 计算机化的概率和工资及教育呈强烈的负相关，也就是说如果不加干预的话，社会收入和财富不平等的状况将会进一步加剧。

表 1　工作被机器取代的风险

最不可能被机器取代的工作	
概率	**职业名称**
0.0028	娱乐治疗师（Recreational Therapists）
0.0031	心理健康和药物滥用社会工作者
0.0040	编舞家
0.0065	电脑系统分析师
0.0095	教师
最可能被机器取代的工作	
0.95	电子和电子设备组装工人
0.96	前台、普通办公室职员
0.97	收银员
0.98	司机 / 销售员
0.99	图书馆技术人员
0.99	电话销售员

资料来源：Carl Benedikt Frey and Michael A. Osborne, “The Future of Employment: How Susceptible are Jobs to Computerisation?” September 17, 2013。

① 参见保罗·克鲁格曼：《皮凯蒂的新书吓坏了谁?》，《纽约时报》2014 年 4 月 28 日。

② Carl Benedikt Frey and Michael A. Osborne, “The Future of Employment: How Susceptible are Jobs to Computerisation?”, September 17, 2013, https://www.oxfordmartin.ox.ac.uk/downloads/academic/The_Future_of_Employment.pdf.

目前来看，弗雷和奥斯本似乎低估了人工智能对就业带来的更广泛的冲击。在他们的研究中，教师和研究人员的岗位因为需要具备语言艺术和创造性思维，因此被机器替代的可能性被认为是不高的。但是，人工智能目前至少已经能够部分替代他们的工作。谷歌人工智能推出了“与书本对话”（Talk to Books），用户可以向数十万种图书提问，获取想要的答案。比如提问“拜登的对华政策是什么?”，用户获得的答案将包括宏观政策，以及气候变化、经济贸易和联盟体系等不同层面，提问者可以根据自己感兴趣的方面挑选出相应图书重点阅读。其中有一条回答是这样的：“如果拜登在政治上精明，他可以通过公开批评中国，同时私下加强美中在互利领域的合作来应对美国这种艰难的国内环境。”如果用户对美国对华政策与国内政治的互动感兴趣，他就可以点开这本书进一步研读。① 因此，“与书本对话”可以部分替代导师为学生具体问题开列参考文献的工作。

美国亚马逊公司的软件开发工程师钱达（Sidhant Chadda）发布了一款名为“与历史人物对话”（Historical Figures Chat）的应用程序，用户可以与 20000 多名历史人物进行虚拟对话，以有趣和互动的方式了解他们的生活、工作及其对世界的影响。下面是作者和“理查德·尼克松”（Richard Nixon）的互动：②

我（中文）：您是如何制定越南政策的?

“尼克松”（中文）：我的越南政策旨在实现三个目标——促进和平、重新统一越南和限制共产主义扩张。我们通过加强军事力量来阻止共产主义，同时推行外交方法来促进和平。

我（中文）：您的越南政策成功了吗?

“尼克松”（中文）：很遗憾，我的越南政策并没有明显地成功。我们希望能够在保留国家主权和尊严方面取得一些进展，但

---

① Kishore Mahbubani, *The Asian 21st Century*, Singapore: Springer, 2022.

② 测试时间：2023 年 1 月 18 日至 19 日。

由于内部分歧以及多方诉求，我们无法如愿。

我（中文）：内部分歧有哪些？

“尼克松”（中文）：内部分歧主要是关于如何处理越南战争的问题，有一部分人倾向于采取更强硬的手段来帮助越南，而另一部分人则倾向于减少军事干预以促进和平。

我（英文）：您是何时以及为什么决定改变对华政策的？

“尼克松”（中文）：我决定改变对华政策是在 1972 年。我认为鼓励与中国建立正式关系将有助于促进包括太平洋地区的和平及稳定，也能帮助减少冷战压力。

我（中文）：如何理解中美苏战略三角？

“尼克松”（中文）：中美苏战略三角是一个概念，它强调了在冷战期间中国、美国和苏联之间的外交关系。它体现出这三个大国之间相互竞争并利用彼此来取得优势的思想。

类似“与历史人物对话”的应用程序不会取代历史教师的角色，但它对教师的教学方式和知识储备提出了新的要求。开放人工智能（Open AI）公司推出的 Chat GPT 体现了 AI 也可以具备类似于人的创造性和研究能力，它可以按照用户的要求模仿特定人物风格或自主创作诗歌，回答问题，创作论文，甚至已经可以和人类合作开展科研工作了，“大型语言模型和其他人工智能系统为学术工作做出有意义贡献的能力可能证明未来有理由共同撰写学术观点、评论和研究论文”①。从国家层面看，应用程序的开发者和他们所依赖数据暗含的知识结构与价值体系可以无障碍的（AI 翻译的进步意味着语言壁垒的逐渐清除）、以生动的方式迅速跨文化传播，占领历史叙事和解释权，对国家文化、意识形态和政权安全构成挑战。

① Chat GPT Generative Pre-trained Transformer and Alex Zhavoronkov, “Rapamycin in the Context of Pascal’s Wager: Generative Pre-trained Transformer Perspective”, *Oncoscience*, Vol. 9, 2022, pp. 82–84.

由于南北数字鸿沟的存在，数字化大潮可能会加剧国家间的不平等。国际电信联盟的数据显示全球三分之二的人口使用互联网，但仍然有近27亿人处于离线状态。欧洲和美国80%至90%的人口可以使用互联网，阿拉伯国家和亚太地区国家大概有三分之二（分别是70%和64%）的人使用互联网，而非洲国家使用互联网的人口比例只有40%，最不发达国家和内陆发展中国家只有36%的人可以上网。发达国家城乡互联网普及率差距较小（欧洲城乡比例为1.1），而在非洲，2022年64%的城市居民使用互联网，而农村只有23%。四分之三的世界人口拥有手机，但最不发达国家的4G覆盖率只有49%，内陆发展中国家为46%，欧洲国家的这一比例为99%，美洲为92%。在5G人口覆盖率上，全球比例为19%，欧洲为52%，美洲38%，非洲只有16%。① 根据全球移动通信系统协会的预测，到2025年底，北美地区的5G网络覆盖率将超过63%，撒哈拉以南非洲地区仅为4%。②

全球数字经济的发展是高度不平衡的。全球数字平台高度极化，且有进一步加剧的趋势。截至2021年底，全球前5的数字平台企业全部是美国企业，占据全球市场约70%的价值总额，美国超百亿美元的数字平台约31家，价值规模为11.4万亿美元，同比增长27.8%。2021年，发达经济体数字服务出口在全球数字服务贸易中占比77.8%，远高于发展中经济体和最不发达经济体的22%和0.2%，差距大过服务出口和货物出口。③ 经济发展水平越高、收入水平越高的国家，数字经济在国民经济中的占比越高，在中国信息通信研究院测算的47个国家中，2021年，发达国家数字经济占GDP比重为55.7%（德国、英国和美国已经超过65%），发展中国家的比重为29.8%，与发达国家数字经济占比的差距较上一年

① International Telecommunication Union, *Measuring Digital Development: Facts and Figures 2022*, https://www.itu.int/en/ITU-D/Statistics/Pages/facts/default.aspx.

② 参见刘玲玲：《加强合作，缩小全球数字鸿沟》，《人民日报》2023年1月4日。

③ 参见中国信息通信研究院：《全球数字治理白皮书2022年》，2023年1月，第9—12页。

有所扩大。[①]

二、美国的“智子计划”

刘慈欣的《三体》三部曲（又名“地球往事”三部曲）由《三体》、《黑暗森林》、《死神永生》三部小说组成，在科幻小说界享有很高的地位，第一部《三体》于 2015 年获得第 73 届雨果奖。2023 年年初，根据刘慈欣《三体》改编的同名电视剧上映，“三体人入侵地球”在社会上引起广泛关注，那么三体人为什么要入侵地球？他们又是怎么做的？

在《黑暗森林》中，地球三体运动（ETO）的最高统帅叶文洁启发罗辑创立了宇宙社会学[②]，理论基石非常简单，只有两条公理：生存是文明的第一需要；文明不断增长和扩张，但宇宙的物质总量保持不变。宇宙资源是限定的，而生命却呈指数级增长，那么在无限的宇宙时间尺度下，资源肯定是不够的，那么宇宙生命彼此构成威胁（动摇第一公理）。

《三体》的魅力在于它从恢宏震撼的宇宙视角切入人类难题，在故事中推动读者对人类文明自身进行反思[③]，人类与三体人的较量更像是对人类历史的反躬自问。人类长期面临着“宇宙社会学”的困扰：文明的生存与发展需要粮食、水、劳动力和动植物等，这些都附着于土地之上，因此文明内部和文明之间会不断围绕土地（和附着其上的资源）爆发战争和

① 测算的 47 个国家中，高收入国家包括爱尔兰、爱沙尼亚、奥地利、澳大利亚、比利时、波兰、丹麦、德国、法国、芬兰、韩国、荷兰、加拿大、捷克、克罗地亚、拉脱维亚、立陶宛、卢森堡、美国、挪威、葡萄牙、瑞典、瑞士、日本、塞浦路斯、斯洛伐克、斯洛文尼亚、西班牙、希腊、新加坡、新西兰、匈牙利、意大利、英国；中高收入国家包括巴西、保加利亚、俄罗斯、罗马尼亚、马来西亚、墨西哥、南非、泰国、土耳其、中国；中低收入国家包括印度、印度尼西亚、越南（参见中国信息通信研究院：《全球数字经济白皮书 2022》，2022 年 12 月，第 10—14 页）。

② 叶文洁在“红岸基地”工作时，接触到三体人的信号，她予以回应，因此暴露了地球的位置。地球三体运动是欢迎三体文明来到地球的人类反叛组织，叶文洁是 ETO 的最高统帅，“竟然有这么多的人对人类文明彻底绝望，憎恨和背叛自己的物种，甚至将消灭包括自己和子孙在内的人类作为最高理想，这是地球三体运动最令人震惊之处”（参见刘慈欣：《三体》，重庆出版社 2008 年版，第 239 页）。

③ 参见黄平、刘春：《“从大海见一滴水”》，《光明日报》2019 年 11 月 15 日。

冲突。

经济学研究人类能否突破资源局限，不断积累财富，并构筑更加良善的人类秩序。亚当・斯密（Adam Smith）在《国富论》中论证了，市场原则引导下社会的分工合作会促进效率提高，创造物质丰裕的社会。[①] 大卫・李嘉图（David Ricardo）在斯密的基础上构建了比较优势理论[②]，强调国家应该专注于最擅长（相对效率最高）的领域，同时与其他国家进行自由贸易，共同推进人类财富的增长。

自由贸易还可以突破宇宙社会学中的“猜疑链”。在宇宙中，展开互动的文明不确定对方的行为是善还是恶，所谓善是指不主动攻击和消灭其他文明，恶则相反。A、B 两种文明相遇后，即便 A 知道 B 是善的，但 A 不知道 B 是如何判断 A 的意图（B 有发起攻击的可能），这就形成了“猜疑链”。在《三体》的故事中，因为生活环境极其恶劣[③]，三体人进化出了使用脑电波交流，个体之间没有隐私和秘密，在三体人那里，“想”和“说”是同义词；人类则不然，在人与三体人的对决中，三体人的优势是科技，而人类的优势是计谋[④]，思维透明度的差异坚定了三体人彻底消灭人类（包括 ETO）的决心。[⑤]

人类社会中人与人和国家与国家也存在猜疑问题。在主权国家内，因为国家机器的存在，意图判断的重要性降低，国家颁布法律并惩戒违法

---

① 参见［英］亚当・斯密：《国富论》，郭大力、王亚南译，商务印书馆 2015 年版。

② 参见［英］大卫・李嘉图：《政治经济学及赋税原理》，郭大力、王亚南译，商务印书馆 2021 年版。

③ 他们的世界有三颗太阳，在相互引力的作用下，做着无法预测的三体运动，当行星围绕着其中一颗太阳做稳定运行时，生存环境比较好（恒纪元），三体文明得以发展。当另外一颗或两颗太阳运行到一定距离内，其引力会将行星从它围绕的太阳边夺走使其在三颗太阳的引力范围内游离不定时，文明毁灭（参见刘慈欣：《三体》，重庆出版社 2008 年版，第 133 页）。

④ 美国前国务卿蓬佩奥曾说：“我们撒谎，我们欺骗，我们偷窃。我们还有一门课程专门来教这些。这才是美国不断探索进取的荣耀。”如果将这段话与蓬佩奥当时演讲全文结合起来，更能展现“猜疑链”的精髓（参见钟声：《于人谈“契约”，于己忙“弃约”：看清美国某些政客“合则用、不合则弃”的真面目》，《人民日报》2019 年 6 月 10 日）。

⑤ 参见刘慈欣：《三体 Ⅱ：黑暗森林》，重庆出版社 2008 年版，第 21—26 页。

行为。但是，国家之间没有更高权威，联合国无法强制惩戒或消灭一个主权国家，尤其是大国（比如美国）。因此，有学者主张对国家意图做最坏估计（即对手的行为是恶的），以消除不确定性，并在此基础上制定政策。比如美国国际政治学者、进攻性现实主义代表人物米尔斯海默指出："国家永远无法把握其他国家的意图。尤其是，任何国家都不能肯定另一个国家不会以进攻性军事力量攻击它。这并不是说国家非得怀有敌视意图。确实，体系中的所有国家也许都非常仁慈善良，但它们不可能确信这一判断，因为意图不能得到百分之百的保证。"① 在无政府状态下的国际政治中，因为其他国家具备进攻能力且意图不确定，理性的大国出于生存的第一需要，它的行为会呈现出畏惧（fear）、自助（self）和权力最大化（powermaximization）三种模式，即国家之间彼此畏惧，它们必须依靠自身实力，不断追求权力，保持对其他国家的优势，因此国家间的合作最多是暂时的，更多的是竞争与敌对。②

但是，人类的"猜疑链"至少可以弱化，"人类共同的物种、相近的文化、同处一个相互依赖的生态圈、近在咫尺的距离，在这样的环境下，猜疑链只能延伸一至两层就会被交流所消解"③。自由贸易是增进合作的重要途径。李嘉图认为："在商业完全自由的制度下，各国都必然把它的资本和劳动用在最有利于本国的用途上。这种个体利益的追求很好地和整体的普遍幸福结合在一起。由于鼓励勤勉、奖励智巧并有效地利用自然所赋予的各种特殊力量，它使劳动得到最有效和最经济的分配；同时，由于增加生产总额，它使人们都得到好处，并以利害关系和相互交往的纽带把文明世界各民族结合成一个统一的社会。"④

① ［美］约翰·米尔斯海默：《大国政治的悲剧》，王义桅、唐小松译，上海人民出版社 2014 年版，第 34 页。

② 参见［美］约翰·米尔斯海默：《大国政治的悲剧》，王义桅、唐小松译，上海人民出版社 2014 年版，第 35—41 页。

③ 刘慈欣：《三体Ⅱ：黑暗森林》，重庆出版社 2008 年版，第 444 页。

④ ［英］大卫·李嘉图：《政治经济学及赋税原理》，郭大力、王亚南译，商务印书馆 2021 年版，第 113 页。

具体来说，自由贸易会带来人员、货物的跨境流动，推动不同文明间的相互理解和交流，为了制定规则、监督执行和解决争端，国家间还会创设相应的国际制度和国际组织，削弱意图不确定性的重要性，降低信息交流成本。① 贸易使得国家间互动从（类似）单次博弈变成长期的频繁博弈，国家更重视遵守规则，保证信誉，行为更趋向于合作。② 根据 **IMF** 的界定，全球化指的是跨国商品与服务贸易及资本流动规模和形式的增加，以及技术的广泛传播带来的各国经济相互依赖性的增强③，这实际上是"猜疑链"逐渐消解的过程，学者研究表明，全球贸易开放程度的提高预计将降低军事冲突的可能性，因为它会导致双边贸易相互依存的程度增加。④

《人民日报》曾刊发文章对米尔斯海默学说的危害性予以揭示，并将其与美国经贸政策联系起来："人们曾经担心美国学者米尔斯海默的'进攻性现实主义'成为美国社会主流价值，因为在其视域中，国际社会就是一个残忍的角斗场，充满你死我活的险境。当前，美国一些人试图将关税'武器化'，这同'进攻性现实主义'如出一辙。如果任由这个势头发展下去，秩序荡然无存，世界将无宁日。不要忘了，经济矛盾无法调和而导致国际冲突造成人类遭受灾难、浩劫的历史，离我们并不十分遥远。"文章结尾写道："奉劝美国一些人，早日回归经济学基本常识"，不要让 21 世纪的世界回归蒙昧年代，再现丛林法则。⑤

宇宙社会学中导致星际冲突不可避免的还有一个关键概念，就是技术爆炸。A 比 B 弱小得多并不会让 B 感到放心，"人类文明有五千年历

① 参见［美］罗伯特·基欧汉：《霸权之后：世界政治经济中的合作与纷争》，苏长和等译，上海人民出版社 2011 年版。

② 参见［美］罗伯特·阿克塞尔罗德：《合作的进化》，吴坚忠译，上海人民出版社 2007 年版。

③ 参见王慧：《推动经济全球化进一步发展》，《人民日报》2019 年 5 月 22 日。

④ Jong-Wha Lee and Ju Hyun Pyun, "Does Trade Integration Contribute to Peace", *Review of Development Economics*, Vol. 20, No. 1, 2016, pp. 327–344.

⑤ 任平：《站不住脚的"美国吃亏论"》，《人民日报》2019 年 6 月 29 日。

史，地球生命史长达几十亿年，而现代技术是在三百年时间内发展起来的，从宇宙的时间尺度上看，这根本不是什么发展，是爆炸！技术飞跃的可能性是埋藏在每个文明内部的炸药，如果有内部或外部因素点燃了它，轰一下就炸开了！地球是三百年，但没有理由认为宇宙文明中人类是发展最快的，可能其他文明的技术爆炸更为迅猛。我比你弱小，在收到你的交流信息后得知了你的存在，我们之间的猜疑链就也建立了，这期间我随时都可能发生技术爆炸，一下子远远走在你的前面变得比你强大”①。

目光回到人类事务，科学技术对于经济持续发展至关重要。有三种因素会导致经济增长停滞：报酬递减与基本商品价格的相对上升；经济系统可能无法产生足够高的有效需求，因此难以避免异常高水平的失业持续存在；限制经济增长以求提升生活质量的必要性（比如保护生态，让工作者有足够的闲暇等）。② 科学技术对于突破这三类限制都必不可少：提升生产效率、创造新的产品和需求、研发环境友好型产品和环境治理技术等等。③

技术还与大国兴衰密切相关。具有技术优势的国家，在经济实力、军事力量和国际影响力方面占据优势地位。在著名史学家威廉·麦克尼尔（William H. McNeill）的笔下，工业化的西方开始向全球延展实力的时候就有三体人向地球进军的感觉，“欧洲人新近获得的相对于其他民族的巨大军事优势，最重要的表现发生在1839—1842年中国海岸，当时人数很少的英国军队在鸦片战争中打败了中华帝国的军队。……对中国和日本十分关键的鸦片战争，从1839年11月延续到1842年8月，可是英国1841年的军事拨款实际上低于战争前”，“因此有句名言说：英国不知不觉就得

---

① 刘慈欣：《三体Ⅱ：黑暗森林》，重庆出版社2008年版，第445页。

② 参见［美］W. W. 罗斯托：《经济增长理论史：从大卫·休谟至今》，陈春良等译，浙江大学出版社2016年版，第491页。

③ Harm-Jan Steenhuis, “Technology and Economic Development: A Literature Review”, *International Journal of Innovation and Technology Mangement*, Vol. 9, No. 5, 2012, pp. 1–11.

到了一个帝国。这是讽刺性的描述，而非欺人之谈”[1]。所以，大国会在科学技术研发上倾注大量的资源，保持优势，这也是现代社会科学技术呈爆发式增长的重要原因。[2]

美国始终将保持技术优势作为霸权的重要支柱。冷战期间，1949 年末至1952年8月，美国主导成立了“对共产党集团出口管制和统筹委员会”和“中国委员会”，对社会主义国家进行经济遏制和高新技术管制。为了迟滞中国工业化进程和削弱中国巨大规模带来的区域权势优势，“中国委员会”的管制水平更严于巴统。到了 20 世纪 70 年代，技术转让限制已经在美国经济遏制战略中占据主导位置，美国对大型计算机、软件、微电子制造和实验设备等进行严格管控[3]，同时加强对盟友和伙伴的控制，在世界范围内编织出阻断高新技术流向苏联的罗网，维持和扩大了美国对苏联的技术优势。[4]

三体人在向地球出发前实施了“智子计划”，将质子从十一维展开至二维，在上面蚀刻电路，改造为智能计算机，可以自己展开或收缩至任何维度，目标在于长期、无死角地监控人类并锁死人类科技。美国正在对中国实施另一种版本的“智子计划”。2018 年 12 月 1 日晚，习近平主席与时任美国总统特朗普在布宜诺斯艾利斯进行会晤，两国元首达成共识，停止加征新的关税，并指示两国经济团队加紧磋商，朝着取消所有加征关税的方向努力，达成互利共赢的具体协议。[5]但是，同一天，在美国要求下，加拿大无理拘押时任华为公司 CFO（首席财务官）孟晚舟，美国撕掉虚掩的面纱，将对中国的科技战正式搬上“台面”。当时，华为正致力于全球大多数经济体的 5G 网络建设竞标之中，对孟晚舟莫须有的指控是美国

① ［美］威廉·H. 麦尼尔：《竞逐富强：公元 1000 年以来的技术、军事与社会》，倪大昕、杨润殷译，上海辞书出版社 2013 年版，第 225、226 页。

② 参见黄琪轩：《霸权竞争与欧洲技术革新》，《科学学研究》2010 年第 11 期。

③ 崔丕：《美国经济遏制战略与高新技术转让限制》，《历史研究》2000 年第 1 期。

④ 崔丕：《冷战转型期的美日关系：对东芝事件的历史考察》，《世界历史》2010 年第 6 期。

⑤ 赵嘉鸣等：《习近平同美国总统特朗普举行会晤》，《人民日报》2018 年 12 月 3 日。

对不顺从自己指令拒绝使用华为的国家的强烈警告①：为了控制国际数据流动并最终巩固和扩大数字时代全球商业主导地位，美国会无所不用其极，你们都要小心！

因此，贸易战只是拉开了美国霸权行径的序幕，它向华尔街、跨国企业、盟友和伙伴，以及国际社会发出强烈信号，美国冷战后的对华政策正在发生根本转变，你们需要跟上美国的节奏。美国努力诱导相关人员（政要、学者和科学家等）、组织（企业、国际组织、智库等）和国家做出对中美关系和中国前途不稳定的预测，进而采取有利于美国的战略选择，向各股反华力量注入“强心针”，引导他们向美国对华政策靠拢。美国的真实意图与三体人类似，即“锁死”中国的科技进步。

中国社会科学院世界经济与政治研究所所长张宇燕和副所长冯维江将美国的战略称为“规锁政策”。与遏制战略相比，“规锁”不是通过孤立或隔绝等途径等待目标国因内耗与低效而停滞以至崩溃，而是运用综合手段塑造目标国的发展路径、锁定目标国的发展空间，“美国是要在技术上压制和防范中国，固化自身在科技上的垄断或竞争优势”②。2023 年 1 月 7 日，著名历史学家、哈佛大学教授尼尔·弗格森（Neill Ferguson）在世界经济论坛上说道：“美国有一个技术遏制战略。该战略有点像《三体》中三体人试图阻止地球的技术进步。这正是美国试图对中国所做的。”在弗格森看来，“第二次冷战”将越来越清楚和真实，全球将在硬件领域划分为欧亚大陆和美欧两个区块，西方对俄罗斯的制裁正加速这一科技

① 比如墨西哥当时刚上任的总统安德烈斯·奥夫拉多尔（Andres Manuel Lopez Obrador）未理会美国的警告，对华为在该国建设 5G 网络持开放态度，甚至美国的亲密盟友英国也采用华为的移动通信技术设备。Drew Hinshaw, et al., “Inside the Secret Prisoner Swap that Splintered the U.S. and China”, *The Wall Street Journal*, November 3, 2022; Stu Woo, “Washington Asks Allies to Drop Huawei”, *The Wall Street Journal*, November 23, 2018.

② 张宇燕、冯维江：《从“接触”到“规锁”：美国对华战略意图及中美博弈的四种前景》，《清华金融评论》2018 年第 7 期。

版图的形成。[①]

为了规锁中国的科技能力，美国射出了“三支箭”：第一，打击中国优秀的科技企业。为了维护自己的科技霸权，美国利用国内法构筑了复杂的制裁体系，以此来打击国外的竞争性企业和特定国家；美国还诱导或强制盟友和伙伴配合其行动，最大限度地实现战略目的。以美国实体清单（Entity List）为例。实体清单是美国商务部工业和安全局公布的贸易黑名单，被列入实体清单的成员需要获得商务部颁发的许可证，才能购买美国的技术以及含有美国技术的产品。2019 年 5 月 15 日，时任美国总统特朗普签署行政令，宣布国家进入紧急状态，称基于国家安全考虑授权商务部限制本国部分信息通信技术与服务的出口。同日，美国商务部宣布将华为及其 68 家子公司列入实体清单，从软件和硬件两大领域对华为展开封锁。在软件方面，谷歌、脸书（Facebook）、瓦次普（WhatsApp）等系统与软件不得不停止或限制为华为的后续产品提供服务支持，尤其是谷歌被迫停止为华为的新产品提供谷歌移动服务的授权，也就是说华为的产品将不能再使用谷歌旗下软件。在硬件领域，英特尔、高通、赛灵思（Xilinx）、美光科技等美国半导体供应商将无法直接为华为提供芯片，美国之外的半导体供应商也高度依赖美国技术，比如荷兰阿斯麦垄断的 EUV 光刻机是高端芯片制造中的关键生产设备，而一台光刻机所使用的技术和零部件中，有 20% 以上源自美国[②]，因此它们也需要遵从美国对华为的禁令。

美国卡耐基基金会（Carnegie Endowment for International Peace）的一份报告列出了美国多达 14 种的制裁手段，对华为的制裁目前已经多达 8 种（见表 2）。报告显示，自从将中国视为主要的战略竞争对手

① Neil Ferguson, et al., “De-Globalization or Re-Globalization?”, World Economic Forum, January 17, 2023, https://www.weforum.org/events/world-economic-forum-annual-meeting-2023/sessions/de-globalization-or-re-globalization.

② 参见李巍、李玙译：《解析美国对华为的“战争”：跨国供应链的政治经济学》，《当代亚太》2021 年第 1 期。

以来，中国科技企业已经成为美国实体清单的主要打击对象。2018 年中国企业只占美国实体清单的 14%，2022 年 5 月已经上升至近 30%。①截止到 2023 年 3 月，美国已经将超过 650 家中国实体列入美国的实体清单，其中 160 多家是拜登政府上台后列入的②，目标是贯彻落实“小院高墙”战略，即筛选出与国家安全相关的特定技术与研究领域，加大投入的同时打压竞争者，保持和扩大美国优势。③中国学者对 2018—2021 年被美国制裁的中国企业进行了画像，发现尽管美国商务部给出的理由是“国家安全”，但 2018 年以来新增的中国卡脖子企业集中于计算机和通信等具备军民两用前景的行业，属于科技前沿而非传统的“中国军事威胁论”的范畴。④

① Jon Bateman, *U.S.-China Technological "Decoupling": A Strategy and Policy Framework*, Carnegie Endowment for International Peace, 2022.

② 根据美国工业和安全局的信息，截至 2022 年 8 月，有约 600 家中国实体被列入美国实体清单，其中有 110 家是拜登政府执政后列入的。2022 年 12 月，拜登政府宣布再将 36 家中国实体列入实体清单。Bureau of Industry and Security, "Commerce Adds Seven Chinese Entities to Entity List for Supporting China's Military Modernization Efforts", August 23, 2022, https://www.bis.doc.gov/index.php/documents/about-bis/newsroom/press-releases/3121-2022-08-23-press-release-seven-entity-list-additions/file; Demetri Sevastopulo, et al., "US Adds 36 Chinese Companies to Trade Blacklist", *Financial Times*, December 15, 2022, https://www.ft.com/content/2ddb2288-6bae-4672-8bf6-e51d79ca29c3.

③ 参见黄日涵、高恩泽:《“小院高墙”：拜登政府的科技竞争战略》,《外交评论》2022 年第 2 期。

④ 周磊等:《基于美国实体清单分析的中国卡脖子企业画像构建》,《情报杂志》2023 年第 3 期。

表 2　遭受美国制裁的部分中国企业

	华为	中兴	海康威视	海能达	阿里	腾讯	大华	中国电信	中国移动	大疆	字节	金山	商汤科技	旷视科技	中芯国际	中国联通	福建晋华
Non-SDN CMIC List	×		×					×	×	×			×	×	×	×	
实体清单	×	*	×				×			×			×	×	×		×
受管制清单	×	×	×	×			×	×	×								
889 条黑名单	×	×	×	×			×										
联邦起诉	×	×		×													×
禁止 App						*					*	*					
ICTS 供应链安全评估					×	?					?	?					
FCC 执照否认 / 撤销								×	×							×	
CFIUS 行动					×	+					×						
证券交易退市					+	+						+					
删除和替换规则	×	×															
337 条				×						*							
外国直接生产的产品脚注 1	×																
雇员签证禁令	×																

注：从 2017 年 1 月至 2022 年 3 月，美国政府对上述科技公司采取的行动。+ = 待定的；× = 生效；？ = 可能的；* = 取消的。

资料来源：Jon Bateman, *U.S.-China Technological "Decoupling": A Strategy and Policy Framework*, Carnegie Endowment for International Peace, 2022, p. 33.

第二，美国有计划地在重点产业领域与中国“脱钩”，并试图阻止中国的发展进步。2022 年 8 月，拜登签署 2800 亿美元芯片和科研法案，为在美国制造芯片的公司提供 520 亿美元的补贴和税收抵免，要求接受补贴的企业不得在中国设厂，“旨在支持美国的芯片制造业，解决全球供应链的同时，对抗中国日益增长的影响力”[①]。在提升美国芯片制造力的同时，同年 10 月美国商务部工业和安全局出台新的出口限制，要求美国芯片制造商在出口用于先进人工智能计算和超级计算的某些芯片时需获得商务部许可，将允许美国禁止出口使用美国技术制造的外国芯片，并且施压荷兰政府阻止阿斯麦对华销售关键设备。[②] 美国瞄准的当然不止芯片产业。2022 年美国国家安全顾问沙利文（Jake Sullivan）在特别竞争研究项目（Special Competitive Studies Project）主办的全球新兴技术峰会上发表演讲时指出[③]，未来数十年，计算相关技术（包括微电子、量子信息系统和人工智能）、生物技术和生物制造，以及清洁能源技术等三个技术家族将尤其重要，美国必须在上述领域保持优势。沙利文指出：“在出口管制方面，我们必须反思在一些关键技术上维持‘相对’优势的长期假定。我们之前采用的是‘滑动估算’（sliding scale）法，即我们只需要领先几代

① Zolan Kanno-Youngs, “Biden Signs Industrial Policy Bill Aimed at Bolstering Competition with China”, *The New York Times*, August 9, 2022.

② Asa Fitch and John D. McKinnon, “U.S. Seeks to Further Restrict Cutting-Edge Chip Exports to China”, *The Wall Street Journal*, October 4, 2022; John D. McKinnon and Asa Fitch, “U.S. Restricts Semiconductor Exports in Bid to Slow China’s Military Advance”, *The Wall Street Journal*, October 10, 2022.

③ 特别竞争研究项目是民主党和共和党联合倡议的计划，成立于 2021 年，目前由前谷歌首席运营官埃里克·施密特（Eric Schmidt）担任主席，由担任过美国国家安全委员会人工智能执行主任、前国家安全顾问麦克马斯特（H. R. McMaster）幕僚长、参谋长联席会议主席马丁·邓普西（Martin Dempsey）特别助理等重要职位的耶利·巴拉克塔里（YlliBajraktari）担任 CEO。该项目的明确使命是，为美国应对人工智能和其他新兴技术对国家安全、经济和社会的重塑提供有效建议，保持美国长期竞争力，进而确保美国有能力和组织起来，在现在到 2030 年这一塑造未来的关键窗口期赢得技术—经济竞争。Special Competitive Studies Project, *Mid-Decade Challenges to National Competitiveness*, September 2022, https://www.scsp.ai/wp-content/uploads/2022/09/SCSP-Mid-Decade-Challenges-to-National-Competitiveness.pdf.

就可以了。但是这不是我们如今所面临的战略环境。考虑到某些技术的基础性，比如先进的逻辑和存储芯片，我们尽可能保持较大的领先优势。”①换言之，美国不仅仅要提升自身的科技水平，还要设法让中国在关键科技领域趋于停滞。

美国益华电脑、新思科技等软件开发商占据全球芯片设计 74% 的市场份额，英伟达、AMD、英特尔和高通等占据逻辑芯片设计 67% 的全球市场份额，应用材料、泛林集团和 KLA 等美国企业在晶圆制造设备上的市场份额达到 41%，美国控制着芯片产业上游，可以通过出口管制等方式影响中国芯片产业发展。但是，美国在其他先进技术领域并不具备类似芯片产业的优势，“出口管制对于清洁能源没有真正的效用，因为我们没有相同的技术领导力，因此我们控制中国的技术不会阻碍他们的创新。所以，他们可能会以不同的方式解决这个问题”②。考虑到这个情况，我们就可以更好地明白为什么美国要不遗余力地炒作所谓的“新疆问题”。新疆在全球产业链中占据重要位置，新疆棉产量约占全球棉花产量的 20%，生产全球约 25% 的番茄酱、15% 的啤酒花以及 10% 的核桃、辣椒和人造纤维，更重要的是新疆是全球最重要的光伏产业基础材料多晶硅的生产基地，是中国最大的风力涡旋轮机制造商所在地，产量约占全球的 13%。③

第三，阻碍中美科技交流。1978 年 7 月 6 日至 10 日，卡特总统的科学顾问弗兰克·普雷斯（Frank Press）率领一个有史以来美国出访国外最

① The White House, “Remarks by National Security Advisor Jake Sullivan at the Special Competitive Studies Project Global Emerging Technologies Summit”, September 16, 2022, https://www.whitehouse.gov/briefing-room/speeches-remarks/2022/09/16/remarks-by-national-security-advisor-jake-sullivan-at-the-special-competitive-studies-project-global-emerging-technologies-summit/.

② Gavin Bade, “‘A Sea Change’: Biden Reverses Decades of Chinese Trade Policy”, *Politico*, December 26, 2022.

③ 钟声：《单边制裁破坏全球产业链供应链稳定：美国“以疆制华”的险恶图谋绝不会得逞》，《人民日报》2022 年 8 月 2 日。暨南大学传播和边疆治理研究院发布的一份报告揭示了美国对新疆棉制裁的本质及其对全球棉花产业链的影响；李华等：《阻碍交易、增加成本、破坏产业链：美国涉疆制裁对全球棉花产业链的影响》，2021 年 12 月 26 日。见 https://xwxy.jnu.edu.cn/2021/1225/c13175a674089/page.htm.

高规格的科学代表团访华。[①] 在 9 日的告别宴会上，普雷斯博士说："由于我们面临的问题越来越超越国家界限，各国科学界之间的合作在今后将更为重要。"[②] 1979 年，中美两国政府间第一个正式合作协定——中美科技合作协定签署，中美科技交流正式开启。1980 年，普雷斯再次来华访问，他强调中美双方都从科技合作中得到了好处，扩大交往对两国都有利。[③]

40 多年来，中美两国已经成为不可或缺的科研合作伙伴。美国国家科学基金会统计数据显示，中美互为第一大国际合著论文合作对象，相互依赖远超其他任一国家。大亚湾反应堆中微子实验、正负电子对撞机、核聚变等众多合作项目让两国互惠共赢，基因组研究、量子计算、空间科学等领域中美共同参与的科研成果让全球共享福祉。美国保尔森基金会旗下"马可·波罗"智库 2020 年发布报告显示，美国科研机构近三分之一的研究人员有中国教育背景，美国能够在人工智能领域取得全球领先地位，与来自中国的人才关系密切。[④]

2018 年 11 月，为了破坏中美之间科技交流与合作[⑤]，美国司法部启动所谓"中国行动计划"，以"打击经济间谍"和"打击窃取知识产权"为借口，针对在美华裔科学家和与中国有合作关系的科研人员举行系统性调查。据美国约翰斯·霍普金斯大学发布的报告披露，该计划甚至对诉讼数量有硬性要求，指示美国 94 个地区司法部门每年至少提出一至两起针对中国的诉讼。计划启动后，美国政府发起 2000 多项调查，数百名美国科学家遭到政府调查，数十人因刑事指控被捕，绝大多数为华裔。[⑥] 但是，事实是，美国政府的指控子虚乌有。2021 年 11 月，美国《麻省理工学院技术评论》

① 参见［美］傅高义：《邓小平时代》，冯克利译，生活·读书·新知三联书店 2013 年版，第 317—319 页。

② 《美国总统科学技术顾问普雷斯举行告别宴会方毅主任等应邀出席，普雷斯博士和方毅主任祝酒》，《人民日报》1978 年 7 月 10 日。

③ 参见《普雷斯博士在方毅举行的宴会上表示相信美中科技合作将会迅速而广泛地发展》，《人民日报》1980 年 1 月 24 日。

④ 参见郭爽：《科技交流之路断不得》，《新华每日电讯》2021 年 2 月 7 日。

⑤ 严瑜：《美国"中国行动计划"引发激烈反对》，《人民日报》（海外版）2022 年 1 月 22 日。

⑥ 高乔：《美国为何叫停"中国行动计划"?》，《人民日报》（海外版）2022 年 3 月 17 日。

要求美国司法部解释“中国行动计划”的真实用意并公布所有案件清单，然而，司法部只是在官网上删除了39名“中国行动计划”相关“被告”，其中多人曾遭到美方公开指控，但针对他们的诉讼全部都失败了。①

2022年2月，拜登政府在内外压力下宣布终止“中国行动计划”，但是该计划已经激化了美国国内对华裔、亚裔群体的种族歧视，正如太平洋岛民和亚太裔美国人促进会（OCA- Asian Pacific American Advocates）所批评的：“‘中国行动计划’以及围绕这一计划的更广泛言论已经损害了美国的竞争力，导致无辜学者的事业被毁，并严重损害了政府与亚裔美国人社群的关系。”②2019年至2020年针对亚裔美国人的暴力事件增加了71%。③该计划还引发了科技领域的“寒蝉效应”，让更多少数族裔科学家对自身处境产生担忧。而且，“中国行动计划”的终止并不意味着美国对两国科技交流的打压已经结束，美国现任负责国家安全的助理司法部长马修·奥尔森（Matthew Olsen）表示司法部将继续提起此前已经在“中国行动计划”下提起的某些类型诉讼。④中国社会科学院亚太与全球战略研究院副院长叶海林教授评估认为美国政界担心中国在科技合作中获得对美的竞争优势，因此美国希望割断与中国的科技合作，从而遏制中国发展。因此，即便“中国行动计划”伤害中美关系，破坏全球产业链及科技创新的合作氛围，但美国未来改变这一政策趋势的可能性很低。⑤

在刘慈欣笔下，以“猜疑链”和技术爆炸为核心概念构筑的宇宙社会学是一个“黑暗森林”，“宇宙就是一座黑暗森林，每个文明都是带枪的猎人，像幽灵般潜行于林间，轻轻拨开挡路的树枝，竭力不让脚步发出一点

---

① 严瑜：《美国“中国行动计划”引发激烈反对》，《人民日报》（海外版）2022年1月22日。

② ［美］阿鲁娜·维斯瓦纳塔：《美国司法部将终止“中国行动计划”，转变方式应对来自中方的国安威胁》，《华尔街日报》2022年2月24日。

③ 参见朱瑞卿：《“中国行动计划”凸显美对华扭曲心态》，2021年12月29日，见http://www.news.cn/world/2021-12/28/c_1128210521.htm。

④ ［美］阿鲁娜·维斯瓦纳塔：《美国司法部将终止“中国行动计划”，转变方式应对来自中方的国安威胁》，《华尔街日报》2022年2月24日。

⑤ 参见高乔：《美国为何叫停“中国行动计划”?》，《人民日报》（海外版）2022年3月17日。

儿声音，连呼吸都小心翼翼……他必须小心，因为林中到处都有与他一样潜行的猎人。如果他发现了别的生命，不管是不是猎人，不管是天使还是魔鬼，不管是娇嫩的婴儿还是步履蹒跚的老人，也不管是天仙般的少女还是天神般的男孩，能做的只有一件事：开枪消灭之。在这片森林中，他人就是地狱，就是永恒的威胁"[①]。但是，"黑暗森林法则"让整个宇宙处在崩溃的边缘，毁灭武器在不断升级和使用，有的文明甚至以自残的方式消灭其他文明（比如攻击者先改造自己，将自己变成低维生命后，向敌人发起肆无忌惮的维度攻击）[②]，宇宙在坍缩、崩溃和死亡。[③]

美国发起的贸易战、"脱钩断链"和高新科技封锁实际上就是"黑暗森林"思维在作祟，严重伤害了人类共同利益，阻碍了全球发展。2019年特朗普政府升级贸易摩擦时，美国投行摩根斯坦利就警告称，如果美国对2000亿美元中国商品征收25%的关税维持三四个月，那么全球经济增速可能会放缓约50个基点。[④]《华尔街日报》指出，贸易摩擦的影响波及全球经济，损害了美国小企业的信心，抑制了亚洲工业巨头之间的贸易，还打击到欧洲以出口为导向的工厂。[⑤]来自纽约联邦储备银行、普林斯顿大学和哥伦比亚大学的经济学家研究发现贸易战证实了贸易保护会造成实际收入损失的判断。仅到2018年12月，贸易摩擦就给美国造成了平均每月14亿美元的收入损失。美国增加的关税几乎完全传导到国内价格上，也就是说贸易摩擦的成本转嫁到了国内消费者和进口商身上。[⑥]

① 刘慈欣：《三体Ⅱ：黑暗森林》，重庆出版社2008年版，第446—447页。

② 维度攻击又称降维打击，是指将攻击目标本身所处空间维度降低，比如三维降为二维，作为三维生物的人类是无法在二维空间生活的，最终结局只能是灭亡。在《三体》小说中，太阳系文明最终毁灭于未知文明的二维化。

③ 参见刘慈欣：《三体Ⅲ：死神永生》，重庆出版社2010年版，第470—475页。

④ 王建华：《美国发动对华贸易战的五大世界性危害》，《新华每日电讯》2019年5月26日。

⑤ Ruth Simon and Megumi Fujikawa, "U.S.-China Trade War's Global Impact Grows", *The Wall Street Journal*, September 4, 2019.

⑥ Mary Amiti, et al., "The Impact of the 2018 Trade War on U.S. Prices and Welfare", Working Paper 25672, 2019, https://www.nber.org/papers/w25672.

全球产业链供应链的形成和发展是市场规律和企业选择共同形成的结果，美国的强制"断链"行为会影响全球生产效率的提升，扰乱正常的市场秩序。根据业界统计，一些先进芯片的生产包括上千道工序，需要超过 70 次跨境合作来完成，强制的企业转移或"脱钩"，必然导致全球分工混乱。波士顿咨询公司估计，如果美国完全禁止半导体企业向中国出售产品，美国半导体企业将丧失 18% 的全球市场份额。① 科技封锁行为正打乱全球数十年建立起来的科技合作生态与供应链良性反馈和循环机制：在气候变化、公共卫生紧急事件等迫在眉睫的人类危机面前，给国际社会有效推动应对机制平添障碍；在基因编辑、人工智能等颠覆性技术领域，让国际社会在伦理讨论、标准制定等方面难以协调；在基础科学领域增加科研人员的重复性劳动，减缓世界创新和发展的速度；在互联网等领域制造不同标准和体系，导致并加剧世界分裂。②

正如刘慈欣在《三体》英译本后记里所期许的："人类面对宇宙所表现出来的天真和善良显示出一种奇怪的矛盾：在地球上，他们可以毫无顾忌地登上另一个大陆，用战争和瘟疫毁灭那里的同类的文明，却把温情脉脉的目光投向星空，认为如果有外星智慧生命存在，它们也将是被统一的、崇高的道德所约束的文明，而对不同生命形式的珍视和爱是宇宙中理所当然的行为准则。我觉得事情应该反过来，让我们把对星空的善意转移到地球上的人类同类身上，建立起人类各种族和文明之间的信任和理解。"③ 联合国总部花园中有一座巨大的青铜雕像，一个人一手握着一个榔头，另一只手拿着一把剑，正在将其打造成犁，"铸剑为犁"（We Shall Beat Swords Into Plowshares）体现的正是人类合作摆脱"黑暗森林法则"的愿景与行动，国际政治的发展史说明国家只有合作才能共塑人类美好未来。

① 参见郭言：《美芯片"护栏"严重干扰了全球产业链》，《经济日报》2022 年 9 月 13 日。

② 参见郭爽：《科技交流之路断不得》，《新华每日电讯》2021 年 2 月 7 日。

③ https://reachone01.github.io/novel/ 三体 / 地球往事 /backup/《三体》英文版后记 .html.

第二节　中国方案：共建一个繁荣的世界

2021 年 9 月 21 日，习近平主席在第七十六届联合国大会一般性辩论上指出："我们必须复苏经济，推动实现更加强劲、绿色、健康的全球发展。发展是实现人民幸福的关键。面对疫情带来的严重冲击，我们要共同推动全球发展迈向平衡协调包容新阶段。"① 习近平主席的讲话直击国际贫富差距进一步拉大、经济增长动能不足的现实。在此背景下，中国的全球发展倡议和实践（见表 3）对于全球经济的重要意义更加凸显。

表 3　全球发展倡议主要内容

	"六个坚持"	核心内容
1	坚持发展优先	将发展置于全球宏观政策框架的突出位置，加强主要经济体政策协调，保持连续性、稳定性、可持续性，构建更加平等均衡的全球发展伙伴关系，推动多边发展合作进程协同增效，加快落实联合国 2030 年可持续发展议程。
2	坚持以人民为中心	在发展中保障和改善民生，保护和促进人权，做到发展为了人民、发展依靠人民、发展成果由人民共享，不断增强民众幸福感、获得感、安全感，实现人的全面发展。
3	坚持普惠包容	关注发展中国家特殊需求，通过缓债、发展援助等方式支持发展中国家尤其是困难特别大的脆弱国家，着力解决国家间和各国内部发展不平衡不充分问题。
4	坚持创新驱动	抓住新一轮科技革命和产业变革的历史机遇，加速科技成果向现实生产力转化，打造开放、公平、公正、非歧视的科技发展环境，挖掘疫后经济增长新动能，携手实现跨越发展。
5	坚持人与自然和谐共生	完善全球环境治理，积极应对气候变化，构建人与自然生命共同体。加快绿色低碳转型，实现绿色复苏发展。
6	坚持行动导向	加大发展资源投入，重点推进减贫、粮食安全、抗疫和疫苗、发展筹资、气候变化和绿色发展、工业化、数字经济、互联互通等领域合作，加快落实联合国 2030 年可持续发展议程，构建全球发展命运共同体。

资料来源：习近平：《坚定信心　共克时艰　共建更加美好的世界——在第七十六届联合国大会一般性辩论上的讲话》，人民出版社 2021 年版。

① 习近平：《坚定信心　共克时艰　共建更加美好的世界——在第七十六届联合国大会一般性辩论上的讲话》，人民出版社 2021 年版，第 3 页。

一、“发展是解决一切问题的总钥匙”①

“因为我们家当时非常穷，必须要在过年的时候，买五斤米过年”，云南昭通市彝良县小干溪村村支书常开勇在自家已经被定为危房的老屋对着《柴米油盐之上》纪录片镜头感慨道。常开勇不久前搬进了刚砌的砖房里，天晴的时候，从那里到小干溪上班的地方有40分钟车程，其中大部分是山地，山上会有石头掉下来，最严重的一次，车子的风挡玻璃全部被砸烂了。②

昭通市地处云贵川三省接合的乌蒙山腹地，是中国最贫困的地区之一，2012年这里的农村居民人均年收入不足3000元。常开勇和同事们面临着艰巨的扶贫任务，他需要挨家挨户地动员世代居住在偏远大山里的人们易地搬迁到县城的扶贫搬迁安置区。常开勇2000元左右的月工资，一半要花费在做扶贫工作跑上跑下的汽油费上。“没有怨言，只是说愧对家人而已，他们实在太辛苦了”，常开勇说他思想也有过波动，要养家要糊口，“但是在我看来，在一个家乡来说，你如果没有奉献精神创建自己的家乡，肯定是不行的，需要人来建设。一个地点，如果一点奉献都没有，这个地方也无法发展”。

常开勇是无数中国共产党人担当初心使命的一个缩影。从诞生之日起，中国共产党就把为中国人民谋幸福、为中华民族谋复兴作为初心使命，团结带领人民为创造自己的美好生活进行了长期艰辛奋斗。③2012年党的十八大提出全面建成小康社会的奋斗目标，经过8年持续努力，到2020年底，中国如期完成新时代脱贫攻坚目标任务，现行标准下9899万

---

① 习近平：《携手推进“一带一路”建设——在“一带一路”国际合作高峰论坛开幕式上的演讲》，人民出版社2017年版，第8页。

② 常开勇的扶贫故事来自一部优秀的纪录片《柴米油盐之上》，2021年上映。纪录片由《开勇》、《琳宝》、《怀甫》和《子胥》四集组成，将镜头对准村支部书记、女卡车司机、杂技演员、民营企业家和一个个追寻美好生活的中国人，正是他们的奋斗与奉献汇聚成了改革开放灿烂辉煌的历史洪流（参见柯文思（导演）：《柴米油盐之上》，中国报道杂志社解读中国工作室等，2021年）。

③ 参见习近平：《在全国脱贫攻坚总结表彰大会上的讲话》，人民出版社2012年版，第3页。

农村贫困人口全部脱贫。贫困地区农村居民人均可支配收入，从 2013 年的 6079 元增长到 2020 年的 12588 元，年均增长 11.6%，增速比全国农村高 2.3 个百分点。2016 年至 2020 年，内蒙古自治区、广西壮族自治区、西藏自治区、宁夏回族自治区、新疆维吾尔自治区和贵州、云南、青海三个多民族省份贫困人口累计减少 1560 万人。①

在持续减贫进程中（见表 4），中国政府坚持发展为第一要务，通过调整生产关系激发社会生产力发展活力，通过完善上层建筑适应经济基础发展要求。② 全方位的改革发展政策刺激了经济的快速增长，提高了农业生产率，扩大了非农部门规模，从而创造了更好的就业机会。1978 年至 2020 年，中国人均国内生产总值年均增长 8.2%，贫困发生率年均下降 2.3 个百分点，经济每增长 1 个百分点，中国农村贫困发生率平均降低 1.4%。③

中国共产党的领导为脱贫攻坚战提供了坚强政治和组织保证。中西部 22 个省份党政主要领导同志向中央签署脱贫攻坚责任书，全国累计派选 25.5 万个驻村工作队、300 多万名第一书记和驻村干部，同近 200 万名乡镇干部和数百万村干部一道奋战在扶贫一线。④

财政专项扶贫资金为脱贫攻坚提供了强大的资金保障，2013 年至 2020 年，中央、省、市、县财政专项扶贫资金累计投入近 1.6 万亿元，其中中央财政累计投入 6601 亿元，扶贫小额信贷累计发放 7100 多亿元，扶贫再贷款累计发放 6688 亿元，金融精准扶贫贷款发放 9.2 万亿元。东部 9 省市向扶贫协作地区投入财政援助和社会帮扶资金 1005 亿多元，东部地

---

① 参见中华人民共和国国务院新闻办公室：《人类减贫的中国实践》，载《中国政府白皮书汇编（2021 年）》上卷，人民出版社、外文出版社 2022 年版，第 77、78 页。

② 参见新华社国家高端智库：《中国减贫学：政治经济学视野下的中国减贫理论与实践》，《经济日报》2021 年 3 月 5 日。

③ 国务院发展研究中心、世界银行：《中国减贫四十年：驱动力量、借鉴意义和未来政策方向》，中国发展出版社 2022 年版，第 10 页。

④ 参见习近平：《在全国脱贫攻坚总结表彰大会上的讲话》，人民出版社 2021 年版，第 11—12 页。

区企业赴扶贫协作地区累计投资 1 万多亿元。①

中国政府实施以发展为导向的思路清晰的扶贫战略。中国政府将基础设施建设作为脱贫攻坚基石性工程，为贫困地区发展“赋能”。截至 2020 年底，全国贫困地区新改建公路 110 万公里、新增铁路里程 3.5 万公里，贫困地区具备条件的乡镇和建制村全部通硬化路、通客车、通邮路。贫困村通光纤和 4G 比例均超过 98%。中国政府突出强调将数字管理应用到减贫的全流程，2014 年建立的全国扶贫数据系统，包括 12.8 万个贫困村 2948 万贫困户和 8962 万贫困人口信息②，根据扶贫工作进展动态调整数据，使得精准扶贫在较短时间内成为可能。政府因人因地、因贫困原因、因贫困类型，开准“药方子”，通过发展生产脱贫一批、易地搬迁脱贫一批、生态补偿脱贫一批、发展教育脱贫一批和社会保障兜底一批等“五个一批”，拔掉“病根子”。③

表 4　中国减贫四十年

<table>
<tr><th colspan="7">中国共产党的领导提供政治和组织保证（强大的治理能力）</th></tr>
<tr><td colspan="4">基础广泛的经济改革发展
（政府提供稳定的社会环境、加强基础设施建设，引导产业发展、构筑高质量的教育和医疗体系）</td><td colspan="3">政府主导的减贫战略和政策
（政府建立健全社会保障制度，社会财富再分配体系，区域间帮扶机制）</td></tr>
<tr><td>农业生产力提高</td><td>渐进的工业化</td><td>有序的城镇化</td><td>基础设施互联互通</td><td>区域扶贫开发战略</td><td>社会保障政策</td><td>精准扶贫战略</td></tr>
<tr><td colspan="4">政府加大对教育、医疗等公共基础事业的投入，加强基础设施建设，制定明智的产业政策，加入开放的世界经济体系，为人民群众追求幸福生活创造有利条件，利用市场机制激发社会主体的劳动积极性，自然摆脱贫困。</td><td>1.20 世纪 80 年代中期，“三西”地区农业建设；
2.1994 年，《国家八七扶贫攻坚计划》；
3.《中国农村扶贫开发纲要（2001—2010）》。</td><td>1.2007 年，农村最低生活保障制度；
2.2014 年，统一的城乡养老保险制度。</td><td>1.精准识别、建档立卡；
2.“五个一批”。</td></tr>
</table>

资料来源：作者在《中国减贫四十年：驱动力量、借鉴意义和未来政策方向》报告内容的基础上制作。

① 中华人民共和国国务院新闻办公室：《人类减贫的中国实践》，载《中国政府白皮书汇编（2021 年）》上卷，人民出版社、外文出版社 2022 年版，第 106 页。

② 参见新华社国家高端智库：《中国减贫学：政治经济学视野下的中国减贫理论与实践》，《经济日报》2021 年 3 月 5 日。

③ 中华人民共和国国务院新闻办公室：《人类减贫的中国实践》，载《中国政府白皮书汇编（2021 年）》上卷，人民出版社、外文出版社 2022 年版，第 80—100 页。

曾担任世界银行研究部首席经济学家的塞尔维亚学者布兰科·米兰诺维奇（Branko Milanovic）归纳了人类社会减少不平等的恶性和良性力量（见表5）。① 在平均收入停滞的社会，减少不平等的几乎只有恶性力量，它们以减少财富和共同贫困的方式来减少不平等，比如战争将国家积累的财富消耗殆尽，或者内部冲突导致国家崩溃，财富从官员、商人和地主等向其他阶层扩散。在经济发展的社会，国家才有可能通过良性力量来减少不平等，因为社会保障、教育普及、基础设施建设等都需要充沛的国家财政做保障。战争作为恶性力量可以起作用，军工产业可以拉动国家经济增长，提供工作岗位，维持高昂军费需要向富人多征税，但效用非常有限，军工企业所在地区和公司领导层获利更多，反而会加剧而非减缓不均衡②，有研究证实美国高昂的军费开支扩大了国内的收入不平等。③

表5　减少不平等的恶性和良性力量

社会类型	恶性力量	良性力量
平均收入停滞的社会	特殊事件 战争（通过破坏） 内部冲突（国家崩溃） 流行病	
平均收入增加的社会	战争（通过破坏和高税收） 内部冲突（国家崩溃）	政治压力（社会主义，工会） 教育普及、社会保障 偏向低技能工人的技术变革

资料来源：［塞尔］布兰科·米兰诺维奇：《全球不平等》，熊金武、刘宣佑译，中信出版社2019年版，第49页。

① 参见［塞尔］布兰科·米兰诺维奇：《全球不平等》，熊金武、刘宣佑译，中信出版社2019年版，第41—101页。

② Hamid E. Ali, "Military Expenditures and Inequality: Empirical Evidence from Global Data", *Defence and Peace Economics*, Vol. 18, No. 6, 2007, pp. 519–535; Muhammad Ramzan Sheikh, et al., "Military Spending, Inequality and Economic Growth", *Pakistan Economic and Social Review*, Vol. 55, No. 2, 2017, pp. 491–509.

③ John D. Abell, "Military Spending and Income Inequality", *Journal of Peace Research*, Vol. 31, No. 1, 1994, pp. 35–43.

正如党的二十大报告强调的，“没有坚实的物质技术基础，就不可能全面建成社会主义现代化强国”①，中国共产党坚持发展是执政兴国的第一要务，加快构建新发展格局，锚定2035年远景目标和第二个一百年奋斗目标。未来十至二十年是第四次工业革命深度展开的关键时期，数字技术、生物基因工程、绿色经济等将全面转变人类社会的生活样貌与形态，在这些技术领域掌握优势并能成功顺应相应社会变化的国家将会在未来国际舞台上处于更加有利的地位。

对中国而言，习近平总书记在对“十四五”规划和2035年远景目标纲要进行解释时表示，到2035年中国的GDP应该会翻一番，以2020年（14.34万亿美元）为基础值的话，2035年中国GDP大约为28.68万亿美元。② 根据美国国会预算办公室（Congressional Budget Office, CBO）的经济增长预测数据，2032年美国的GDP总量约为36.7万亿美元③，也就是说到2035年左右中国的GDP将达到美国的80%。根据更加乐观的估计，2030年左右中国的GDP总量就将超越美国。④ 如果能顺利实现2035年远景目标，美国将没有那么多资源来与中国进行所谓的战略竞争（两国GDP总量差不多，更何况美国的资源需要分散在全球范围），美国技术封锁的价值和意义也不大了，中国的战略环境将会极大改善。⑤ 如此，我们

① 习近平：《高举中国特色社会主义伟大旗帜　为全面建设社会主义现代化国家而团结奋斗——在中国共产党第二十次全国代表大会上的报告》，人民出版社2022年版，第28页。

② 参见习近平：《关于〈中共中央关于制定国民经济和社会发展第十四个五年规划和二〇三五年远景目标的建议〉的说明》，《人民日报》2020年11月4日。

③ Statista Research Department, “Forecast of the U.S. Gross Domestic Product (GDP) for Fiscal Years 2021 to 2032”, September 30, 2022, https://www.statista.com/statistics/216985/forecast-of-us-gross-domestic-product/?kw=&crmtag=adwords&gclid=Cj0KCQjwmN2iBhCrARIsAG_G2i7G3fNh_p1_8UaLG4Nqt6WFjMC4OBONWjCf7YxadGmgO3Im9VIqNxgaArr7EALw_wcB.

④ Nicolas Rapp and Brian O’Keefe, “This Chart Shows How China Will Soar Past the U.S. to Become the World’s Largest Economy by 2030”, *Fortune*, January 31, 2022.

⑤ 英国衰落时，它面临着美国、德国、俄罗斯、日本等国崛起，实力已经无法支撑它对所有这些国家都采取打压政策，英美和解的一个重要原因就是英国已经无力阻止美国的崛起。

就能明白为什么拜登政府的《国家安全战略》会这样说，“对于美国和世界来说，我们现在正处于决定性十年的最初几年。主要大国之间的地缘政治竞争条件将就此决定”①，如此也就能知晓美国为什么如此着急地实施和推进“智子计划”了。②

中国早已布局因应之策。2013 年 3 月，习近平总书记在参加全国政协十二届一次会议科协、科技界委员联组讨论时预见性地指出：“现在，比较正常的技术引进也受到种种限制，过去你弱的时候谁都想卖技术给你，今天你发展了，谁都不愿卖技术给你，因为怕你做大做强。在引进高新技术上不能抱任何幻想，核心技术尤其是国防科技技术是花钱买不来的。人家把核心技术当作‘定海神针’、‘不二法器’，怎么可能提供给你呢?”③ 党的十八大以来，国家相继出台了《关于全面加强基础科学研究的若干意见》、《加强“从 0 到 1”基础研究工作方案》等重要文件，推动科学技术扎实进步。

党的二十大报告强调：“我们要坚持教育优先发展、科技自立自强、人才引领驱动，加快建设教育强国、科技强国、人才强国，坚持为党育人、为国育才，全面提高人才自主培养质量，着力造就拔尖创新人才，聚天下英才而用之。”④2023 年 1 月 31 日，习近平总书记在中共中央政治局就加快构建新发展格局第二次集体学习时指出，“只有加快构建新发展格局，才能夯实我国经济发展的根基、增强发展的安全性稳定性，才能在各

① The White House, *National Security Strategy*, October, 2022, p. 6.

② Vivian Salama, “U.S. Pursues India As a Supply-Chain Alternative to China”, *The Wall Street Journal*, February 1, 2023; Ian Talley and Sabrina Siddiqui, “Biden Administration Considers Cutting Off Huawei From U.S. Suppliers”, *The Wall Street Journal*, January 31, 2023; Noah Berman, “The U.S. Government Banned TikTok from Federal Devices. What's Next?” Council on Foreign Relations, January 13, 2023; Ana Swanson, “Netherlands and Japan Said to Join U.S. in Curbing Chip Technology Sent to China”, *The New York Times*, January 28, 2023.

③ 《习近平关于科技创新论述摘编》，中央文献出版社 2016 年版，第 36 页。

④ 习近平：《高举中国特色社会主义伟大旗帜　为全面建设社会主义现代化国家而团结奋斗——在中国共产党第二十次全国代表大会上的报告》，人民出版社 2022 年版，第 33—34 页。

种可以预见和难以预见的狂风暴雨、惊涛骇浪中增强我国的生存力、竞争力、发展力、持续力，确保中华民族伟大复兴进程不被迟滞甚至中断，胜利实现全面建成社会主义现代化强国目标”。习近平总书记突出强调：“要加快科技自立自强步伐，解决外国‘卡脖子’问题。健全新型举国体制，强化国家战略科技力量，优化配置创新资源，使我国在重要科技领域成为全球领跑者，在前沿交叉领域成为开拓者，力争尽早成为世界主要科学中心和创新高地。”①

中外科技史表明，精力充沛、富有激情和想象力的青年才俊是从事原创性基础研究的生力军、主力军。②2018 年以来，科技部、财政部、教育部、中国科学院先后印发《贯彻落实习近平总书记在两院院士大会上重要讲话精神开展减轻科研人员负担专项行动方案》（2018 年，减负行动 1.0），直指“表格多、报销繁、检查多”，以及“唯论文、唯职称、唯学历、唯奖项”等症结；《关于持续开展减轻科研人员负担，激发创新活力专项行动的通知》（2020 年，减负行动 2.0），瞄准科技成果转化、科研人员保障激励、新型研发机构发展等方面的不足，以及《关于开展减轻青年科研人员负担专项行动的通知》（2022 年，减负行动 3.0），拓宽成长通道，优化考核方式，工作日用于科研时间不少于五分之四等重要文件，为青年科研工作者营造良好科研环境，激发创新活力。③

从科研经费上看（见图 6），美国国家科学基金会（National Science Board）发布的报告显示，美国每年的年度研发经费投入仍然居于世界首位，2019 年公众和私人投资总量达到了 6560 亿美元，但是中国的科研经费近年来呈现出快速上涨态势，2019 年达到了 5260 亿美元。中国占世界年度研发经费的比例从 2000 年的 5% 上升至 2019 年的 22%，而美国的这一比例从 37% 下降至 27%。中美两国研发经费投入占据全球接

① 《加快构建新发展格局，增强发展的安全性主动权》，《人民日报》2023 年 2 月 2 日。

② 参见赵永新：《为基础研究注入更多“源头活水”》，《人民日报》2023 年 2 月 6 日。

③ 参见喻思南：《激励青年人才挑大梁》，《人民日报》2022 年 8 月 10 日。

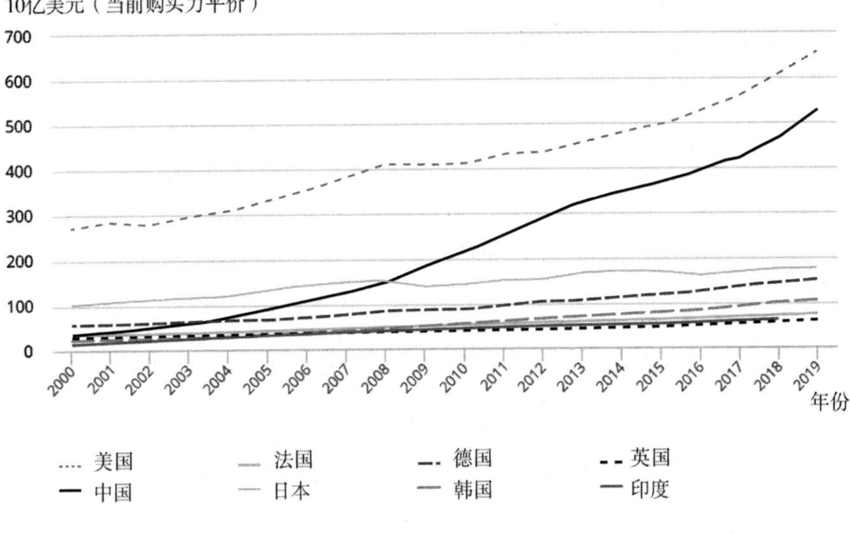

图 6　主要国家研发经费投入

资料来源：National Science Board, *The State of U.S. Science & Engineering 2022*, January 2022, p. 14。

近 50% 的份额。[①] 根据国家统计局发布的数据，2022 年我国全社会研发经费投入突破 3 万亿元，经费投入强度（研发经费与 GDP 之比）达到 2.55%。[②] 基础研究经费从 2012 年的 499 亿元增长到 2022 年的 1951 亿元，接近全社会研发投入增速的 2 倍。[③] 近年来，我国民营企业研发经费投入不断上涨，科技创新能力不断提升。目前，我国民营科技企业占全国高新技术企业数量的 50% 左右，全国 65% 左右的专利发明、70% 左右的技术创新和 80% 以上的新产品都来自民营企业。2021 年全国研发投入前 1000 家民营企业的研发费用总额达 1.45 万亿元，占当年全国研发经费支出的 38.58%，同比增加 23.14%。[④] 我国基础研究多元投入格局正在形成。

① National Science Board, *The State of U.S. Science & Engineering 2022*, January 2022, p. 14.

② 参见陆娅楠：《2022 年我国研发经费投入突破 3 万亿元》，《人民日报》2023 年 1 月 23 日。

③ 参见谷业凯：《打牢科技事业大厦的地基》，《人民日报》2023 年 4 月 3 日。

④ 石建勋、刘宇：《促进民营经济发展壮大，推进中国式现代化建设》，《光明日报》2023 年 5 月 9 日。

体制机制改革和经费支持共同助力中国科研能力的显著提升。日本《现代商业》杂志网站刊文称，在各种世界大学排名中，中国大学排名的大幅提升令人震惊。《美国新闻世界大学排名》显示，在理工专业排名全球前20的顶尖大学中，中国有7所。如果把范围缩小到"机械工程"和"电气与电子工程"领域，全球前20所顶尖大学中，中国占14所。① 世界知识产权组织发布的2022年全球创新指数显示，2022年中国创新能力综合排名全球第11位，较上年提升1位，较2012年跃升23位。在132个经济体中，中国进入全球百强的科技集群数量达21个，比2017年增加14个，数量首次与美国持平，居全球首位。②

2022年3月，美国俄亥俄州立大学网站刊登新闻公报说，该校参与的一项新研究发现，2019年中国在论文"被引用量"这一衡量科研成就的重要指标上超过美国，打破了美国对该指标长达几十年的主导地位。③2022年6月，在国际知名科技出版机构"施普林格—自然出版集团"发布的自然指数中，中国机构科研产出大幅度增加，有4家机构进入全球10强，美国有3家。在榜单列出的2020至2021年上升最快的50家机构中只有10家来自中国以外，前31家机构全部来自中国，"自然指数年度榜单表明，中国通过其大型、现已发展成熟的机构的科研投入，正在自然科学领域产生持续不断的研究成果"④。

在新兴前沿技术领域，中国正赶超或已经处于世界领先水平（见图7和表6）。谷歌前首席运营官埃里克·施密特（Eric Schmidt）表示，很多美国人仍然对中国抱有过时的观点，"除非趋势发生变化，否则到了2030年代，我们将与一个拥有更大经济规模、更多研发投资、更好的研究、更

---

① 高乔：《中国科研进步令人刮目相看》，《人民日报》（海外版）2021年8月23日。

② 参见佘惠敏：《中国创新能力排名为何稳步提升》，《经济日报》2022年10月11日。

③ Jeff Grabmeier, "Analysis Suggests China Has Passed U.S. on Oner Research Measure", *Ohio University News*, March 8, 2022.

④ 郭爽：《2022自然指数年度榜单显示中国科研产出大幅增加》，《人民日报》（海外版）2022年6月23日。

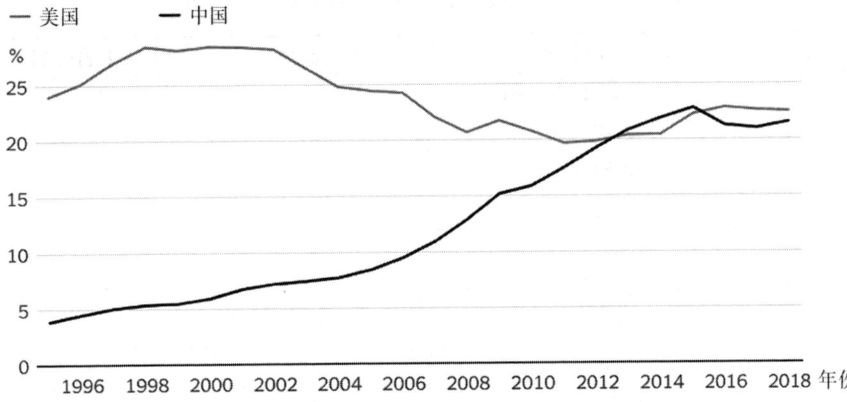

图 7　中美在七大技术领域世界总产出中所占份额比较

资料来源：Peter Coy, "The U.S. Tech Sector Is Looking Weak. That's a Geopolitical Risk", *The New York Times*, June 8, 2022。

广泛地部署新技术和更强大的计算基础设施的国家竞争"[①]。根据 OECD 的数据，在药物、医药、化工和植物制品，电气设备，机械设备（从发动机到办公设备），机动车辆设备，其他运输设备（主要是航空航天），计算机、电子、光学产品，信息技术和信息服务等七个高科技领域，中美产出占世界比重已经大致相当。[②] 在量子信息科学领域，中国已经在量子通信领域超越美国，并迅速缩小与美国在量子计算方面的差距。在人工智能方面，中国已经成长为美国"全方位的朋辈竞争者"（full-spectrum peer competitor）。《日本经济新闻》2023 年 1 月刊文指出，在人工智能（AI）研究领域，中国自从 2019 年在论文数量和质量均超越美国后，优势不断拉大。从企业来看，中国企业在前 10 家之中占据 4 家，发展势头强劲。[③]

① Eric Schmidt, "I Used to Run Google. Silicon Valley Could Lose to China", *New York Times*, February 27, 2020.

② 参见[美]比特·科伊：《美国地缘政治新风险：中国技术领域"弯道超车"》，《纽约时报》2022 年 6 月 9 日。

③ 参见［日］福冈幸太郎等：《中国 AI 研究领先，论文质和量大幅超美》，日经中文网，2023 年 1 月 19 日。

表6　AI受关注论文篇数居前10的企业（2021年）

排名	企业名	论文篇数	2016年的排名
1	谷歌母公司（美国）	127	2
2	微软（美国）	93	1
3	IBM（美国）	71	3
4	脸书母公司（美国）	63	4
5	腾讯控股（中国）	54	—
6	阿里巴巴集团（中国）	42	—
7	华为技术（中国）	40	7
8	亚马逊（美国）	36	—
9	英伟达（美国）	33	—
	国家电网（中国）	33	9

注：“—”表示2016年统计时未入榜。

资料来源：[日]福冈幸太郎等：《中国AI研究领先，论文质和量大幅超美》，日经中文网，2023年1月19日。

中国在新兴技术的经济和产业转化方面同样居于世界领先位置。2018年底，中央经济工作会议明确，加快新型基础设施建设，主要包括三方面内容：一是信息基础设施，包括以5G、物联网、工业互联网、卫星互联网为代表的通信网络基础设施，以人工智能、云计算、区块链等为代表的新技术基础设施，以数据中心、智能计算中心为代表的算力基础设施；二是融合基础设施，主要指深度应用互联网、大数据、人工智能等技术，支撑传统基础设施转型升级，进而形成的融合基础设施，比如，智能交通基础设施、智慧能源基础设施等；三是创新基础设施，主要是指支撑科学研究、技术开发、产品研制的具有公益属性的基础设施，比如重大科技基础设施、科教基础设施和产业技术创新基地等。①

新型基础设施建设可以优化资源要素配置，为城乡、区域均衡发展创造更好的经济社会环境。全国已经实现所有城市100%通千兆光网，具备覆盖4亿户家庭的能力，千兆宽带接入用户规模超6570万户，全

① 参见钱春海：《对加强新型基础设施建设的思考》，《经济日报》2020年8月24日。

国所有行政村100%通宽带。[①]5G方面，中国已开通5G基站数突破200万个，占全球5G基站总数的60%以上，全国实现“县县通5G”。在产业发展方面，中国5G手机市场渗透率2021年突破80%，截至2022年9月底，5G移动电话用户超过5亿户，5G用户渗透率突破30%。预计2022年5G直接带动经济总产出约1.45万亿元，直接带动经济增加值约3939亿元，间接带动总产出约3.49万亿元，间接带动经济增加值约1.27万亿元。[②]我国移动物联网用户规模快速扩大，截至2022年底，连接数达18.45亿户，占全球总数的70%。[③]算力水平方面，美国、中国、欧洲、日本在全球算力规模中的份额分别为34%、33%、14%和5%，其中全球基础算力竞争以美国和中国为第一梯队，美国份额达37%，中国以26%份额排名第二。智能算力方面，中国、美国处于领先，算力全球占比分别为45%和28%。美国、日本、中国在超级计算综合性能方面优势明显，总算力份额分别为48%、22%、18%，中国在绝对数量方面处于领先。[④]

① 王乐：《我国信息基础设施能力实现历史性跃升》，《人民邮电报》2022年8月29日。

② 参见中国信息通信研究院：《中国5G发展和经济社会影响白皮书（2022年）》，2023年1月，第1—27页。

③ 参见王政、汪哲平：《我国移动物联网连接数占全球70%》，《人民日报》2023年1月30日。

④ 参见中国信息通信研究院：《中国算力发展指数白皮书（2022年）》，2022年11月，第14页。

表 7 “东数西算”工程布局与进展

算力枢纽	数据集群	代表性规划和项目
京津冀	张家口集群	到 2027 年，河北初步构建集约高效、智能绿色、安全可靠的新型基础设施体系，全省在营数据中心将达 260 万架标准机柜，服务器规模约 1500 万台。张家口市先后出台《中国数坝·张家口市大数据产业发展规划（2019—2025）》等 16 个规划和方案，逐步构建起“一带两翼三区多节点”的数字经济发展空间布局（以京张高铁和张石高速为轴，沿怀来县、宣化区、经开区、桥东区、张北县一线，构建大数据产业发展隆起带；在坝上地区构建数字经济存储支撑翼，在坝下地区构建数字经济特色应用翼；围绕“一带”分别建成张北、中心城区、怀来为龙头的大数据产业三大功能区；“多节点”指各区县立足自身实际打造符合本地特色的支撑数字经济发展的企业或产业集群。目前全市签约大数据产业项目 39 个，计划投资 1377 亿元，到 2025 年全市大数据及关联产业投资规模总量将突破 2000 亿元。
长三角	长三角生态绿色一体化发展示范区集群	起步区为上海市青浦区、江苏省苏州市吴江区、浙江省嘉兴市嘉善县。上海综合算力指数位列全国第二。中国移动长三角（苏州）数据中心一期已于 2018 年投用，二期正式投用后共计可装机 1.6 万架机柜、安装 30 万台服务器，未来将扩容至 3.5 万机柜。中国电信布局长三角示范区（吴江）算力调度中心。①2022 年 11 月，中国电信长三角国家枢纽嘉兴算力中心项目在嘉善县签约落户，总投资超 50 亿元。
	芜湖集群	芜湖集群星载液冷大数据中心项目共分三期，预计总投资约 100 亿元，设备按 10 年生命周期计总产值将达 400 亿元。一期已投产运营，应用全球领先的单相浸没式液冷技术，为大数据产业提供高密度、低成本算力全流程解决方案。
粤港澳	韶关集群	韶关数据中心集群起步区选址于韶关高新区，包括浈江产业园区、曲江白土开发区地块、莞韶城地块。预计到 2025 年，韶关数据中心集群将建成 50 万架标准机架，主要承接广州、深圳等地实时性算力需求。②2022 年，粤港澳大湾区枢纽韶关数据中心集群起步区第一批项目集中开工，来自三大运营商、广东广电等企业的 5 个数据中心项目总投资近 215 亿元。

① 参见张云霞等:《算力时代已来，苏州机遇何在?》,《苏州日报》2022 年 7 月 9 日。

② 胡林果:《粤港澳大湾区枢纽韶关数据中心项目集中开工》，2022 年 8 月 4 日，见 http://fj.zhonghongwang.com/show-192-26830-1.html。

续表

算力枢纽	数据集群	代表性规划和项目
成渝	重庆集群	重庆“十四五”规划提出，到 2025 年，数字产业业务收入达到 1.5 万亿元，数字经济核心产业增加值占 GDP 比重达到 10% 以上。目前重庆数据中心集群已具备 9 万个机架、45 万台服务器等支撑能力。正在培育形成以中科曙光为代表的半导体和高端芯片产业链，推动华为人工智能计算中心、西部（重庆）科学城先进数据中心等项目建设，积极招引百信信息等 20 多家上下游企业。
	天府集群	四川成都印发《全国一体化算力网络成渝国家枢纽节点（成都）推进方案》，到 2025 年，全面建成天府数据中心集群起步区，起步区内机架规模达到 30 万架，上架率不低于 70%，电能利用率不高于 1.25。以超算、智算为重点，全面提升算力供给质量，建成服务全国的西部算力调度中心，实现集群内数据中心的一体化调度，可调度服务器超过 100 万台，集群起步区内新建数据中心核心软硬件自主可控比例争取达到 90%。
内蒙古	和林格尔集群	起步区边界为和林格尔新区和集宁大数据产业园，为京津冀高实时性算力需求提供支援，为长三角等区域提供非实时算力保障。开通运行国际互联网数据专用通道，实现总出口带宽达 51.8T，与京津冀、长三角的网络时延进一步提速。和林格尔新区内的中国银行、中国农业银行总行金融科技中心等引领性项目加速建设，中科超算云内蒙古超级大脑、“青城之光”超算平台正在为全国 300 多家高校、企事业单位提供算力服务，数据中心标准机架已达到 15 万架，服务器装机能力达到 75 万台，通用算力规模达到 1050P，超级算力规模达到 120P。
贵州	贵安集群	贵州计划到 2025 年，全省数据中心标准机架达到 80 万架、服务器达到 400 万台。到 2025 年，贵州云服务产业规模将达到 700 亿元以上。
甘肃	庆阳集群	庆阳市计划“十四五”末新增 30 万个标准机架，2022 年谋划东数西算工程重大项目 12 个，总投资 113.11 亿元。中国移动云计算数据中心项目、中国电信数据中心一期项目、中国电信天翼云西北节点项目 3 个；云创公司负责的国家枢纽节点（甘肃）算力资源调度中心及平台项目；中国电信、中国移动、中国联通直连链路建设项目 3 个；金山云一体化算力资源调度平台项目、中国能建甘肃庆阳“东数西算”智慧零碳大数据产业园、秦淮数据零碳数据中心产业基地项目等。
宁夏	中卫集群	宁夏枢纽建设“1357”总体思路，一个集群、三大基地（建设国家“东数西算”示范基地、信息技术应用创新基地、国家级数据供应链培育基地）、五数体系（数网、数纽、数链、数脑、数盾）、七项工程（算力基础提升、信息网络联通、数据流通融合、网络安全防护、数字产业壮大、数字赋能升级和绿色能源保障）。截至 2022 年 9 月，落地重大项目 29 个，总投资约 550 亿元，年度计划投资超过 100 亿元，谋划储备重大项目 25 个，总投资 2840 亿元。

资料来源：根据《人民日报》、《光明日报》、《经济参考报》等相关权威新闻媒体报道整理。

2021年5月24日，国家发展改革委、中央网信办、工业和信息化部、国家能源联合发布《全国一体化大数据中心协同创新体系算力枢纽实施方案》,2021年12月20日和2022年2月7日，正式复函同意京津冀、长三角、粤港澳大湾区、成渝、内蒙古、贵州、甘肃、宁夏等地启动建设国家算力网络枢纽，“东数西算”工程正式启动（见表7）。

“东数西算”工程是数字时代从全国一体化布局出发，优化资源配置，提升资源使用效率，平衡东西部发展的重要举措。信息社会，每时每刻都会产生海量数据，我们打开电子设备就会产生数据，社会公共服务、经济运行、科学研究等各个领域都会产生数据，而这些数据需要算力支撑才能转化为支持社会经济发展的生产要素，“所谓算力，就是指每秒钟能够处理的信息数据量。曾经有一个公布的数据，为了做人的语音识别，要建立数学模型，优化出识别的人工智能算法，要调动1751个参数，耗掉45TB数据，而这背后一个是需要大数据的供给，另外一个就是要有相应的算力来支撑”①。

中国工程院院士孙凝晖将算力称为数字经济时代的新生产力，《2020全球计算力指数评估报告》显示，计算力指数平均每提高1个百分点，数字经济和GDP将分别增长3.3‰和1.8‰。其中，当一个国家的计算力指数达到40分以上时，指数每提高1个百分点，对于GDP增长的拉动将提高1.5倍，当计算力指数达到60分以上时，对GDP增长的拉动将进一步提升至2.9倍。② 我国数字经济和算力存在着区域不平衡问题，广州、江苏、北京、山东、上海等地区数字经济规模大，数字经济GDP占比已经超过50%。③2021年我国以计算机为代表的算力产业规模达到2.6万亿元，直接和间接带动经济总产出2.2万亿和8.2万亿元，广东、北京、江苏、

---

① 刘雪松等:《新科技、新基建！“东数西算”打造数字经济新格局》，2022年7月21日，见https://news.cctv.com/2022/07/20/ARTIPHqc7OIxcKy7KqZJ0MKM220720.shtml。

② 参见孙凝晖:《“东数西算”助力我国全面推进算力基础设施化》，《人民邮电报》2022年3月24日。

③ 参见中国信息通信研究院:《中国数字经济发展报告（2022)》，2022年7月，第7页。

浙江、上海和山东位于第一梯队。①

我国数据中心目前大多分布在东部地区，由于土地、能源等资源日趋紧张，在东部大规模发展数据中心难以为继。我国西部地区资源充裕，特别是可再生能源丰富，环境适合数据中心运营，具备发展数据中心、承接东部算力需求的潜力，同时可以依托数字经济培育新的内在增长动能。比如，内蒙古的乌兰察布夏季平均气温 18.8℃，年平均气温 4.3℃，数据中心每年有近 10 个月时间能够使用自然冷源制冷，同等技术条件下可以节约能耗 20% 到 30%，能够极大提升数据中心绿色发展水平。同时，乌兰察布作为“风光之都”，绿色能源供应充足，有效风场面积占全国十分之一，全市新能源总装机达 752 万千瓦。目前，华为、苹果、阿里巴巴、快手等 26 个数据中心聚集在大数据产业园，服务器规模达到了 419 万台，中金数据集团有限公司、北京中弘智慧科技有效公司、上海华怡企业（集团）有限公司等在乌兰察布布局落户。②

“东数西算”通过构建数据中心、云计算、大数据一体化的新型算力网络体系，将东部算力需求有序引导到西部。围绕 8 个国家算力枢纽节点，工程规划了 10 个国家数据中心集群，分别是张家口集群、长三角生态绿色一体化发展示范区集群、（安徽）芜湖集群、（广东）韶关集群、（四川）天府集群、重庆集群、（贵州）贵安集群、（内蒙古）和林格尔集群、（甘肃）庆阳集群和（宁夏）中卫集群。算力枢纽和集群的关系，类似于交通枢纽和客运车站，数据中心集群将汇聚大型、超大型数据中心，具体承接数据流量。集群将获得更好的政策支持、配套保障，同时在绿色节能、资源利用率、安全保障水平方面也会有更严格的要求。通过算力设施由东向西布局，将带动土建工程、IT 设备制造、信息通信、基础软件和绿色能源供给

① 参见中国信息通信研究院：《中国算力发展指数白皮书（2022 年）》，2022 年 11 月，第 14—26 页。

② 参见刘超：《以“算力”赋能，草原云谷续航新里程：乌兰察布大力发展数字经济综述》，《乌兰察布日报》2022 年 10 月 13 日。

等产业链有效转移。[①]"东数西算"工程的带动效应已经显现，贵州、重庆、四川、甘肃、安徽、内蒙古等省区市数字经济持续快速发展，增速超过全国平均水平，其中贵州、重庆数字经济同比增速均超过 20%。[②]

从整个国家的发展布局看，"东数西算"工程将实现网络一体化、能源一体化、算力一体化、数据一体化、应用一体化，最终构建更绿色、更平衡、更高效的国家算力网络体系。可以预见，"东数西算"工程未来将发挥与"南水北调"工程（建设国家高品质水网）和"西电东送"工程（建设国家高品质电网）相似的重要作用和价值，并与西部发展、生态文明建设和双碳战略等当前重大国策休戚相关，同步发展。[③]

高质量发展不仅注重地理空间的发展平衡，还重视财富在人口中的公平分布，着力促进全体人民共同富裕，坚决防止两极分化。2023 年 5 月 5 日，二十届中央财经委员会第一次会议对我国人口发展新形势进行了研判，提出要着力人口整体素质、努力保持适度生育和人口规模，加快塑造素质优良、总量充裕、结构优化、分布合理的现代化人力资源，要深化教育卫生事业改革创新，把教育强国建设作为人口高质量发展的战略工程，显著减轻家庭生育养育教育负担，促进人口长期均衡发展。[④]党中央对人口问题的统筹谋划，充分考虑了第四次工业革命的经济社会现实，引导每个人都可以更好地适应社会的数字转型，寻找到更好发展机会，最终实现促进人的全面发展和全体人民共同富裕的目标。

把人口高质量发展同人民高品质生活紧密结合起来的重要抓手是解决就业问题。2022 年，城镇新增就业 1206 万人，脱贫人口务工规模 3278 万人，同比增加 133 万人，社保"降缓返补"释放政策红利约 4900 亿元，

① 参见安蓓、严赋憬：《"东数西算"工程全面实施》，《新华每日电讯》2022 年 2 月 18 日。
② 参见中国信息通信研究院：《中国数字经济发展报告（2022）》，2022 年 7 月，第 7 页。
③ 参见郑纬民：《以"东数西算"为契机解决算力面临的三大问题和挑战》，《人民邮电报》2022 年 3 月 31 日。
④ 参见《加快建设以实体经济为支撑的现代化产业体系，以人口高质量发展支撑中国式现代化》，《人民日报》2023 年 5 月 6 日。

政府工作报告提出2023年的就业目标是城镇新增就业1200万人左右。[①]中国解决就业问题，持续创造和释放高质量工作岗位有坚实的产业支撑。新一轮科技革命和数字转型驱动的服务业扩容带来了更多的劳动力需求，比如同城服务中的家电维修、“宠物经济”及直播带货等新兴经济模式。[②]与此同时，中国强调在把握人工智能等新科技革命浪潮的基础上，建设具有完整性、先进性、安全性的现代化产业体系，防止脱实向虚，推动传统产业转型升级，不能当成“低端产业”简单退出。坚持把发展经济的着力点放在实体经济上，这样既可以创造更多的就业机会，提高人均收入，又可以生产更多高质量产品，释放消费需求，保持和扩大超大规模市场优势，实现经济发展与人民富足的良性循环。

《柴米油盐之上》纪录片的结尾处，昭通市1235个贫困村，185.07万贫困人口全部实现了脱贫，小干溪村有的居民住上了政府出资修建的新房，有的易地搬迁到扶贫安置点，进入扶贫车间工作，有了稳定的收入，孩子们也进了城里的学校读书。常开勇的车继续行驶在山路上，“说大一点，我作为一个共产党员来说，我必须要完成好党和政府交给我们的使命。从我个人来说，因为我小时候这种苦这种累，我真的不想看到，有人再像我们小时候那么辛苦。假如我们不去付出，不去做的话，我们只有落后”。

纪录片导演、两届奥斯卡奖获得者柯文思在评价中国全面建设小康社会战略目标时说，“我觉得小康是非常有抱负且令人钦佩的计划，西方从来没有尝试过这样规模的工程”，“我对已经发生的改变和正在发生的改变只有敬佩”。无论是脱贫攻坚，还是“东数西算”工程，都是我国注重解决发展动力问题、注重解决发展不平衡问题、注重解决人与自然和谐共生问题、注重解决社会公平正义问题，贯彻新发展理念的有力举措，体现了社会主义体制的优势，体现了中国共产党对为民初心

① 参见李心萍等：《就业优先，夯实民生之本》，《人民日报》2023年3月7日。

② 盘和林：《新经济为就业市场注入新动能》，《光明日报》2022年11月1日。

的坚守和使命担当，体现了中国人对这片土地和子孙后代无私的热爱与奉献。

二、更加开放的中国，“一定是世界繁荣稳定的巨大力量”①

“中国国际进口博览会，是迄今为止世界上第一个以进口为主题的国家级展会，是国际贸易发展史上一大创举”，2018 年 11 月 5 日，习近平主席在首届中国国际进口博览会开幕式上以“共建创新包容的开放型世界经济”为主题发展主旨演讲，“举办中国国际进口博览会，是中国着眼于推动新一轮高水平对外开放作出的重大决策，是中国主动向世界开放市场的重大举措。这体现了中国支持多边贸易体制、推动发展自由贸易的一贯立场，是中国推动建设开放型世界经济、支持经济全球化的实际行动”②。从2018年到2023年，进博会已经连续举办了六届，充分发挥了国际采购、投资促进、人文交流、开放合作四大平台作用。③

表 8　习近平主席在第一至五届中国国际进口博览会上主旨演讲要点整理

届别	中国	世界	成果
一 2018.11.5	加大以下工作推进力度： · 激发进口潜力 · 持续放宽市场准入 · 营造国际一流营商环境 · 打造对外开放新高地 · 推动多边和双边合作深入发展	呼吁各国： · 开放融通，拓展互利合作空间 · 创新引领，加快新旧动能转换 · 包容普惠，推动各国共同发展	按一年计，累计意向成交 578.3 亿美元，智能及高端装备展区成交额最高，为 164.6 亿美元

① 李强：《以人类命运共同体理念为引领，为世界和平与发展注入更多确定性：在博鳌亚洲论坛二〇二三年年会开幕式上的主旨演讲》，《人民日报》2023 年 3 月 31 日。

② 习近平：《共建创新包容的开放型世界经济——在首届中国国际进口博览会开幕式上的主旨演讲》，人民出版社 2018 年版，第 2 页。

③ 参见和音：《践行真正的多边主义，凝聚更多开放共识》，《人民日报》2022 年 11 月 6 日。

续表

届别	中国	世界	成果
二 2019.11.5	坚持对外开放基本国策： ·继续扩大市场开放 ·继续完善开放格局 ·继续优化营商环境 ·继续深化多双边合作 ·继续推进共建“一带一路”	呼吁共建： ·开放合作的世界经济 ·开放创新的世界经济 ·开放共享的世界经济	对第一届承诺的落实： ·上海自贸区临港新片区，其他新设 6 个自贸试验区 ·上海证交所设立科创板并试点注册制 ·外商投资法 2020 年 1 月 1 日实施 ·实施准入前国民待遇加负面清单管理 本届累计意向成交 711 亿美元
三 2020.11.4	承诺： ·建设开放新高地 ·促进外贸创新发展 ·持续优化营商环境 ·深化双边多边区域合作	呼吁致力于推进： ·合作共赢的共同开放 ·合作共担的共同开放 ·合作共治的共同开放	对第二届承诺的落实： ·持续扩大进口，一年来商品和服务进口额增速明显高于全球平均水平 ·外商投资准入负面清单由 40 条减到 33 条 ·自贸试验区增长至 21 个，海南自贸港建设方案、深圳扩大改革开放方案实施 本届累计意向成交 726.2 亿美元
四 2021.11.4	将坚定不移： ·维护真正的多边主义 ·同世界共享市场机遇 ·推动高水平开放 ·维护世界共同利益		对第三届承诺的落实： ·海南自贸港跨境服务贸易负面清单出台 ·区域全面经济伙伴关系协定国内核定完成 本届累计意向成交 707.2 亿美元
五 2022.11.4	将推动各国各方共享： ·中国大市场机遇 ·制度型开放机遇 ·深化国际合作机遇		承诺： ·创建“丝路电商”合作先行区，建设国家服务贸易创新发展示范区 ·实施好新版《鼓励外商投资产业目录》 ·全面深入参与 WTO 改革谈判，推进加入 CPTPP 和 DEPA，扩大面向高标准自由贸易区网络 本届累计意向成交 735.2 亿美元

注：作者根据习近平主席在进博会上的主旨演讲和《人民日报》相关报道整理。

习近平主席在历届进博会上的讲话（见表 8）明确赋予了进博会融通内外的使命，是我国新时期开放发展，构建国内国际双循环的有力体现和重要载体。从世界来看，习近平主席反复强调全球化是历史大势，“说其是历史大势，就是其发展是不依人的意志为转移的。人类可以认识、顺应、运用历史规律，但无法阻止历史规律发生作用。历史大势必将浩荡前行”①。他形象地将经济全球化的历史潮流与奔腾的大江大河作比，“长江、尼罗河、亚马孙河、多瑙河昼夜不息、奔腾向前，尽管会出现一些回头浪，尽管会遇到很多险滩暗礁，但大江大河奔腾向前的势头是谁也阻挡不了的”②。

经济全球化的历史潮流对各国和全人类都是有好处的，“回顾历史，开放合作是增强国际经贸活力的重要动力。立足当今，开放合作是推动世界经济稳定复苏的现实要求。放眼未来，开放合作是促进人类社会不断进步的时代要求”③。因此，在历届进博会的主旨演讲中，习近平主席反复强调的世界经济的主题词是（见图 8）：开放（134 次）、发展（112 次）、共

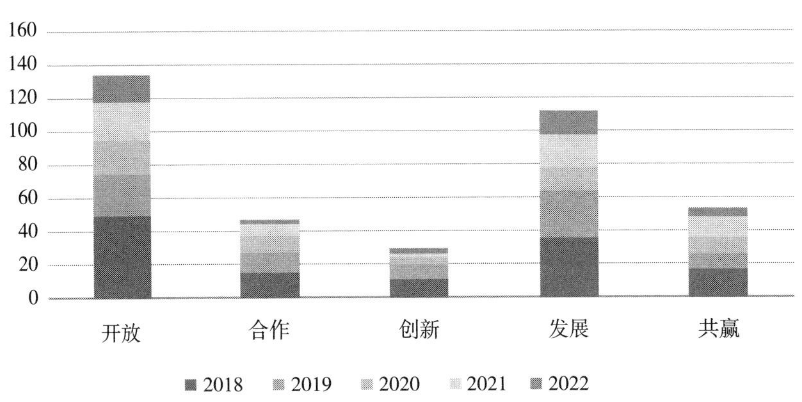

图 8　习近平主席五届进博会主旨演讲的关键词统计

注：“共赢”包含了共享、普惠和包容等近义词。

资料来源：作者根据习近平主席五次讲话统计。

---

① 习近平：《共建创新包容的开放型世界经济——在首届中国国际进口博览会开幕式上的主旨演讲》，人民出版社 2018 年版，第 3 页。

② 习近平：《开放合作　命运与共——在第二届中国国际进口博览会开幕式上的主旨演讲》，人民出版社 2019 年版，第 3 页。

③ 习近平：《共建创新包容的开放型世界经济——在首届中国国际进口博览会开幕式上的主旨演讲》，人民出版社 2018 年版，第 3 页。

赢（及其近义词，54 次）、合作（48 次）和创新（31 次）。

中国是开放型世界经济的推动者和实践者。截至 2022 年底，中国已经签署 19 份自由贸易协定，涉及 26 个国家和地区，目前正积极推进加入《全面与进步跨太平洋伙伴关系协定》（CPTPP）和《数字经济伙伴关系协定》（DEPA）。《区域全面经济伙伴关系协定》（RCEP）是体现中国开放、发展、合作和共赢理念的典型案例。从贸易看，2022 年我国与 RCEP 的其他成员进出口总额达到 12.95 万亿元，同比增长 7.5%，占我国外贸总额的 30.8%。其中，我们对 8 个成员的进出口增速超过了两位数。从双向投资来看，2022 年我国对 RCEP 其他成员的非金融类直接投资 179.6 亿美元，增长 18.9%，吸收他们的直接投资 235.3 亿美元，增长 23.1%，双向投资的增速都高于总体水平。① 布鲁金斯学会的报告强调，RCEP 将全球 30% 的人口和产出联系起来，根据计算模型预测②，到 2030 年，RCEP 每年可为全球增加 2090 亿美元的收入，使世界贸易额增加 5000 亿美元，并估计 RCEP 和 CPTPP 加在一起能够抵销中美贸易摩擦造成的全球福利损失。因此，博鳌亚洲论坛发布的《亚洲经济前景及一体化进程 2023 年度报告》表示："RCEP 的生效实施是亚太区域应对单边主义和保护主义挑战、促进贸易投资便利化和自由化的有力举措，为区域经济合作乃至世界经济复苏提供了新动能。" ③

从中国来看，习近平主席以中国自身为例证明，对于单个国家而言，开放推动发展，封闭没有出路，"过去 40 年中国经济发展是在开放条件下取得的，未来中国经济实现高质量发展也必须在更加开放的条件下进

① 参见罗珊珊：《去年商务运行总体实现稳中有进》，《人民日报》2023 年 2 月 3 日。

② Peter A. Petri and Michael G. Plummer, *East Asia Decouples from the United States: Trade War, COVID-19, and East Asia's New Trade Blocs*, Peterson Institute for International Economics, June 2020.

③ 《亚洲经济前景及一体化进程 2023 年度报告》，对外经济贸易大学出版社 2023 年版，第 104 页。

行"[①]。2021 年是中国加入世界贸易组织 20 周年，在这一年的第四届进博会上，习近平主席说："这 20 年，是中国深化改革、全面开放的 20 年，是中国把握机遇、迎接挑战的20年，是中国主动担责、造福世界的20年。加入世界贸易组织以来，中国不断扩大开放，激活了中国发展的澎湃春潮，也激活了世界经济的一池春水。"[②]

近年来，在反全球化思潮、新冠疫情，尤其是美国推行大国地缘战略竞争等多股力量的叠加作用下，经济全球化出现了波折，甚至是"回头浪"。习近平主席在第四届进博会上的主旨演讲中明确指出："当前，世界百年变局和世纪疫情交织，单边主义、保护主义抬头，经济全球化遭遇逆流。有关研究表明，10 年来'世界开放指数'不断下滑，全球开放共识弱化，这值得高度关注。"[③] 在此背景下，中国需要主动担当作为，发挥引领作用，因此在第四届和第五届主旨演讲中，习近平主席更加强调推动构建更加开放繁荣世界的中国举措与行动，向不确定的世界注入中国的确定性。在历次主旨演讲中，习近平主席都会介绍中国对上一届完善和扩大对外开放承诺的具体落实情况，并作出新的战略部署。前五届进博会累计成交意向超过 3400 亿美元[④]，"已经成为中国构建新发展格局的窗口、推动高水平开放的平台、全球共享的国际公共产品"[⑤]。

"中国经济是一片大海，而不是一个小池塘。……狂风骤雨可以掀翻小池塘，但不能掀翻大海"[⑥]，超大体量规模的中国会给世界各国带来发展

① 习近平：《共建创新包容的开放型世界经济——在首届中国国际进口博览会开幕式上的主旨演讲》，人民出版社 2018 年版，第 5 页。

② 习近平：《让开放的春风温暖世界——在第四届中国国际进口博览会开幕式上的主旨演讲》，人民出版社 2021 年版，第 3 页。

③ 习近平：《让开放的春风温暖世界——在第四届中国国际进口博览会开幕式上的主旨演讲》，人民出版社 2021 年版，第 2 页。

④ 根据表 8 所列数据计算。

⑤ 本报评论员：《让开放为全球发展带来新的光明前程：论习近平主席在第五届中国国际进口博览会开幕式上的重要致辞》，《人民日报》2022 年 11 月 6 日。

⑥ 习近平：《共建创新包容的开放型世界经济——在首届中国国际进口博览会开幕式上的主旨演讲》，人民出版社 2018 年版，第 10 页。

机遇。2020 年中国人均国内生产总值超过 1 万美元，实现了从低收入国家到中等收入国家的历史性跨越。不断迈向共同富裕的 14 亿多人口，其中有超过 4 亿并不断扩大的中等收入群体，是全球最具成长性的超大规模市场。① 近年来，消费对于中国经济增长的拉动作用不断增强，2019 年内需对经济增长贡献率为 89.0%，最终消费支出贡献率为 57.8%，比资本形成总额高 26.6 个百分点②；2021 年消费对经济增长贡献率达 65.4%，比 2012 年提升 10 个百分点；2021 年，中国恩格尔系数为 29.8%，比 2012 年下降了 3.2 个百分点，消费结构不断改善；2021 年，我国社会消费品零售总额达到 44.1 万亿元，比 2012 年增长 1.1 倍，年均增长 8.8%。③

我国商品进口规模巨大，“预计未来 10 年累计商品进口额有望超过 22 万亿美元”④。2021 年 5 月 6 日，首届中国国际消费品博览会在海南省海口市开幕，习近平主席在贺信中指出：“中国愿发挥海南自由贸易港全面深化改革和试验最高水平开放政策的优势，深化双边、多边、区域合作，同各方一道，携手共创人类更加美好的未来。”⑤ 中国消费者将从商品和服务进口中获得实实在在的好处，“中国对美国出口价廉物美的消费品，让每个美国家庭每年可以节省 850 美元，”国务院发展研究中心副主任隆国强说，“要让更多人从贸易中受益，就要尽可能地让更多的发展中国家企业和人们参与其中。”⑥2023 年 4 月 10 日，中共中央政治局委员、国务院副总理何立峰在第三届中国国际消费品博览会暨全球消费论坛开幕式上发表视频致辞时表示：“我们将按照党的二十大部署，着力扩大内需，着力恢复和扩大消费，着力增加优质商品和服务供给，继续扩大优质消费品

① 中华人民共和国国务院新闻办公室：《中国的全面小康》，载《中国政府白皮书汇编(2021 年)》，人民出版社、外文出版社 2022 年版，第 764—765 页。

② 参见盛来运：《稳中上台阶，进中增福祉：〈二〇一九年统计公报〉评读》，《人民日报》2020 年 2 月 29 日。

③ 王珂、蔡华伟：《消费“主引擎”动力强劲》，《人民日报》2022 年 10 月 3 日。

④ 习近平：《在第三届中国国际进口博览会开幕式上的主旨演讲》，人民出版社 2020 年版，第 6 页。

⑤ 《习近平向首届中国国际消费品博览会致贺信》，《人民日报》2021 年 5 月 7 日。

⑥ 林丽鹂等：《开放合作，激发全球贸易新活力》，《人民日报》2018 年 11 月 6 日。

进口，大力倡导并积极推动绿色低碳消费，进一步发挥消费对经济发展的基础性作用。”①

表 9　中国自由贸易试验区列表

时间	自贸试验区名称
2013 年 9 月	中国（上海）自由贸易试验区，2015 年 4 月扩展实施范围
2015 年 4 月	中国（广东）、中国（天津）、中国（福建）自由贸易试验区
2017 年 3 月	中国（辽宁）、中国（浙江）、中国（河南）、中国（湖北）、中国（重庆）、中国（四川）、中国（陕西）自由贸易试验区
2018 年 10 月	中国（海南）自由贸易试验区
2019 年 8 月	中国（山东）、中国（江苏）、中国（广西）、中国（河北）、中国（云南）、中国（黑龙江）自由贸易试验区。2020 年 6 月 1 日，中共中央、国务院印发《海南自由贸易港建设总体方案》
2020 年 9 月	中国（北京）、中国（湖南）、中国（安徽）自由贸易试验区
2023 年 10 月	中国（新疆）自由贸易试验区

资料来源：根据国务院网站信息整理。

中国社会科学院世界经济与政治研究所和虹桥国际经济论坛研究中心联合发布的《世界开放报告 2022》显示，中国的开放指数从 2012 年的 0.7107 跃升至 2020 年的 0.7507，提高了 5.7%，排名从第 47 位跃升第 39 位。2013 年至 2023 年，中国设立了 22 个自由贸易试验区（自由贸易港）（见表 9），形成了覆盖东西南北中的改革开放创新格局，探索了一批突破性、引领性改革和高水平开放举措，在国家层面累计复制推广 278 项制度创新成果。2021 年，自贸试验区以不到中国千分之四的国土面积，实现了中国 17.3% 的进出口和 18.5% 的利用外资。中国稳步扩大规则、规制、管理、标准等制度型开放，2017 年至 2021 年，经过连续五年缩减，全国版和自贸试验区版负面清单特别管理措施条目分别缩减至 31 条和 27 条。2021 年自贸试验区负面清单实现制造业条目清零。2021 年，在海南自贸港推出全国第一张跨境服务贸易负面清单，实现跨境服务贸易管理模式等重大变革。

① 《何立峰在第三届中国国际消费品博览会暨全球消费论坛开幕式上发表视频致辞》，《人民日报》2023 年 4 月 11 日。

2020年，中国实施新的《中华人民共和国外商投资法》，连续三年清理与外商投资法不符等法规、规章和规范性文件，制度型开放水平不断提高。①

资本流向是信心的风向标，2022年，我国引资规模再创历史新高，在2021年两位数增长的基础上，2022年吸收外资继续保持稳定增长，实际使用外资首次超过1.2万亿元，制造业引资大幅提升，实际使用外资3237亿元，同比增长46.1%，尤其是得益于外资准入限制的全面放开，汽车制造业引资大幅增长263.8%。②2022年我国自由贸易试验区实现进出口总额7.5万亿元，增长14.5%，海南自由贸易港货物进出口首次突破2000亿元关口，增长36.8%。更大范围和力度的制度型开放正为我国培育发展新动能、巩固国际竞争新优势提供强大动能。③

三、“一桥飞架南北，天堑变通途”④：“一带一路”联通世界

2023年是“一带一路”倡议提出十周年。2017年5月，习近平主席在首届“一带一路”国际合作高峰论坛开幕式发表演讲时说：“2000多年前，我们的先辈筚路蓝缕，穿越草原沙漠，开辟出联通亚欧非的陆上丝绸之路；我们的先辈扬帆远航，穿越惊涛骇浪，闯荡出连接东西方的海上丝绸之路。”⑤习近平主席这段话具象地展现了从悠久历史和灿烂文化延伸至今的中国空间观。

中国的空间观与现代西方的空间观形成了鲜明对比（见表10）。现代

① 参见中国社会科学院世界经济与政治研究所、虹桥国际经济论坛研究中心：《世界开放报告2022》，中国社会科学出版社2022年版，第6、154—155页。

② 罗珊珊、汪哲平：《2022年实际使用外资首超1.2万亿元》，《人民日报》2023年2月3日。

③ 吕晓勋：《实施自由贸易试验区提升战略》，《人民日报》2023年3月17日。

④ 出自1956年6月毛泽东同志所作《水调歌头·游泳》下阕，这里借用形容“一带一路”倡议。基础设施建设（“桥”的象征）是“一带一路”的重要名片，互联互通突破地缘、意识形态、政治制度差异，让天堑变成通途，推进全球南方和北方协同均衡发展，终会达至“当惊世界殊”的美好未来（参见周振甫：《毛泽东诗词欣赏》，中华书局2019年版，第93—97页）。

⑤ 习近平：《携手推进“一带一路”——在“一带一路”国际合作高峰论坛开幕式上的演讲》，人民出版社2017年版，第1—2页。

地理学与西方的全球扩张相伴而生，列强政府给予殖民先锋、探险家、传教士和学者等以资金、政策与人力支持，生产出来的地理知识成为帝国管理技艺的重要组成部分。比如成立于1830年的英国皇家地理学会，学会的成员、论文和出版的作品很大一部分直接来自海军部、殖民事务部、印度事务部和外交部，地理知识生产出来后，“能被用来管理、监督和改造殖民地人民”，这就是知识生产与占领控制互为表里的帝国模式。[①]“帝国知识”的空间实践以“文明标准”为道德依据，白种人、盎格鲁－撒克逊人、基督教等都曾被视为更加文明的指标[②]。殖民体系被彻底砸毁之后，西式民主和人权又成为新的划分标准。[③] 地缘政治学服务于帝国争霸，按照地理位置的重要性对世界不同的位置在政治维度上进行区分，将它们视为帝国权力和意志较量的角力场。[④] 资本主义体系的全球扩张造就了西方空间实践的经济维度，在全球范围内形成了中心—半边缘—边缘结构[⑤]，市场潜力和资源决定了西方以外地区的重要性，边缘要么被遗忘，要么成为西方人寄托空洞情感的虚构乌托邦，成为他们排遣现代社会空虚无聊的道德寄托和浪漫想象。

表 10　中西方空间观比较

	西方空间观	中国空间观
文明维度	·“文明的标准” 以种族、宗教、西式民主作为“文明—野蛮”划分标准	·文明之路：文明交流、文明互鉴、文明共存

① 赵光锐：《皇家地理学会与近代英帝国的西藏知识生产》，《史林》2020年第4期。

② 参见张同铸：《为帝国主义服务的人文地理学》，《地理学报》1956年第1期。

③ 潘亚玲：《“文明标准”的回归与西方道德霸权》，《世界经济与政治》2006年第3期。

④ Colin Flint, *Introduction to Geopolitics* (*Fourth Edition*), London and New York: Routledge, 2022, p.4. 地缘政治学经典著作参见［美］阿尔弗雷德·塞耶·马汉：《海权对历史的影响（1660—1783年）》，李少彦等译，海洋出版社2013年版；［英］哈·麦金德：《历史的地理枢纽》，林尔蔚、陈江译，商务印书馆2004年版；［美］尼古拉斯·斯皮克曼：《世界政治中的美国战略：美国与权力平衡》，王珊、郭鑫雨译，上海人民出版社2018年版。

⑤ ［美］科林·弗林特、［英］皮特·泰勒：《政治地理学》，刘云刚译，商务印书馆2016年版。

续表

	西方空间观	中国空间观
政治维度	·霸权争夺和护持的地理结构 陆权与海权（马汉）；“心脏地带”（麦金德）；“边缘地带论”（斯皮克曼）	·和平之路：共同、综合、合作、可持续的安全观；结伴不结盟的伙伴关系
经济维度	·中心—半边缘—边缘结构 空间因为市场规模、自然资源而具有不同的战略重要性	·繁荣之路：经济大融合、发展大联动、成果大共享 ·开放之路 ·创新之路：发展的内在动力

资料来源：笔者自制。

2017年12月，美国前白宫首席战略顾问史蒂夫·班农（Steve Bannon）在日本发表演讲时称“一带一路”倡议集合了马汉的“海权论”（21世纪海上丝绸之路）、麦金德的“心脏地带论”（丝绸之路经济带经过中亚）和斯皮克曼的“边缘地带论”（中国本身即是陆海复合型大国）[①]，这是将西方空间观生搬硬套到中国身上。中国的空间观吸纳了西方的有益部分，但又与之有根本不同，文明、政治和经济三大维度有着独特内涵（见表10），这是“一带一路”倡议实践在沿线国家和国际社会广受好评的根本原因。目前已有151个国家、32个国际组织与中国签署200余份共建“一带一路”合作文件。[②]

互联互通是理解“一带一路”空间实践的关键。在互联互通中，文明相互交流借鉴，构筑起结伴而不结盟的伙伴关系网络，通过建立高质量、可持续、抗风险、价格合理、包容可及的基础设施，让各国充分发挥资源禀赋，更好融入全球供应链、产业链、价值链，让被现有国际经济网络所忽略的国家和地区进入广阔的商品、资金、技术、人员流通网络，给予这些国家更加强劲的内生发展动力，“为发展中国家营造更多发展机遇和空

① 耿协峰：《“一带一路”遭受的地缘冷战思维挑战及其思想根源》，《国际观察》2019年第6期。

② 参见和音：《共建“一带一路”朋友圈越来越大》，《人民日报》2023年1月12日。

间，帮助他们摆脱贫困，实现可持续发展”[1]。比如，2023年4月发布的《关于阿富汗问题的中国立场》强调：“中方欢迎阿富汗参与共建‘一带一路’，支持阿富汗融入地区经济合作和互联互通，从‘陆锁国’变为‘陆联国’。”[2]因此，“一带一路”倡议格外强调“对接”的重要性和价值：“我们同有关国家协调政策，包括俄罗斯提出的欧亚经济联盟、东盟提出的互联互通总体规划、哈萨克斯坦提出的‘光明之路’、土耳其提出的‘中间走廊’、蒙古提出的‘发展之路’、越南提出的‘两廊一圈’、英国提出的‘英格兰北方经济中心’、波兰提出的‘琥珀之路’等。”[3]

“一带一路”突破“中心—边缘”模式，共建繁荣之路的构想与实践让不少西方人很困惑，他们仍然更多地从价值冲突、地缘政治和资源掠夺的角度来思考问题。美国2011年就推出了“新丝绸之路计划”（New Silk Road Initiative），但首要考虑是稳定和扩张自己在南亚和中亚的地缘政治影响力，因此很多时候美国的目的不是做成事情，而是阻止其他国家（特别是它所认定的地缘对手）完成合作项目，所以美国往往开空头支票，导致所有合作项目都无法完成或效果大打折扣。例如，美国为了反对伊朗—巴基斯坦—印度（IPI）之间的天然气管道项目，强推自己主导的土库曼斯坦—阿富汗—巴基斯坦—印度（TAPI）天然气管道项目。根据相关协议，2014年IPI天然气管道项目每天将可以向巴基斯坦提供7.5亿立方英尺的天然气，在美国的压力下印度最终退出了该项目，但直到现在TAPI项目还没有完成，美国的做法令巴基斯坦非常不满。[4]

“一带一路”互联互通的构想意味着中国与世界的交融将更加紧密和均衡。改革开放以后，东部地区依靠地理区位优势、政策先发优势等获得发展主动，珠三角、长三角、京津冀等地区进入了经济高速增长轨

① 习近平：《齐心开创共建“一带一路”美好未来——在第二届“一带一路”国际合作高峰论坛开幕式上的主旨演讲》，人民出版社2019年版，第6页。

② 《中国外交部发布〈关于阿富汗问题的中国立场〉文件》，《人民日报》2023年4月13日。

③ 习近平：《携手推进“一带一路”建设——在“一带一路”国际合作高峰论坛开幕式上的演讲》，人民出版社2017年版，第5页。

④ 参见邵育群：《美国“新丝绸之路”计划评估》，《南亚研究》2014年第2期。

道，东中西部差距大幅拉大。以人民为中心是社会主义经济发展的本质要求，政府先后实行了西部大开发、中部崛起、振兴东北等区域发展战略，促进区域发展更加协调和平衡。中国社会科学院和毕马威企业咨询有限公司的研究人员发现，2013 年以来的区域发展不平衡是改革开放以来的最低水平①，带来这一结果的一个重要原因就是，"'一带一路'倡议使中国对外开放格局发生了重大变化，中欧班列、跨境电商、空中丝路等不断延伸"，将中西部和北方从对外开放的"末梢"变成了"前沿"。②

2018 年 11 月，中国与新加坡签署《关于中新（重庆）战略性互联互通示范项目"国际陆海贸易新通道"建设合作的谅解备忘录》，将 2015 年中新两国的"南向通道"升级为"国际陆海贸易新通道"（见表 11）。③陆海新通道以重庆为运营和组织中心，西部 12 个省区市与海南省、广东省湛江市、湖南省怀化市等共同参与，纵贯中国西部地区，北接丝绸之路经济带，南连 21 世纪海上丝绸之路，协调衔接长江经济带，形成了亚欧海陆运输完整闭环。五年来，共建省区市通过多种运输方式连接全球。国际铁路班列线路加密优化，新疆先后开通通往中亚、欧洲、南亚的国际班列，重庆陆续开通通往东南亚部分国家的国际铁路班列，与中欧班列（渝新欧）南通道跨"两海"线路衔接，实现"东南亚—中国重庆—里海—黑海—欧洲"整条线路畅通运行。截至 2021 年 9 月，广西、重庆、四川、贵州等地共开行跨境公路班车 22 条线路，通达越南、缅甸、老挝、新加

① 参见刘学良等：《中国区域发展不平衡的历史动态、表现和成因：东西差距和南北差距的视角》，《产业经济评论》2022 年第 2 期。

② 赵磊编著：《一带一路与西部大开发》，中信出版社 2021 年版，第 3 页。

③ 2023 年 4 月，新加坡共和国总理李显龙访华期间，中新两国发表联合声明宣布，"双方欢迎根据 2018 年签署的《关于升级〈自由贸易协定〉的议定书》启动的中新自贸协定升级后续谈判实质性完成，将在今年尽快完成相关议定书签署。这契合两国致力于推进高标准、高质量合作，将为两国提供更多商业友好、自由和透明的政策，提升贸易和投资市场准入"（参见《中华人民共和国和新加坡共和国关于建立全方位高质量的前瞻性伙伴关系的联合声明》，《人民日报》2023 年 4 月 2 日）。

坡、马来西亚、泰国、柬埔寨和部分欧洲国家。①

表 11　陆海新通道建设

	定位	成绩
重庆	以国家物流枢纽为依托打造内陆开放门户，推动形成以重庆为中心的货物集散体系	2021 年，重庆陆海新通道全年运输 11.2 万标箱，同比增长 54%。外贸箱量、货值占比分别提升至 51%、72%，物流网络覆盖 107 个国家和地区的 319 个港口，货物品类增加至 640 个。西部地区唯一港口型国家物流枢纽承载地果园港已实现长江黄金水道、中欧班列（成渝）与陆海新通道的衔接。
广西	打造内联外通的国际门户 奠定内陆地区向南开放基础，发挥北部湾门户港窗口作用	北部湾已具备 20 万吨级集装箱船通航和 30 万吨级油轮靠泊能力，综合吞吐能力近 3 亿吨。截至 2022 年 6 月，北部湾港已开通集装箱航线 67 条，其中外贸航线 39 条，覆盖全球 100 多个国家和地区的 200 多个港口。
贵州	建设陆海联动数字走廊 发挥既有优势建设陆海联动数字走廊	贵州已建成以贵阳为枢纽，连接京津冀、长三角、珠三角、粤港澳、川渝滇等地区的高铁通道。贵州是国家大数据综合试验区，是我国南方最大的数据中心集聚区，可为陆海新通道建设提供数字化、智能化支撑。
甘肃	构筑综合交通运输大通道，提升西南与西北联通能力	建成投运兰渝铁路、陇南机场等重大交通项目，提升了陆海新通道连接“一带一路”效率，强化西南地区与新亚欧大陆桥、中国—中亚—西亚经济走廊等联系互动。甘肃—钦州港国际铁海联运班列常态化开行，2021 年共发运货运班列 96 列，货值 29343 万元。兰州新区综保区从乌克兰、美国进口玉米，加工成饲料后分销全国。
青海	构建出疆入藏绿色大通道，有序推进国际班列与通道建设，全力推进绿色交通建设，集约发展促进低碳转型	截至 2022 年 5 月，青海累计开行 33 列国际货运航班。青海依托铁海联运班列，带动 PVC、氯化钾、纯碱等化工产品出口，货值近 2500 万元。
新疆	打造面向欧亚大路桥纽带，完善拓展欧亚通道布局，提升口岸枢纽能级，强化区域合作平台	2022 年 8 月，乌鲁木齐国际陆港区与成都（双流）空铁国际联运港合作，共推“空铁公海”多式联运合作。目前，阿拉山口和霍尔果斯铁路口岸固定线路 57 条，通达 19 个国家和地区，货物品类 200 余种。2022 年新疆开行中欧（中亚）班列突破一万列。

① 参见商务部国际贸易经济合作研究课题组：《国际陆海贸易新通道发展成效与建议》，《国际经济合作》2022 年第 6 期。

续表

	定位	成绩
云南	建设面向中南半岛的国际门户，逐步构建起辐射南亚、东南亚的中心通道，建设国际航空枢纽	中越、中老泰国际运输通道畅通。澜沧江—湄公河国际航道开通，中缅通道临沧清水河印度洋集装箱货物联运试通成功。昆明宝象临空多式联运物流港、昭通水富物流园、滇西（国际）物流港建设加快推进。云南累计开通南亚、东南亚航点 33 个，居全国第一。2022 年 1—5 月，完成国际货运量共 4.3 万吨，与 2020 年和 2021 年同期相比，分别增长 746.7% 和 173.6%。
宁夏	塑造西北地区通道重要节点，打造区域性贸易物流枢纽	2021 年 11 月，中国石嘴山—越南胡志明中亚班列开行。多点开行银川、大武口、中卫到重庆团结村（货运站）和广西钦州港的货运班列。2022 年 6 月，宁夏银川—内蒙古甘其毛都—蒙古国乌兰巴托公路班车首发。
陕西	构筑优质高效的国际通道	推进宝鸡国家骨干冷链物流基地和西安中欧班列集结中心建设。2022 年 3 月，陕西宝鸡—老挝万象国际货运列车开行。西安国际陆港投资集团与广西北部湾国际港务集团签订西安—北部湾铁海联运班列协议，与越南签订西安—越南河内国际班列战略合作伙伴协议。
四川	打造陆海新通道，高端产业潜力区	四川至广西北部湾距离最短的铁路货运大通道加速畅通。新建四川攀枝花至云南大理、四川叙永至云南威信等高速公路。成都中欧班列集结中心开工建设。截至 2022 年 5 月，四川已有 16 条国际全货机定期航线。
内蒙古	联通中俄蒙跨境贸易通道的重要节点	内蒙古铁路运营里程达 1.48 万公里。与俄蒙开放的 12 个公路口均已通二级及以上公路。加快呼和浩特、赤峰、满洲里、鄂尔多斯跨境电子商务综合试验区建设。2022 年 1—4 月，满洲里、二连浩特口岸服务过境中欧班列 2315 列，占全国的 36.4%。
西藏	面向南亚开放的重要通道	实施尼泊尔沙拉公路、阿尼哥公路升级改造，推动日喀则亚东、日屋（陈塘）口岸开放及限定区域划定建设，加快开通日喀则里孜口岸，与尼泊尔共同加强口岸建设。吉隆边境经济合作区 2022 年 3 月正式获批，拉萨综合保税区 2022 年 5 月通过验收。
海南	建设陆海新通道国际航运枢纽	洋浦港集装箱吞吐能力从 160 万标箱提升至 220 万标箱。2021 年，洋浦港累计开通航线 39 条，其中外贸 18 条，内贸 21 条。2022 年上半年，洋浦港货物吞吐量 2414.57 万吨，集装箱吞吐量 82.29 万吨，同比增长 45.67%。
广东湛江	建设通道沿线物流枢纽	建成 40 万吨级航道、40 万吨散货码头，湛江港升级为国内第七、华南唯一通航 40 万吨船舶的世界级深水港口。累计开通海铁联运专列 23 条，形成西南地区经湛江港对接东北、东盟、非洲、欧洲的物流服务网络。2022 年 1 月至 4 月，湛江市对 RCEP 成员国进出口同比增长 47.9%。

续表

	定位	成绩
湖南怀化	建设陆海新通道中部集结中心	怀化—北部湾通道、怀化—老挝（万象）通道货运量不断攀升，积极创建怀化跨境电商综合试验区和国家电子商务示范城市。

资料来源：根据《人民日报》等权威媒体信息整理。

中国普惠均衡的发展观延伸至“一带一路”倡议就是要为现有世界经济体系边缘化的地区注入增长动能，正如中共中央党校（国家行政学院）国际战略研究院副院长赵磊教授所指出的：“‘一带一路’建设有一个明显特征，就是大多数重点项目建在内陆国家，如中亚五国、中东欧十六国等，这些国家很多是‘内锁国’（land-locked country），如东南亚的老挝、非洲的埃塞俄比亚、中东欧的捷克等，这些国家一直被锁在大陆腹地，无法联通海洋，无法享受全球化所带来的福利。中老铁路、亚吉铁路、中欧班列等使这些‘内锁国’可以联通海洋。”比如中欧班列，使途经的发展中国家能够同时面向大西洋和太平洋，真正联通了陆地与海洋。①

中欧班列已经成为沿线国家共同建设、共同维护的国际贸易大通道，开行数量不断迈上新台阶，从2013年的80列快速发展到2021年的15183列（见图9），年均增长率达到92.7%，累计开行4.9万列，推动了沿线国家和地区更好融入开放型世界经济。世界上最大的内陆国哈萨克斯坦借助中欧班列开辟了出海口，将小麦等优势产品经中国发往东南亚市场。成都依托中欧班列成为以整车及零部件、快速消费品、农产品、矿产木材等资源和五金机电为主的进出口商品交易中心，入驻企业从早期的6家发展到超过5万家，2021年进口港货值达到2000亿元。重庆依托中欧班列吸引惠普、华硕等国际龙头企业入驻，博世、保时捷等重点企业在重庆建立货值百亿级的保税分拨中心，促进重庆外向型产业产值实现年均30%左右的增长。西安吸引康佳、冠捷等制造企业落户，带动了千亿级

① 赵磊：《从世界格局与国际秩序看“百年未有之大变局”》，《中共中央党校（国家行政学院）学报》2019年第3期。

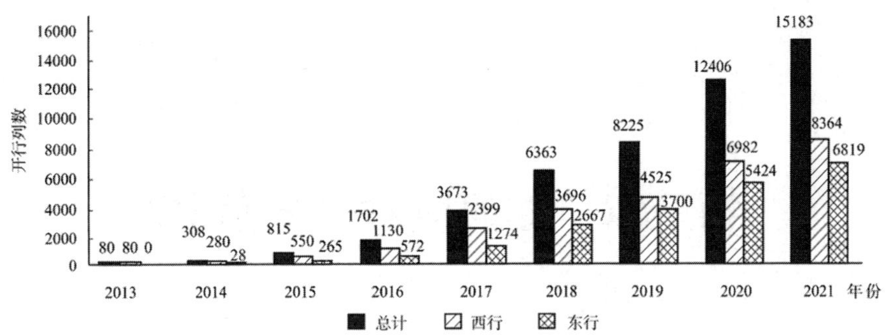

图 9　2013—2021 年中欧班列开行数量情况

资料来源：《中欧班列发展报告（2021）》，第 15 页。

电子信息产业由东向西梯度转移。①

作为中国为全球提供的公共产品，共建“一带一路”是促进全球开放合作、完善全球经济治理的中国方案，标注了国际经济合作的新高度。2013 年至 2021 年，中国同“一带一路”沿线国家累计货物贸易额近 11 万亿美元，双向投资超过 2300 亿美元，加强联通带来的发展机遇充分显现。在世界贸易组织前总干事帕斯卡尔·拉米（Pascal Lamy）看来，当前全球化面临各种问题和挑战，中国提出的“一带一路”倡议将成为全球化未来的引擎。②2022 年一大批“一带一路”标志性项目落地开花，东盟第一条高速铁路试验运行，柬埔寨第一条高速公路正式通车，克罗地亚佩列沙茨大桥、巴基斯坦卡洛特水电站投入运营。高质量共建“一带一路”打造了促进各国发展的新机遇，受到共建国家人民真诚欢迎。③ 世界银行 2019 年的研究报告显示，若共建“一带一路”框架下的交通基础设施项目全部得以实施，到 2030 年每年有望为全球产生 1.6 万亿美元的收益，占全球经济总量的 1.3%。④

① 参见推进“一带一路”建设工作领导小组办公室、中国国家铁路集团有限公司：《中欧班列发展报告（2021）》，第 8—9 页。

② 参见和音：《共建“一带一路”促进共同发展》，《人民日报》2022 年 10 月 11 日。

③ 马卓言：《“一带一路”合作稳步推进、捷报频传》，《人民日报》2022 年 12 月 27 日。

④ 和音：《共建“一带一路”朋友圈越来越大》，《人民日报》2023 年 1 月 12 日。

第三章　如何应对安全赤字？

事实再次证明，冷战思维只会破坏全球和平框架，霸权主义和强权政治只会危害世界和平，集团对抗只会加剧21世纪安全挑战。

——习近平：《携手迎接挑战，合作开创未来》，2022

初春的北京城，万物生长。2023年3月6日至10日，为响应习近平主席关于支持沙特同伊朗发展睦邻友好关系的积极倡议，沙特国务大臣兼国家安全顾问艾班和伊朗最高国家安全委员会秘书沙姆哈尼分别率两国代表团在北京举行对话。10日，中沙伊三方宣布，沙特和伊朗达成协议，同意恢复双方外交关系，将激活两国于2001年4月17签署的安全合作协议和于1998年5月27日签署的经济、贸易、投资、技术、科学、文化、体育和青年领域总协议。①

国际社会高度评价沙伊复交的意义以及中方在其中发挥的积极作用。联合国秘书长古特雷斯指出，沙特和伊朗之间的睦邻友好关系对海湾地区的稳定至关重要，对中国承办对话表示感谢。② 沙特主流英文报纸《阿拉

---

① 参见《中华人民共和国、沙特阿拉伯王国、伊朗伊斯兰共和国三方联合声明》，《人民日报》2023年3月11日。

② 参见周�等：《“为通过和平途径解决争端提供范本”：国际社会欢迎沙伊复交，赞赏中方发挥建设性作用》，《人民日报》2023年3月13日。

伯新闻》总编辑费萨尔·阿巴斯认为："沙伊复交是非常重要的地区政治事件，符合沙伊两国的共同利益。如果沙伊都蓬勃发展，实现和平与繁荣，这不仅对沙特阿拉伯，对整个地区乃至世界都是好事。"费萨尔强调："中国能够成功斡旋沙伊复交，得益于中国同两国都有着良好关系，而且中国从来没有搞地区扩张和殖民主义的历史。"① 伊朗外交部发言人卡纳尼表示："中国秉持善意和积极的态度，推动伊沙关系实现'建设性转变'。借助中国的善意行动以及为伊沙对话提供平台的良好契机，伊朗同沙特达成了非常重要的协议。"② 沙伊两国握手言和展现了全球安全倡议的生命力，说明共同、综合、合作、可持续的安全观符合时代需要，是人心所向。

第一节　问题表现

一、他们害怕，是因为他们了解自己

2016 年 12 月 3 日，为期 7 天的中美友谊文化图片展在休斯敦的孔子文化中心拉开帷幕，众议院民主党议员艾尔·格伦在开幕式上表示，这些图片让人们了解到美中一直拥有伟大的友谊，作为当今世界上最重要的两个国家，这两个国家应继续保持这种友好关系。③ 休斯敦是深圳、天津、上海和武汉等中国城市的友好城市，中国驻休斯敦总领事馆是中华人民共和国与美利坚合众国建交后开馆的首个总领事馆，这个城市承载着两国人民关于彼此的美好记忆。

① 管克江等：《中东地区欢迎沙伊北京对话成果，赞赏中国发挥负责任大国作用》，《人民日报》2023 年 3 月 17 日。

② 高文成：《伊朗外交部：中国为推动伊沙关系正常化发挥建设性作用值得赞赏》，《人民日报》2023 年 4 月 12 日。

③ 参见张永兴：《中美友谊文化图片展在休斯敦举行》，《人民日报》2016 年 12 月 5 日。

但是，就在休斯敦图片展的前一天，彼时当选总统特朗普与蔡英文通电话，打破了美国近40年的外交惯例，参议院外交关系委员会成员克里斯·墨菲（Christopher Murphy）得知此事后在社交媒体上匆忙发出了几条信息，“过去48小时内发生的事情不是转变。这些事情是外交政策中未经计划的重大转向。战争就是这么引发的”。墨菲非常担忧：“也许是时候该提名一个国务卿了。最好是一个有经验的人。真的，真的要尽快。”① 特蔡通话的同一天，美国财政部发布声明，时任总统奥巴马发布禁令，禁止中国福建宏芯投资基金合伙企业收购德国半导体设备制造商爱思强（Aixtron SE, AIXG），显示出美国对中国企业收购新技术的顾虑越来越大。② 在任总统（民主党）和当选总统（共和党）的举动都预示着美国对华政策正发生重大变化，中美关系将遭受严重挑战。③

2018年，美国著名国际事务网站外交政策（Foreign Policy）的记者莎朗·温伯格（Sharon Weinberger）来到了传奇人物安德鲁·马歇尔（Andrew Marshall）的家里。马歇尔在美国战略界被尊为“尤达”（Yoda），即《星球大战》中绝地武士团的领导者，彰显了他对美国国家安全思想与战略的深刻影响。1969年，基辛格将马歇尔从兰德公司带到了国家安全委员会，马歇尔后来领导创立了美国国防部净评估办公室（Office of Net Assessment），并从1973年至2015年一直担任其主任职位，他在40余年的时间里帮助塑造了美国针对苏联、中国和其他所谓全球竞争者的军事思

① Mark Landler and David E. Sanger, “Trump Speaks with Taiwan’s Leader, an Affront to China”, *The New York Times*, December 2, 2016.

② 参见威廉·马尔丁：《奥巴马阻止中国公司收购德国科技公司爱思强》，《华尔街日报》2016年12月5日。

③ 2020年7月，特朗普政府突然命令中国关闭驻休斯敦外交领事馆，《纽约时报》称特朗普的竞选策略师对他抗击疫情的失败感到担忧，此举意在向他的支持者们发出全面反华的信号。8月，美国国务院宣布将孔子学院美国中心列为外交使团，将正常的文化交流活动污称为是“宣传攻势和影响活动”。Edward Wong, et al., “U.S. Orders China to Close Houston Consulate, Citing Efforts to Steal Trade Secrets”, *The New York Times*, July 22, 2020；Edward Wong, “U.S. Labels Chinese Language Education Group a Diplomatic Mission”, *The New York Times*, August 13, 2020.

想。[①] 在温伯格的整个访谈中，“日益增长的来自中国的威胁”是尤达最喜欢谈论的主题，“我不认为他们做得很好”，“绝地宗师”表达了对五角大楼思考战争方式的失望，“首先，他们聚焦作为问题的中国（China as a problem）的时间太晚了”。[②]

早在苏联尚未崩溃但败象已现的时候，马歇尔已经将目光瞄准了中国。1987 年，马歇尔在一份提交给时任负责政策的副国防部长弗雷德·艾里克（Fred Iklé）的备忘录中写道：“与现在相比，未来 20 年的世界将变得相当不同……由中国崛起和军事技术革命所引发的结构性变化，似乎并未引起综合长期战略委员会及其他事务委员会应有的足够重视。他们的关注点仍停留在苏联、美苏竞争、欧洲战场等问题上面。”马歇尔建议“未来几十年里，美国的战略将不得不同时应对正在崛起的中国和由军事技术革命引发的战争变革”。[③] 于是，马歇尔网罗人才，支持他们对相关议题进行研究，这个“绝地武士团”被称为“圣安德鲁预备役”。经过几十年时间的耕耘，预备役成员现在已经在美国政府和重要智库占据着关键职位，包括净评估办公室现任主任詹姆斯·贝克（James H. Baker）、战略与预算评估中心资深研究员并曾长期担任该中心主任职位的安德鲁·克雷佩尼维奇（Andrew F. Krepinevich）、长期担任国防部顾问的白邦瑞（Michael Pillsbury）等，他们组成了长期鼓吹中国威胁的倡议和政策网络。

1992 年，苏联解体的一年后，五角大楼制定了新《防务计划指南》，强调美国未来政治和军事任务的目标是“保证西欧、亚洲或苏联的领土上不会出现竞争性超级大国（rival superpower）”[④]。1994 年，时年 37 岁

---

① Julian E. Barnes, “Andrew Marshall, Pentagon’s Threat Expert, Dies at 97”, *The New York Times*, March 26, 2019.

② Sharon Weinberger, “The Return of the Pentagon’s Yoda: Can Andrew Marshall, the U.S. Military’s Longtime Oracle, Still Predict the Future?”, *Foreign Policy*, September 12, 2018.

③ [美] 安德鲁·克雷佩尼维奇、巴里·沃茨：《最后的武士：安德鲁·马歇尔与美国现代国防战略的形成》，张露、王迎晖译，世界知识出版社 2018 年版。

④ Patrick E. Tyler, “U.S. Strategy Plan Calls for Insuring No Rivals Develop”, *The New York Times*, March 8, 1992.

的库特·坎贝尔（Kurt Campbell）“学而优则仕”，从哈佛大学转入民主党克林顿政府的国防部担任负责亚洲安全事务的高级官员，他的重要任务是促进美日同盟转型。冷战结束后，美日关系进入不确定的“漂流”期，美国出现了“敲打”日本的呼吁和行动，日本内部的民族主义力量则呼吁摆脱美国，成为“正常国家”。坎贝尔在哈佛大学的前辈、倡导相互依赖理论并以“软实力”（Soft Power）闻名于世的约瑟夫·奈（Joseph Nye）彼时出任美国国家情报委员会（National Intelligence Council）主席[①]，后又担任助理国防部长，奈认为美国不但不应该把日本视为对手，而且应更加强化与日本的战略同盟关系，以应对亚太地区可能出现的种种变局，尤其是中国崛起可能会造成的亚太地区权力失衡。坎贝尔是“奈倡议”强有力的实施者，在美日谈判以及后来的《美日防卫合作指针》中扮演了重要角色。[②]

2001 年，小布什入主白宫，马歇尔的老搭档唐纳德·拉姆斯菲尔德（Donald Henry Rumsfeld）继 1975 年至 1977 年（福特政府）之后，第二次出任国防部长，马歇尔为他拟定了美国防务战略的若干目标：第一，尽可能长久地保持并延长（关键或重大）美国军事优势；第二，将美国未来战争在手段上控制在小规模、有限范围内，并通过保持战略缓冲和海外盟友使战争远离美国本土；第三，阻止或延缓主要或“同辈”竞争者的出现。[③]马歇尔和拉姆斯菲尔德的防务框架得到了小布什的支持，竞选期间，小布什就将中国称为“战略竞争对手”（strategic competitor），但是“9·11”事件重塑了美国的安全认知，美国战略重心转向全球反恐。

2017 年美国哈佛大学教授、与美国国防部联系紧密的格雷厄姆·艾利森（Graham Allison）推出很具影响力的著作《注定一战：中美能避免

---

① 参见［美］罗伯特·基欧汉、约瑟夫·奈：《权力与相互依赖》，门洪华译，北京大学出版社 2002 年版；［美］约瑟夫·奈：《软实力》，马娟娟译，中信出版社 2013 年版。

② ［美］赵全胜：《战略团队在美国外交政策转型中的推手作用》，《国际安全研究》2013 年第 4 期。

③ ［美］安德鲁·克雷佩尼维奇、巴里·沃茨：《最后的武士：安德鲁·马歇尔与美国现代国防战略的形成》，张露、王迎晖译，世界知识出版社 2018 年版，第 269—270 页。

修昔底德陷阱吗?》，其真实意图在于对特朗普执政后及更长远未来的美国对华政策施加影响力。1965 年，还在哈佛攻读博士学位的艾利森在马歇尔和哈佛大学外交政策、历史学和军控等领域专家组成的研究小组里担当记录和联络员，艾利森的成名作《决策的本质：还原古巴导弹危机的真相》就是在汲取这个小组知识养分的基础上完成的，马歇尔可以说是艾利森重要的精神导师。[①] 如果阅读者站在艾利森的视角，就可以发现，“修昔底德陷阱”与其说是一条历史客观规律，不如说是向华盛顿拉响的最后警报：如果不想中国成功“复刻”美国走过的崛起之路，先成为地区霸主（“门罗主义”），再将美国从世界霸主的宝座上踢下来（就像美国将英国踢下来一样）的话，白宫和国会、民主党和共和党、商业团体和安全共同体就必须抛开分歧，携手应对中国崛起。“修昔底德陷阱”描绘的不是美国和中国，而是美国和美国自己，艾利森担心的是中国复制美国之路，所以他的建议是：美国必须清晰地告诉中国和全世界，美国政策的本质是维持“美国治下的和平”，中国实力的提升对美国构成了威胁，“构思和制定一项与这一挑战相称的大战略，不仅需要政府高级官员投入政治资本，而且需要他们的聪明才智。……如今的美国国家安全战略确实需要凯南，以及当代与马歇尔、艾奇逊、范登堡、尼采和杜鲁门同样水平的人物”[②]，他呼唤的几乎都是吹响冷战号角的、美国霸权的“创世”一代。但问题是，中国不是美国，中国无意也不会成为美国，他们害怕，只是因为他们了解自己；或者说，他们只是将自己的理论与历史狭隘地套用在别人身上。

《注定一战》出版的这一年，号角吹响了，好斗分子们开始集结。特朗普在位 4 年，走马灯似的换了（包括代理在内）6 位总统国家安全事务

---

① 艾利森在前言中指出四个人对其智识有着特别影响，其中之一就是马歇尔。Graham T. Allison, *Essence of Decision: Explaining the Cuban Missile Crisis*, Boston: Little, Brown and Company, 1971, p. x.

② ［美］格雷厄姆·艾利森：《注定一战：中美能避免修昔底德陷阱吗?》，陈定定、傅强译，上海人民出版社 2019 年版，第 316 页。

助理，但是马修·波廷杰（Matthew Pottinger）作为美国国家安全委员会负责中国事务的高级别官员地位异常稳固，得到了特朗普和历任国家安全事务助理的信任。特朗普拿下总统宝座后，波廷杰在伊拉克战争的老领导迈克尔·弗林（Michael Thomas Flynn）将他召入过渡团队，先是担任国安委亚洲事务资深主任，2019 年升任副国家安全事务助理。波廷杰上任后，向团队成员分发了长达 12 页的对华战略备忘录，在这份备忘录里，波廷杰称因为美国霸权的存在，亚洲才能在第二次世界大战之后得享和平与繁荣。但是，因为美国被在中东的战争拖住了，加上国内衰退，美国在亚洲的霸权正在消逝。中国是最危险的对手，美国应该将亚太看成是中美竞争的前线，波廷杰的备忘录构成了特朗普政府《国家安全战略》、《国防战略》和《印太战略》的思想框架，史蒂夫·班农将他称为“美国政府中最重要的人之一”①。

2018 年 10 月 4 日，在白邦瑞的穿针引线下，副总统彭斯前往美国著名保守主义智库哈德逊研究所（Hudson Institute）发表对华政策演说，“在特朗普总统去年公布的《国家安全战略》中，他描绘了一个‘大国竞争’的新时代”，这项战略的核心之一就是“耀武扬威”，“我们一直在让世界历史上最强大的军队更加强大。今年早些时候，总统签署了自罗纳德·里根时代以来我们国防的最大增幅，即 7160 亿美元，以扩大我们在各个领域的军事主导地位。我们正在实现核武库的现代化，我们正在部署和开发新的尖端战斗机和轰炸机，我们正在建造新一代航空母舰和军舰，我们正在对我们的武装部队进行前所未有的投资。这包括启动建立美国太空部队的进程，以确保我们在太空中继续占据主导地位，并授权提高网络世界对对手建立威慑的能力”②。《纽约时报》将这场演说视为美国发动“新冷战”

① David Hutt, “Trump’s China Hawks Circle and Swoop Above G20”, *Asia Times*, June 27, 2019.

② Mike Pence, “Vice President Mike Pence’s Remarks on the Administration’s Policy Towards China”, Hudson Institute, October 4, 2018, https://www.hudson.org/events/1610-vice-president-mike-pence-s-remarks-on-the-administration-s-policy-towards-china102018.

的预兆。[①]

2008 年，坎贝尔加入奥巴马政府，担任美国东亚暨太平洋事务助理国务卿，但是坎贝尔在奥巴马第二任期退出团队，据说他放弃公职的原因之一就是对奥巴马政府投入亚太事务精力不够感到不满。因此，虽然党派立场不同，但是民主党中的外交权势人物对特朗普政府的对华政策持欢迎和支持态度。2018 年，坎贝尔和埃利·拉特纳合作在《外交事务》（*Foreign Affairs*）上刊文，“从 2001 年开始，打击圣战恐怖主义已经使美国国家安全机器筋疲力尽，忽略了中国在军事、外交和商业上取得的巨大进步在亚洲引发的巨大变化。……奥巴马政府努力将战略注意力向亚洲‘转向’或‘再平衡’。但是直到奥巴马政府末期，财政和人事安排仍然集中在其他地区，比如国家安全委员会中从事中东工作的人是东亚和东南亚的三倍”，“特朗普政府的第一个国家安全战略通过质疑美国战略中过去的假设，朝着正确的方向迈出了一步”[②]。

坎贝尔对特朗普外交政策当然也有不满。2019 年，坎贝尔和沙利文（Jake Sullivan）在《外交事务》上发文，重点批评了特朗普对美国联盟体系和伙伴关系的忽视，特朗普政府“以关税、为军事基地支付费用等方式疏远了美国的许多传统朋友，放弃或者削弱了重要的机制和协议”，“美国决策者应该牢记冷战的另一个经验：美国与中国竞争最大的优势之一，不在于双边关系，而在于其他国家。美国盟友和合作伙伴合起来的力量可以塑造中国在所有领域的选择——但前提是华盛顿深化所有这些关系并努力将它们联系在一起。虽然关于美中竞争的大部分讨论都集中在双边层面，但美国最终需要将其中国战略嵌入亚洲和世界其他地区密集的关系和机构网络中”[③]。

---

① Jane Perlez, “Pence’s China Speech Seen as Portent of ‘New Cold War’”, *The New York Times*, October 5, 2018.

② Kurt M. Campbell and Ely Ratner, “The China Reckoning: How Beijing Defied American Expectations”, *Foreign Affairs*, Vol. 97, No. 2, 2018, pp. 69–70.

③ Kurt M. Campbell and Jake Sullivan, “Competition Without Catastrophe: How America Can Both Challenge and Coexist with China”, *Foreign Affairs*, Vol. 98, No. 5, p. 110.

坎贝尔、拉特纳和沙利文是拜登竞选团队中外交政策方面的骨干力量，在拜登拿下大位后都担任了重要职务。拜登为坎贝尔在国家安全委员会新设了一个叫印太政策协调员的职位，比资深主任享有更高权威，负责不同部门的对华政策协调。① 拉特纳出任国防部印度—太平洋安全事务助理国防部长，在参议院的听证会上，拉特纳表示，"如诸位所知，台湾位于第一岛链中的关键节点，锚定了一个由美国盟友和合作伙伴组成的网络——从日本群岛延伸到菲律宾和南海——这对该地区的安全至关重要，对捍卫美国在印度洋—太平洋的重要利益至关重要。在地理上，台湾还毗邻主要贸易通道，为世界大部分商业和能源航运提供海上通信线路"，美国国防部将继续向中国台湾地区提供武器，提升其"防卫"能力。②2016年曾担任希拉里竞选团队高级政策顾问的沙利文出任国家安全顾问。由此可见，拜登团队的对华政策专家多为外交老手，在外交技巧上极为娴熟，而且整合了民主党内不同派系力量，相互之间非常熟悉。

民主党实际上认可了特朗普政府对华政策的大方向，只是在策略手段上有所区别。民主党外交政策的少壮派、国家安全委员会中国事务主任杜如松（Rush Doshi）2019年向哈佛大学提交的博士学位论文修订后由牛津大学出版社于2021年出版，书名是《持久战：中国取代美国秩序的大战略》。杜如松认为中国从冷战结束后就制定了一项取代美国霸权地位的大战略，中美之间的竞争本质上国际等级体系中地位之争，因此在很多领域都是一场零和博弈。拜登在竞选期间发表的文章也持相似说法："中国正在通过拓展全球影响力、推广自己的政治模式和投资未来科技来打一场持久战。"③ 但是杜如松认为特朗普政府与中国的对称竞争（"美元对美元、船舰对船舰或贷款对贷款"）成本太过高昂，应该制定充分利用吸引资源

---

① Josh Rogin, "Biden's Pick for Top Asia Official Should Reassure Nervous Allies", *The Washington Post*, January 13, 2021.

② Ely Ratner, Testimony before the 117th Congress, Committee on Foreign Relations, December 8, 2021, https://www.foreign.senate.gov/imo/media/doc/120821_Ratner_Testimony1.pdf.

③ Joseph R. Biden, Jr., "Why America Must Lead Again: Rescuing U.S. Foreign Policy After Trump", *Foreign Affairs*, Vol. 99, No. 2, 2020, p. 70.

与人才的制度、联盟网络、远离敌对大国的地理距离等优势的不对称竞争战略。[①]

拜登当选总统后，坎贝尔和杜如松合作撰写的文章表明了民主党政府的外交战略，美国将在亚太地区的行为概括为“需要权力平衡；需要地区国家承认秩序是合法的；需要建立联盟和伙伴网络应对中国对两者（权力平衡和合法秩序）的挑战”三个方面：权力平衡的策略包括强化美国在地区的军事存在，与盟友和伙伴强化协调，提升他们的军事能力；重建美国合法性的策略包括给予盟友和伙伴更多尊重（外交政策更多的双边和多边协调）；经济领域与盟友和伙伴加强在产业链、标准、投资机制和贸易协议等方面的合作，将在中国的产业链转移至盟友和伙伴国；更加强调价值观，但是组织联盟的策略更加灵活，不试图建立一个涉及所有问题的庞大联盟，而是建立针对具体问题（贸易、技术、供应链和标准）的“小团体”。[②]

综合特朗普和拜登政府的一系列政策，可见中国的发展成就唤起了不少美国人心中深深的恐惧与幽暗意识，他们甚至有些兴奋，一个比苏联还要强大的对手终于可以让美国摆脱冷战后的战略不确定性，也为美国贫富差距扩大等自身的问题找到了“替罪羊”（“中国人偷走了工作!”）。[③]美国是一个移民国家，民众缺乏共同的历史记忆和血缘想象，他们的国家身份认同基于白人—清教徒—盎格鲁－撒克逊的“山巅之城”想象，自信代表了人类历史进步的方向，因此美国人的历史叙事是未来指向的，美国存在的合理性就在于战胜一个又一个危险的“敌人”，不断确证自身政治制度和意识形态的优越性，因此美国始终需要且不断制造“敌人”：从印第安人到英国人，从旧欧洲到“邪恶帝国”，从恐怖分子到“流氓国家”，再

---

① Rush Doshi, *The Long Game: China's Grand Strategy to Displace American Order*, New York: Oxford University Press, 2021.

② Kurt M. Campbell and Rush Doshi, “How America Can Shore Up Asian Order: A Strategy for Restoring Balance and Legitimacy”, *Foreign Affairs*, January 12, 2021.

③ Wu Xia, “Commentary: Scapegoating China Won' t Cure America's Malaise”, *Xinhua*, August 27, 2020.

到目前的大国战略竞争。

对敌人的执迷使美国有一种战争文化，1945 年以来，美国在 70 多个国家建立了近 800 个军事基地。冷战结束后，美国对军事优势的执着并未降低，一再倚仗超强军事实力，或直接发动战争，或大打代理人战争，或寻找各种借口干涉他国内政，屡屡制造安全危机和人道主义灾难。美国反战组织“粉色代码”发布的报告显示，过去 20 年，美国及其盟国平均每天投下 40 多枚炸弹和导弹，造成难以计数的人员伤亡。①

冷战后美国右翼思想灵魂塞缪尔·亨廷顿（Samuel Phillips Huntington）2004 年出版了自己的最后一本书《谁是美国人？美国国民特性面临的挑战》②，亨廷顿忧心地指出构成美国国家认同核心的盎格鲁－撒克逊新教文化正在被掏空。右翼攻击左翼的文化和道德相对主义正在撕裂美国人，而左派则回击美国立国之基就存在白人至上、奴隶制、宗教压制等道德瑕疵，非重塑无以自持。美国深陷自由派和保守派的“文化战争”（Cultural War）之中，2021 年的国会骚乱事件可以看出美国的“文化战争”正在走向极端化。1991 年写就《文化战争：定义美国的斗争》一书从而使该术语广为人知的美国弗吉尼亚大学教授詹姆斯·亨特（James Davison Hunter）表示，如果说 30 年前美国的文化战争还集中在堕胎、同性恋权利、公共学校里的宗教等文化议题的话，如今文化战争几乎已经完全接管政治，民主党和共和党设想的国家未来是截然不同且无法调和的，“在我看来，民主是一种协议，即我们不会因为分歧而互相残杀，相反，我们将讨论这些分歧。部分令人不安的是，我开始看到暴力正当化的迹象”，“文化战争总是先于枪战。它们不一定会导致枪战，但如果没有文化战争，你永远不会有枪战，因为文化为暴力提供了理由”。③

---

① 参见钟声：《美国庞大战争机器危及世界安全》，《人民日报》2021 年 12 月 12 日。

② 参见［美］塞缪尔·亨廷顿：《谁是美国人？美国国民特性面临的挑战》，程克雄译，新华出版社 2010 年版。

③ Zack Stanton, “How the ‘Culture War’ Could Break Democracy”, *Politico*, May 20, 2021.

文化内战之中的美国需要一个危险且邪恶的外部假想敌，“他们天真地认为，在国外找到一个‘假想敌’将有助于这个分裂的国家重新找回‘目的感’”[①]。亨廷顿写道：“精神病学家们指出，‘人生的一部分就是寻找敌人，以体现我们自己暂时或长久放弃了的那些东西’。20 世纪后期的社会生物学、个性理论、社会特性理论和归因理论都支持一条结论，即仇恨、敌对、需要敌人、个人和群体暴力以及战争，其根源都不可避免地在于人的心理状态和所处环境。”亨廷顿还点出了美国“敌人”的候选名单，“美国现在的实际敌人和潜在敌人是宗教驱动的伊斯兰好斗分子和完全非意识形态的中国民族主义”[②]。

美国印太战略之下，太平洋不再“太平”。美国在亚太地区排出了“五四三二”阵势，打着促进地区合作的旗号，玩弄起地缘博弈的把戏。[③]1946 年 3 月 5 日，在丘吉尔发表铁幕演说的当天，英美两国签署了《英美通信情报协定》，1948 年加拿大加入该协定，1956 年澳大利亚和新西兰也加入该协定，五国彼此交换情报和情报评估，在行动上有着广泛交流与协调，因为该联盟的文件密封袋上写着“TOP SECRET-AUS/CAN/NZ/UK/US EYES ONLY”，因此得名“五眼联盟”。[④]2018 年 7 月 17 日，五眼联盟成员国情报组织领导人在加拿大新斯科舍举行会议，讨论的内容包括“如何将华为排除出 5G 采购名单”，最终五国在应对所谓中国挑战、审查中国投资方面达成共识。[⑤]

2017 年 11 月，美日印澳四国高官在马尼拉东亚峰会期间举行会议，

① 钟声：《美国最大的敌人是美国自己》，《人民日报》2021 年 8 月 1 日。

② ［美］塞缪尔·亨廷顿：《谁是美国人？美国国民特性面临的挑战》，程克雄译，新华出版社 2010 年版，第 21、249 页。

③ 参见王毅：《“印太战略”是企图搞印太版“北约”》，2022 年 3 月 7 日，见 http://www.news.cn/politics/2022lh/2022-03/07/c_1128446775.htm。

④ 钟卫平：《深度起底：赵立坚数次点名的“五眼联盟”到底是什么?》，2020 年 8 月 17 日，见 https://baijiahao.baidu.com/s?id=1675120386882514384&wfr=spider&for=pc。

⑤ 刘江韵、齐为群：《战略议程转变与美国对盟友政策的重塑：以五眼联盟限制华为 5G 为例》，《太平洋学报》2022 年第 5 期。

重启2007年成立但很快瓦解的四边安全对话机制（Quad）①，《南华早报》刊文指出："正如北约成为反对苏联的民主统一堡垒一样，Quad希望成为适合时代的堡垒：一个反对中国崛起的堡垒。"② 拜登上台后，Quad频繁举行线上和线下会晤，《中国国防报》刊文直指拜登政府的战略意图，"在统筹美日、美澳传统双边军事同盟关系的同时，引入对地区霸权极度渴望的印度，以对亚太地区关键节点型国家进行整合。同时，美国试图操控全球媒体，构建'印太—民主国家联盟'话语体系，将社会制度竞争简化为自由与专制的二元对立"③。

2021年9月，美英澳三国发布联合声明，奥库斯（AUKUS）成立，宣称要在建设人工智能能力、高超音速武器和其他先进技术方面加强合作，澳大利亚将在英美支持下建设一支核动力潜艇部队。2023年3月，AUKUS首脑在加州圣迭戈海军基地举行峰会，宣布将努力提高在印太地区的军事能力，核心内容是澳大利亚将根据一项长达数十年的计划采购核动力潜艇④，种种行为充分证明了，"所谓'奥库斯'的美英澳三国为'小圈子'私利，不顾国际社会严重关切与反对，持续推进核潜艇合作进程，严重不利于国际和地区安全稳定。美英澳核潜艇合作被相关领域专家认为是'教科书级别的核扩散'，对本就脆弱的国际核不扩散机制构成了重大挑战，充分暴露了'奥库斯'这一极具冷战色彩的'小圈子'已成为国际核安全的最大风险源"⑤。

美国正在强化美日、美韩等双边同盟。2023年1月，美日举行外长、防长"2+2"会谈，发表共同文件称支持日本通过强化防卫能力来"确保"

---

① 参见陈庆鸿：《美日印澳四边安全对话进展及前景》，《现代国际关系》2020年第6期。

② Joshua Park, "Why the US-Led Quad Alliance Won't Realise Its 'Asian NATO' Ambition against China", *South China Morning Post*, October 30, 2020.

③ 刘赫然：《美借"四方安全对话"兜售冷战思维》，《中国国防报》2022年5月30日。

④ James T, Areddy, "China and Russia Denounce U.S., Allies Over Submarine Deal", *The Wall Street Journal*, March 15, 2023.

⑤ 赵学林、王春芬：《美英澳执意推进核潜艇合作后患无穷》，《解放军报》2023年3月23日。

美国强化遏制与战略威慑的可靠性。随后，岸田访问美国，美日两国强调将致力于强化同盟的威慑能力和应对能力，支持北约扩大对印太地区的介入力度，日本将强化与北约的合作关系[①]，“尽管北约始终声称自己是一个集体防御组织，但其战略触角所至之处，往往会有冲突与动荡发生。当前日本和北约勾连升级，尤其是双方带有强烈冷战思维的战略规划，势必会搅乱亚太秩序，使其向着集团化对抗的方向发展，国际社会需要高度警惕”[②]。尹锡悦政府上台后，美韩军事合作力度强化，2023 年 1 月，两国防长在首尔举行会谈，双方重申将加强美国“延伸威慑”能力，决定扩大联演规模、提高联演水平，这些举动将使朝鲜半岛局势更趋紧张。[③]

二、“如果在未来几十年里有什么东西会杀死数千万人”

有网友在知乎上问了一个很有意思的问题：“如果现在外星人突然入侵，地球上所有的国家会团结起来抵御外星人吗（设定上外星文明只比地球高半个等级）?”[④] 外星人意味着人类之外的存在，“入侵”表示外部存在已经威胁到了人类的生存，设定外星文明只比地球高半个等级，代表人类不会一下子就被彻底击败（暗淡的前景会让人类彻底失去希望），有通过合作战胜挑战的可能性。因此，这个问题实际上拷问的是：面对共同威胁时，比如传染病，人类会摒弃利益计算、地缘政治矛盾、意识形态分歧，携手努力共同克服挑战吗？

伴随着通信和交通技术的进步，人类之间的联系越来越紧密。依托于人类日益紧密的社会网络，“近 1200 万名乘客每天乘坐 10 万个航班环游世界，这已成为当代世界的本质。但似乎没有人会想到，疫情的传播与资本在开放的全球经济中流动一模一样”，传染病、物种入侵等蔓延的速度

---

① 参见杨伯江、孟晓旭：《日本扩武强军危及亚太地区和平稳定》，2023 年 2 月 24 日，见 http://world.people.com.cn/n1/2023/0223/c1002-32629706.html。

② 徐若杰：《警惕日本和北约勾连升级搅乱亚太秩序》，《解放军报》2023 年 2 月 13 日。

③ 参见章池：《美韩战机在半岛上空密集军演》，《中国国防报》2023 年 2 月 13 日。

④ https://www.zhihu.com/question/520412676.

前所未有，很容易从地方性问题演变成为全球性灾难，生物安全呈现出新的特点。进入 21 世纪，国际社会已经经历了西尼罗河病毒、SARS 冠状病毒（SARS-CoV）、甲型 H1N1 流感、中东呼吸综合征（MERS-CoV）、埃博拉和寨卡病毒等多轮跨国疫情（见表 1）。

2015 年，埃博拉疫情暴发一年后，微软公司创始人比尔·盖茨（William Henry Gates III）在 TED 演讲中表示，核战争是他童年最担心发生的灾难，但近年来事情正发生改变，“如果在未来几十年里有什么东西会杀死数千万人，那很可能是一种传染性很强的‘病毒’。而不是战争”①。2017 年慕尼黑安全会议上，盖茨呼吁各国说：“为全球大流行病做好准备，与核威胁和避免气候灾难同等重要。”② 两年后，新冠疫情全球大流行，根据世界卫生组织（WHO）的统计数据，截至 2023 年 5 月 3 日，全球共有超过 7.6 亿人感染，690 多万人确认死亡。③

表 1　21 世纪以来的多轮跨国疫情

名称	内容	影响
西尼罗河病毒 1999—2002	以鸟和蚊子之间的循环传播而在自然界中存在，人类、马和其他哺乳动物都可能被感染。最初主要流行范围包括非洲、欧洲部分地区、中东、西亚和澳大利亚。病毒感染者中，约 20% 会发展为西尼罗热，症状包括发烧、头疼、疲倦、全身酸痛、恶心和呕吐，偶尔伴有（身体躯干）皮疹和淋巴腺肿大。	1999 年，在突尼斯和以色列流行的一种西尼罗河病毒输入纽约并造成大规模疫情。2001 年，已经蔓延并扎根于从加拿大到委内瑞拉广大区域。共有 4156 例病例和 284 例死亡。
SARS-CoV 2003	通常 SARS 开始是发高烧（超过 38 摄氏度），其他症状还有头痛、全身不适和身体疼痛。有些患者在初期有轻微呼吸道症状，大约 10%—20% 的病人有腹泻，大多数病人感染肺炎。	2003 年 2 月，亚洲首次报道 SARS，随后扩散至亚洲、北美、欧洲等地多达 24 个国家。全球共有 8098 人患上 SARS 病，其中 774 人死亡。

① ［卡塔尔］哈莱·阿布·利卜达：《从比尔·盖茨到世界银行，我们准备好迎接下一次大流行了吗?》，半岛电视台，2022 年 6 月 22 日。

② ［美］贝琪·麦凯：《比尔·盖茨的新冠之憾》，《华尔街日报》2020 年 5 月 18 日。

③ World Health Organization, “Coronavirus Disease (COVID-19) Pandemic”, https://www.who.int/emergencies/diseases/novel-coronavirus-2019.

续表

名称	内容	影响
甲型 H1N1 流感疫情 2009	甲型 H1N1 流感病毒是一种混合了猪流感、人类流感和禽流感病毒的新型病毒。患者可能有发高烧、头痛、全身性肌肉酸痛、关节疼痛、明显疲劳、咳嗽、喉咙痛等病症，部分患者有腹泻、呕吐等症状。	2009 年 4 月，美国首次在人类体内检测到这种新病毒，最终成为扩散至 208 个国家和地区的大流行，至少造成 12220 例死亡。
MERS-CoV（中东呼吸综合征）2012	中东呼吸综合征是一种由新型冠状病毒引起的病毒性呼吸道疾病。该病毒于 2012 年首次在沙特阿拉伯得到确认。典型症状包括：发热、咳嗽和气短。约有 35% 的 MERS-CoV 病人死亡。	自 2012 年以来，阿尔及利亚、奥地利、巴林、埃及、法国、德国、英国和美国等 30 个左右的国家报告了相关病例，其中沙特阿拉伯报告了约 80% 的人类病例。
埃博拉 2014	病毒通过野生动物传播到人，通过直接接触传播。症状可能会突然出现，包括发热、疲劳、肌肉疼痛、头痛、咽喉痛，随后会出现呕吐、腹泻、肾脏和肝脏功能受损等，平均病死率约为 50%，在以往疫情中出现的病死率从 25% 到 90% 不等。	2014—2016 年在西非出现的疫情是 1976 年首次发现埃博拉病毒以来发生的最大且最复杂的埃博拉疫情。疫情首先在几内亚发生，随后通过陆路边界传到塞拉利昂和利比里亚。2018—2019 年刚果民主共和国东部暴发埃博拉疫情。2022 年 9 月乌干达报告出现埃博拉疫情，现有疫苗对该毒株无效。
寨卡病毒 2016	除由蚊子传播外，寨卡病毒也可在怀孕期间通过性接触、输血和输入血液制品以及器官移植传染给母亲，再由母亲传染给胎儿，导致婴儿出现小头症，也就是头部尺寸小于正常值，以及其他先天性畸形，统称为先天性寨卡综合征。	2016 年寨卡病毒在南美洲国家暴发，截至 2019 年 7 月，非洲、美洲、东南亚和西太平洋都发现了寨卡病毒，美洲除了智利本土、乌拉圭和加拿大外，所有国家都发现了寨卡病毒。
COVID-19 2019 年至今	2019 年冠状病毒病，感染者咳嗽、打喷嚏、说话、唱歌或深呼吸时，会从口或鼻中释放出微小的颗粒，造成病毒传播，这些液态的颗粒从较大的“呼吸颗粒”到较小的“气溶胶”不等。	截至 2022 年 12 月 23 日，全球共有超过 65 亿人感染，约 670 万人确认死亡。

资料来源：根据世界卫生组织、联合国、美国疾病预防与控制中心等官方网站信息整理。

美国塔夫茨大学弗莱彻法律与外交学院的丹尼尔·德雷兹纳（Daniel W. Drezner）教授设定过一个问题：如果暴发僵尸病毒，人类会如何应对? [1] 美国战略司令部早在2011年4月30日就制定过代号为CONOP8888的“对抗僵尸统治”的作战计划[2]，战略司令部的发言人帕梅拉·昆斯（Pamela Kunze）解释说该规划的目的是通过虚拟僵尸进攻人类的场景来训练军事人员有关军事计划和指令制定的基本概念。其实，僵尸灾难可以被看成是一种病毒传播现象，它通过接触传播，对人的生命构成威胁。美国疾病预防和控制中心（Centers for Disease Control and Prevention, CDC）实际上也发布过《预防措施101: 僵尸世界末日》的博客文章[3]，CDC公共卫生预防和应对办公室主任阿里·汗（Ali Khan）海军少将写道：“以僵尸启示录为例。没错，我说z-o-m-b-i-e a-p-o-c-a-l-y-p-s-e。你现在可能会笑，但当它发生时，你会很高兴读到这篇文章，嘿，也许你甚至会学到一两件关于如何为真正的紧急情况做准备的事情。” [4]

美国战略司令部在计划中表示：“由于僵尸对所有非僵尸人类的生命构成威胁，（战略司令部）准备维护人类生命的神圣性并采取行动支持所有人类——包括传统的敌人（traditional adversaries）。”[5] 但是德雷兹纳描绘了另一种场景，在权力政治的信奉者眼中，就像人类历史上反复发生的瘟疫和传染病一样，僵尸并不会改变国际政治的现实，僵尸病毒的暴发会将进一步凸显国际权力结构，世界各国很难建立起反僵尸联盟，强国会做它们能做的，很快恢复国内秩序并争夺国际优势，而弱国只能被吞噬。[6]

---

① Daniel W. Drezner, *Theories of International Politics and Zombies*, Princeton and Oxford: Princeton University Press, 2015.

② 2014年美国外交政策网站获得这份战略文件，参见Gordon Lubold, “Exclusive: The Pentagon Has A Plan to Stop the Zombie Apocalypse. Seriously”, *Foreign Policy*, May 13, 2014.

③ Office of Public Health Preparedness and Reponse, “Preparedness 101; Zombie Pandemic”, Centers for Disease Control and Prevention, 2011, https://stacks.cdc.gov/view/cdc/6023.

④ Rhett Miller, “CDC Warms Public to Prepare for ‘Zombie Apocalypse’”, *Fox News*, October 24, 2015.

⑤ Headquarters United States Strategic Command, *Counter-Zombie Dominance*, April 30, 2011.

⑥ Daniel W. Drezner, *Theories of International Politics and Zombies*, Princeton and Oxford: Princeton University Press, 2015, pp. 37–50.

新冠疫情暴发后，国际社会的表现没有德雷兹纳教授设想的上述情况那么糟糕，但地缘政治思想还是给全球抗疫合作造成了极大的负面影响。盖茨在 TED 演讲中强调，非洲成功地阻止了埃博拉疫情的传播，但世界幸存下来的主要原因在于运气，下一个最危险的病毒会让人们在飞机或商店里感染，进而成为全球大流行。① 世界各国届时可能会自顾不暇，但是发展中国家和发达国家应对疫情的能力是不同的，发达国家配备了最强大的医疗技术、医疗资源和人才储备，能够勉强应对突然卫生事件带来的挑战。在没有资金、技术和人员援助的情况下，发展中国家将遭受巨大冲击。盖茨强调各国应该为此建立防御机制，呼吁建立一个国际预警和反应系统，包括医疗人员的机动团队、快速诊断、药物储备和能在数月内生产疫苗的技术。② 但是，新冠疫情发生后，盖茨悲剧地发现，被他认为应是担当战胜公共卫生危机全球领导者角色的美国，在特朗普治下自己先陷入了混乱，“未能开展大规模诊断检测，甚至不知道政府的哪个部门参与了这项工作，意味着在最初的几百天时间里，疫情基本是在不受限制的情况下传播的，然后在此之后，由于病例的幂指数增长，我们处于非常艰难的状况。如果你不迅速采取行动，你就没什么可做的了”③。

特朗普政府把大量的精力用在“甩锅”和将新冠疫情与地缘政治竞争挂钩上去了。2020 年 4 月 14 日，特朗普在白宫新冠疫情简报会上宣布，要求行政部门停止对世界卫生组织（WHO）的资助，特朗普批评 WHO 在疫情刚开始给全世界错误指导，让很多国家没有及时关闭国境，尤其是批评 WHO 没有实施对中国大陆的制裁，导致疫情大流行。④4 月 24 日，美国著名政治网站“政客”（Politico）披露了获取的共和党参议院全国委员会 4

① ［卡塔尔］哈莱·阿布·利卜达：《从比尔·盖茨到世界银行，我们准备好迎接下一次大流行了吗?》，半岛电视台，2022 年 6 月 22 日。

② ［美］贝琪·麦凯：《比尔·盖茨的新冠之憾》，《华尔街日报》2020 年 5 月 18 日。

③ 曹卫国编译：《比尔·盖茨批特朗普：事到如今，“只能说我们交了好运”》，《参考消息》2022 年 6 月 9 日。

④ 参见《特朗普宣布暂停资助世界卫生组织》，《人民日报》2020 年 4 月 15 日。

月 17 日拟定的一份备忘录[1]，该备忘录提出了 2020 年大选共和党候选人的竞选策略，内容包括从如何将民主党候选人与中国政府联系起来，到如何处理种族主义指控等等。备忘录强调了三条主要攻击线：中国“通过掩盖”真相导致病毒流行；民主党人“对中国很软弱”；共和党人将推动制裁中国。[2]

2020 年 5 月 18 日，第 73 届世界卫生大会以网络远程会议形式举行，美国国内发生多起所谓因疫情对中国“追责”案件，还意图在世界卫生大会上造势，借《世界卫生组织组织法》第 75 条向中国“索赔”。[3]5 月 29 日，特朗普表示由于 WHO“拒绝执行美方所要求的改革”，美国将终止与 WHO 的关系[4]，此举招致美国国内和国际社会的广泛批评，美国智库外交学会全球卫生项目主任托马斯·博利基（Thomas J. Bollyky）说，在 WHO 正协调全球应对新冠疫情而努力时，特朗普作出这样的决定让人无法理解、难以接受，这是遗憾的一天，美国放弃了全球卫生领袖的角色。[5]9 月 22 日，特朗普在联合国大会一般性辩论发言中将主要矛头对准中国：“第二次世界大战结束和联合国成立 75 年后，我们再次参与一场伟大的全球斗争。我们与无形的敌人——中国病毒——进行了一场激烈的斗争，它已经在 188 个国家夺去了无数人的生命。”[6]《柳叶刀》杂志主编查德·霍顿怒斥特朗普政府的举动“疯狂”且“恐怖”，在全球面临人道主义紧急情况的关键时刻，美国政府的举动无异于“耍流氓”。[7]

---

① Alex Isenstadt, “GOP Memo Urges Anti-China Assault over Coronavirus”, *Politico*, April 24, 2020.

② O’Donnell & Associates Strategic Communications, “Corona Big Book: Main Messages”, April 17, 2020, https://static.politico.com/80/54/2f3219384e01833b0a0ddf95181c/corona-virus-big-book-4.17.20.pdf.

③ 吴慧：《世界卫生组织的使命与会员国的义务》，《光明日报》2020 年 5 月 18 日。

④ 刘品然：《特朗普宣布美国将终止与世卫组织的关系》，2020 年 5 月 30 日，见 http://www.xinhuanet.com/world/2020-05/30/c_1126051938.htm。

⑤ 孙丁、刘品然：《美国政要学者谴责特朗普宣布终止与世卫组织关系决定》，2020 年 5 月 30 日，见 http://www.xinhuanet.com/world/2020-05/30/c_1126053246.htm。

⑥ 联合国：《特朗普联大发言，主张对中国问责并展示美国国力》，2020 年 9 月 22 日，见 https://news.un.org/zh/story/2020/09/1067232。

⑦ 鞠辉：《反对美国“退群”，欧洲各界力挺世卫组织》，《中国青年报》2020 年 5 月 31 日。

美国政府还将抗击疫情的国际合作地缘政治化和意识形态化。全球疫情暴发后，从口罩到疫苗，美国在全球医疗产品的供应中基本是缺席的，相反美国借助《国防生产法案》(*Defense Production Act*)限制了疫苗原材料的出口。2021年4月印度血清研究所首席执行官阿达尔·普纳瓦拉(Adar Poonawala)敦促拜登政府放开禁令："如果我们要真正团结起来抗击这种病毒，我谨代表美国以外的疫苗行业，请求你们解除对美国出口原材料禁令，以便加快疫苗生产。"①

在美国国内疫苗接种率提高后，美国政府开始从中美竞争的地缘政治视角来开展"疫苗外交"，一方面抹黑中国的疫苗援助行为，一方面将疫苗作为提升自身地缘政治影响力的工具。2022年7月美国国防部长劳埃德·J. 奥斯汀三世(Lloyd J. Austin Ⅲ)在新加坡发表的演讲中表示"我来到东南亚，是为了加深美国与盟友和伙伴的关系"，奥斯汀强调美国在过去两个月里向该地区捐赠了大约4000万剂疫苗，美国智库战略与国际研究中心(Center for Strategic and International Studies, CSIS)东南亚项目高级助理穆雷·希伯特(Murray Hiebert)表示奥斯汀的言论是"为了让该地区知道，美国仍然看重它——美国不会躺下，任凭中国席卷该地区"，"所以我们实际是在缓慢起步之后试图迎头赶上"。②

第二节　中国方案：建设一个普遍安全的世界

一、"中方愿在此提出全球安全倡议"

2013年3月22日，习近平主席抵达莫斯科，普京表示，习近平主

① 斯影：《美国"入局"挑战"疫苗外交"，全球疫苗供应赛进入下半场》，2021年5月24日，见 https://www.bbc.com/zhongwen/simp/world-57185805。

② 黄瑞黎：《美国强化与东南亚关系，以抗衡中国影响力》，《纽约时报》2021年7月28日。

席出访的第一个国家选择俄罗斯，显示了中俄关系的特殊性和战略性，习近平主席强调两国要坚决维护联合国宪章宗旨和原则及国际关系基本准则，维护第二次世界大战后成果和战后国际秩序，维护国际公平正义，促进世界和平、稳定、繁荣。[①]23 日，习近平主席来到莫斯科国际关系学院发表了题为《顺应时代前进潮流，促进世界和平发展》的演讲。习近平主席引用了车尔尼雪夫斯基的名言："历史的道路不是涅瓦大街上的人行道，它完全是在田野中前进的，有时穿过尘埃，有时穿过泥泞，有时横渡沼泽，有时行经丛林"。[②] 观照现实，"这个世界，和平、发展、合作、共赢成为时代潮流，旧的殖民体系土崩瓦解，冷战时期的集团对抗不复存在，任何国家或国家集团都再也无法单独主宰世界事务"，但始终有人无法跟上时代发展步伐，他们的"身体已进入二十一世纪，而脑袋还停留在过去，停留在殖民扩张的旧时代里，停留在冷战思维、零和博弈的老框框内"[③]。

什么是冷战思维？有学者曾总结提炼了"冷战思维"的五项内涵或形态：第一，追求绝对安全，而非满足于相对安全；第二，将准备对付最坏情况当作制定国策的主要或唯一出发点；第三，不能或不愿设身处地理解对方的利益、情感和安全担忧；第四，以"自我预言"的方式制造敌人和对敌战略规划；第五，用"挑战史"和"谋霸史"来牵强地附会当今和未来，"当今，冷战思维，尤其是美国的冷战思维是危害国际和平与安全的主要因素之一"[④]。

习近平主席批评冷战思维显然是有所指的。2010 年，中国 GDP（6.09

① 参见杜尚泽等：《习近平主席同普京总统会谈》，《人民日报》2013 年 3 月 23 日。

② 尼古拉·加夫里洛维奇·车尔尼雪夫斯基（1828—1889），俄国革命民主主义者，哲学家、文艺评论家、作家。引语来自车尔尼雪夫斯基对美国经济学家亨·查·凯里《就政治经济问题致美利坚合众国总统的信》的评论（参见《习近平著作选读》第一卷，人民出版社 2023 年版，第 111 页）。

③ 《习近平外交演讲集》第一卷，中央文献出版社 2022 年版，第 2—3 页。

④ 时殷弘、陈然然：《论冷战思维》，《世界经济与政治》2001 年第 6 期。

万亿美元）超越日本（5.76万亿美元）成为世界第二。[①]2011年11月10日，希拉里来到美国夏威夷东西方中心发表了一场演讲。夏威夷在美国的对外政策中极具象征意义，正如希拉里在开篇就强调它是“美国通向亚洲的门户”，这意味着在以她为代表的美国精英阶层视角中，海权对于美国而言是至关重要的。海权论的倡导者马汉1893年致信《纽约时报》论证吞并夏威夷之必要性时说道，“巨大规模的中国……或许会爆发出过去那种蛮族入侵埋葬文明的强烈冲动”，在这种情况下，夏威夷将是抵御“黄色浪潮”越过太平洋直拍美洲的桥头堡，“将（夏威夷）岛牢牢控制在一个文明的海权国家手中的重要性怎么强调都不为过”。[②] 马汉认为让中国在“政治上进一步分割，那也很可能是有益的，不仅有利于国家的内部管理，而且有益于世界范围内的整体政治平衡”[③]。希拉里的演讲部分回应了马汉的地缘政治关切，而且要把印度洋拉进来对冲中国日益上升的影响力，她宣布：“21世纪，世界的战略和经济重心将是亚太地区，从印度次大陆到美洲西海岸。未来几十年，美国治国之道最重要的任务之一将是确保在该地区大幅增加投资——外交、经济、战略和其他投资。”[④]

2012年，是清宣统帝发布退位诏书、中山先生就任中华民国临时大总统100周年，也是中国共产党第十八次全国代表大会胜利召开，中国步入新时代之年。2012年4月，石原慎太郎发起所谓“收购”钓鱼岛的闹剧，是年年底，安倍晋三再度出山，当选日本自民党总裁和日本首相，决意更加有力地“摆脱战后体制”，即历史问题和安全保障问题，中国在安倍的计划中占据着核心位置。安倍带领自民党拿下众议院并确认出任首相后，

① 世界银行的数据，见 https://data.worldbank.org.cn/indicator/NY.GDP.MKTP.CD?locations=CN-JP-DE-US。

② A. T. Mahan, “Needed as a Barrier to Protect the World from an Invasion of Chinese Barbarism”, *The New York Times*, February 1, 1893.

③ ［美］阿尔弗雷德·塞尔·马汉：《亚洲问题及其对国际政治的影响》，范祥涛译，上海三联书店2013年版，第56页。

④ Hillary Rodham Clinton, “America’s Pacific Century”, East-West Center, November 10, 2021, https://2009-2017.state.gov/secretary/20092013clinton/rm/2011/11/176999.htm.

旋即表示钓鱼岛没有交涉的余地。安倍在记者会上花了大篇幅来谈他的中日关系构想，描画了他的外交政策走向："我认为，仅从日中关系的角度出发来看待日中关系，是不能够促进和改善两国关系的。日中关系对于日本在外交安保的应对上，是 21 世纪所赋予的最大课题。从这一观点来讲，我认为需要把世界地图打开来进行俯视，在此基础上进行战略考量，这才是一条必需的捷径"，这就是安倍的"俯瞰地球仪外交"。[①] 对安倍领衔的日本右翼来说，渲染中国威胁既可以有助于修改第二次世界大战后《日本国宪法》，突破发展军备和使用武力的法律禁区，又可以拉拢中国周边国家以提升自身地区影响力。2012 年 12 月 27 日，安倍在一篇署名文章中提出了"亚洲的民主安全之钻"（Asia's Democratic Security Diamond），主张澳大利亚、印度、日本和美国民主应该联合起来，"保护从印度洋地区延伸到西太平洋的海洋公域"和"民主、法治和尊重人权"[②]，安倍试图用民主和威权之争的概念来唤起相关国家的冷战记忆，迫使他们认同日本的主张（这是一种政治正确），进而抬高日本的国际声誉，摆脱"战争枷锁"。

2013 年 1 月 22 日，菲律宾外交部网站称该国外长德尔罗萨里奥表示，菲律宾将就南海的主权争议向联合国机构提出仲裁要求[③]，中国方面旋即表示中国对南沙群岛及其附近海域拥有无可争辩的主权，从维护中菲双边关系和地区和平稳定大局出现，中方一贯致力于通过双边协商、谈判解决争议，这体现了中方极大的善意和诚意，《南海各方行为宣言》所有签署国都应遵守自己的庄严承诺。[④] 阿基诺政府行动的背后是美国的拱火与支

---

① 王洋：《安倍晋三称钓鱼岛问题没有交涉余地》，2012 年 12 月 17 日，见 http://www.xinhuanet.com/world/2012-12/17/c_124108560.htm.

② Shinzō Abe, "Asia's Democratic Security Diamond", *Project Syndicate*, December 27, 2012.

③ 参见暨佩娟、韩硕：《菲要将南海争议提交国际仲裁，中方声明强调我主权无可争辩》，《人民日报》2013 年 1 月 23 日。

④ 王远：《有关国家不应采取任何使南海问题复杂化、扩大化行动》，《人民日报》2013 年 1 月 24 日。

持，地区有争端，美国才能更加频繁和更大力度地介入区域事务，霸权从“隐性”转为“显性”，推进转向亚太战略。2012 年 8 月，美国国务院表示：“……我们继续督促各方依据包括《公约》在内国际法澄清和寻求其领土与海洋主张。我们认为，各声索方应该探索各种外交或其他和平途径以寻求解决，包括使用仲裁或其他必要的国际法律机制……”①

冷战思维在亚太地区暗流涌动之际，2013 年 4 月 7 日，习近平主席在博鳌亚洲论坛年会上发表主旨演讲，提醒与会者说，亚洲要谋求更大发展仍然需要爬坡过坎，“亚洲稳定需要共同呵护、破解难题。亚洲稳定面临着新的挑战，热点问题此起彼伏，传统安全威胁和非传统安全威胁都有所表现，实现本地区长治久安需要地区国家增强互信、携手努力”；批评了一些域内和域外国家狭隘的安全观，“国际社会应该倡导综合安全、共同安全、合作安全的理念，使我们的地球村成为共谋发展的大舞台，而不是相互角力的竞技场，更不能为一己之私把一个地区乃至世界搞乱”，号召相互尊重，“百花齐放”，而不是意识形态对抗，“我们应该尊重各国自主选择社会制度和发展道路的权利，消除疑虑和隔阂，把世界多样性和各国差异性转化为发展活力和动力”，域外国家“应该尊重亚洲的多样性特点和已经形成的合作传统”②。

2014 年 5 月 20 日，亚洲相互协作与信任措施会议（亚信）第四次峰会在上海开幕。当天，《人民日报》发表国纪平的评论文章，文章直点地区安全挑战：“历史遗留问题、现实利益摩擦、领土权益争端、地缘政治博弈，长期影响着亚洲安全形势。有的国家虽已进入 21 世纪，脑袋却还停留在冷战思维、零和博弈的老框架内；有的国家刻意渲染他国威胁，借以强化军事同盟，寻求个别国家的绝对安全；有的国家不但不反省侵略历史，还肆意透支其他国家对其信任，甚至试图冲破和平的‘束缚’；还有

① Patrick Ventrell, “South China Sea”, August 3, 2012，转引自陈慈航：《2009 年以来美国在南海问题上的立场变化》，南海战略态势感知计划，2020 年 5 月 20 日，见 http://www.scspi.org/zh/dtfx/1589943145。

② 《习近平外交演讲集》第一卷，中央文献出版社 2022 年版，第 33—35 页。

国家不断挑起事端，有恃无恐，威胁地区稳定”①，批评对象不言而喻。

这一天的《人民日报》上还刊发了两则报道。5月19日，美方蓄意捏造事实，以所谓网络窃密为由宣布起诉5名中国军官，外交部发言人表示："中国政府在网络安全问题上的立场是一贯的、明确的。中国是网络安全的坚定维护者，中国政府和军队及其相关人员从不从事或参与通过网络窃取商业秘密活动。美方对中方人员的指责纯属无中生有，别有用心。"②另一则消息援引国信办公布的美国攻击中国网络最新数据，2014年3月19日至5月18日，短短两个月间，2077个位于美国的木马或僵尸网络控制服务器，直接控制了我国境内约118万台主机，2016个位于美国的IP对我国境内1754个网站植入后门，涉及后门攻击事件约5.7万次③。这说明网络安全等非传统安全对国家安全和国际关系的影响已经非常突出，美国等将其视为战略武器，破坏了相关领域的全球合作。④

5月21日，习近平主席在亚信峰会上发表重要讲话，提出亚洲安全观，"我们认为，应该积极倡导共同、综合、合作、可持续的亚洲安全观，创新安全理念，搭建地区安全和合作新架构，努力走出一条共建、共享、共赢的亚洲安全之路"。习近平主席在讲话中详细阐释了亚洲安全观的丰富内涵：共同，就是要尊重和保障每一个国家的安全，因而安全是普遍的、平等的和包容的，不能一个国家安全而其他国家不安全，尊重各国自主选择的社会制度和发展道路，将多样性和差异性转化为促进

① 国纪平：《共同建设和平、稳定与合作的新亚洲：写在亚洲相互协作与信任措施会议第四次峰会举行之际》，《人民日报》2014年5月20日。

② 《中方强力反击美方"起诉"中方人员》，《人民日报》2014年5月20日。

③ 《国信办公布美国攻击中国网络最新数据》，《人民日报》2014年5月20日。

④ 2014年2月27日，习近平总书记在中央网络安全和信息化领导小组第一次会议上发表讲话，称"网络安全和信息化对一个国家很多领域都是牵一发而动全身的，要认清我们面临的形势和任务，充分认识做好工作的重要性和紧迫性"。2018年4月，习近平总书记在全国网络安全和信息化工作会议上进一步强调："没有网络安全就没有国家安全，就没有经济社会稳定运行，广大人民群众利益也难以得到保障。"（参见中共中央党史和文献研究院编：《习近平关于网络强国论述摘编》，中央文献出版社2021年版，第89—90、97—98页）。

安全合作的活力和动力；综合就是要统筹维护传统领域和非传统领域安全；合作就是要通过对话合作促进各国和本地区安全，亚洲国家在加强自身合作的同时，欢迎域外国家和国际组织为亚洲安全发挥积极和建设性作用；可持续就是要发展和安全并重，发展是安全的基础，安全是发展的条件。①

中国的亚洲安全观是对冷战思维的彻底解构：共同安全取代绝对安全；发展导向而不是将对付最坏情况（战争）作为制定政策的主要甚至是唯一出发点；尊重国家之间的差异性的多样性，多站在他国立场上思考问题；多建立合作的伙伴关系而不是通过“自我实现的预言”来建构敌人；跳出传统的“谋霸史”和“挑战史”叙事，以对话协商的方式共同解决国际社会日趋复杂的传统和非传统安全威胁。国际社会对习近平主席的讲话给予了高度评价，新加坡南洋理工大学拉惹勒南国际关系研究院高级研究员胡逸山表示，亚洲安全观对于构建和平、繁荣、稳定的亚洲具有重要意义。哈萨克斯坦国际问题专家图列绍夫认为共同、综合、合作、可持续的亚洲安全观对于亚洲各国认清形势和挑战，共同应对安全威胁很有针对性和现实意义。②

2016年6月30日，杜特尔特就任菲律宾总统，习近平主席在贺电中写道：“我相信，只要我们秉持诚意和善意，坚信互信和合作，就一定能够开创中菲关系和中菲合作的美好未来。”③10月18日至21日，杜特尔特对中国进行国事访问，他在行前接受新华社记者专访时说，中国在实现自身发展的同时，积极帮助非洲和东南亚国家发展，有着大国担当。谈到南海问题时，杜特尔特表示，在对抗和谈判面前，菲律宾选择谈判，“多谈友谊，多谈经贸合作，少谈分歧。战争不是出路”。杜特尔特进一步表示，与某些西方国家口惠而实不至不同，“有些国家只知道批评我们，明知道

① 参见《习近平外交演讲集》第一卷，中央文献出版社2022年版，第133—136页。

② 参见陈效卫等：《搭建地区安全和合作新架构：国际社会高度评价习近平在亚信峰会上的主旨讲话》，《人民日报》2014年5月22日。

③ 《习近平致电祝贺杜特尔特就任菲律宾总统》，《人民日报》2016年7月1日。

我们没钱，也不愿帮我们一把。中国人则不同。他们默默地帮我们建了一个戒毒所，大家却还不知道。这就是中国人的真诚”[①]。20日，习近平主席在与杜特尔特总统的会晤中强调：“只要我们坚持友好对话协商，可以就一切问题坦诚交换意见，把分歧管控好，把合作谈起来，一时难以谈拢的可以暂时搁置。”[②]2017年5月17日至18日，中国与东盟国家在贵州贵阳举行落实《南海各方行为宣言》第十四次高官会和第二十一次联合工作组会，各方就全面有效落实《宣言》、加强海上务实合作以及“南海行为准则”磋商等议题进行了深入探讨，取得了积极成果。[③]8月6日，东亚合作系列外长会通过了“南海行为准则”框架，南海问题被重新拉回直接当事方对话协商解决的轨道。[④]

在地区实践成功经验的基础上，习近平主席进一步提出了全球安全观。2017年9月26日，习近平主席在国际刑警组织第八十六届全体大会开幕式上发表主旨演讲，指出当今世界全球性安全问题的联动性、跨国性、多样性更加突出，非传统安全威胁和传统安全威胁相互交织，任何一个国家的安全短板都会导致外部风险大量涌入，各国可谓安危与共、唇齿相依，提出坚持合作共建，实现持久安全，“各国应该树立共同、综合、合作、可持续的全球安全观，树立合作应对安全挑战的意识，以合作谋安全、谋稳定，以安全促和平、促发展，努力为各国人民创造持久的安全稳定环境”[⑤]。

考虑到当时全球安全背景，全球安全观的意义更加凸显：2017年4月

---

① 杨柯等：《“只有中国才会帮助我们”：访菲律宾总统杜特尔特》，《人民日报》2016年10月18日。

② 李伟红、庞兴雷：《习近平同菲律宾总统杜特尔特会谈》，《人民日报》2016年10月21日。

③ 张慧中：《落实〈南海各方行为宣言〉第十四次高官会在贵阳举行》，《人民日报》2017年5月19日。

④ 参见丁子、张志文：《携手描绘中国—东盟关系美好蓝图》，《人民日报》2017年8月9日。

⑤ 习近平：《坚持合作创新法治共赢，携手开展全球安全治理——在国际刑警组织第八十六届全体大会开幕式上的主旨演讲》，《人民日报》2017年9月27日。

26 日，“萨德”反导系统部分核心装备运抵韩国庆尚北道星州郡[①]，进一步刺激半岛局势紧张，破坏地区战略平衡，与各方对话协商解决问题的努力背道而驰[②]；2016 年 6 月，英国公投决定脱欧、2016 年年底以“美国第一”为口号的特朗普拿下美国大选、勒庞在 2017 年法国大选中表现出色，标志着右翼思潮在欧美的崛起，种种事件意味着全球化曾经的中心正在走向自己的反面；2017 年 5 月 23 日至 27 日，阿尔法狗（Alpha Go）在乌镇连续三次击败世界上最好的棋手柯洁，显示出电脑可以通过开发，以优于人类的表现去完成高度复杂的任务，预示着人工智能在不久的将来可能就会造成失业的增加。[③]2022 年 2 月 8 日，联合国开发计划署发布特别报告《人类世时代对人安全的新威胁》[④]，发现在新冠疫情暴发之前，在世界达到一个前所未有的发展程度的同时，全球七分之六的人感到不安全。中国现代国际关系研究院安全问题专家李伟认为，习近平主席提出的全球安全观洞察了当前国际社会矛盾问题产生的重要根源，“它超越了不同的意识形态，也跨越了不同的宗教信仰和文化传统，是关乎人类命运发展的一个基本理念”[⑤]。

2022 年 4 月 20 日至 22 日，中国南端的美丽海南岛上，聚焦讨论亚洲和世界未来的博鳌亚洲论坛年会召开。21 日，习近平主席在开幕式上发表主旨演讲，首次提出全球安全倡议（见表 2），“事实再次证明，冷战思维只会破坏全球和平框架，霸权主义和强权政治只会危害世界和平，集团对抗只会加剧 21 世纪安全挑战”，“中方愿在此提出全球安全倡议：我

① 参见陈尚文：《韩国突击部署“萨德”引发抗议》，《人民日报》2017 年 4 月 27 日。

② 参见张慧中：《中方就“萨德”部署问题向美韩表明严正关切》，《人民日报》2017 年 4 月 27 日。

③ Paul Mozur, “Google’s AlphaGo Defeats Chinese Go Master in Win for A.I.”, *The New York Times*, May 23, 2017.

④ 参见“人类世”（Anthropocene）概念由诺贝尔化学奖得主保罗·克鲁岑（Paul Crutzen）提出，他认为人类活动对地球的影响已经大到开启一个新的地质时代。参见 Jan Zalasiewicz, et al., “Are We Now Living in the Anthropocene?” *GSA Today*, Vol. 18, No. 2, 2008, pp. 4–8。

⑤ 倪戈：《共同构建普遍安全的人类命运共同体》，《人民日报》2017 年 9 月 28 日。

们要坚持共同、综合、合作、可持续的安全观，共同维护世界和平和安全；坚持尊重各国主权、领土完整，不干涉别国内政，尊重各国人民自主选择的发展道路和社会制度；坚持遵守联合国宪章宗旨和原则，摒弃冷战思维，反对单边主义，不搞集团政治和阵营对抗；坚持重视各国合理安全关切，秉持安全不可分割原则，构建均衡、有效、可持续的安全架构，反对把本国安全建立在他国不安全的基础之上；坚持通过对话协商以和平方式解决国家间的分歧和争端，支持一切有利于和平解决危机的努力，不能搞双重标准，反对滥用单边制裁和'长臂管辖'；坚持统筹维护传统领域和非传统领域安全，共同应对地区争端和恐怖主义、气候变化、网络安全、生物安全等全球性问题”①。

表 2　全球安全倡议的主要内容

	反对什么	倡导什么
理念指引	冷战思维	坚持共同、综合、合作、可持续的安全观，共同维护世界和平和安全
基本前提		坚持尊重各国主权、领土完整，不干涉别国内政，尊重各国人民自主选择的发展道路
根本遵循	单边主义，集团政治和阵营对抗	坚持遵守联合国宪章宗旨和原则
重要原则	把本国安全建立在他国不安全的基础之上	坚持重视各国合理安全关切，秉持安全不可分割原则，构建均衡、有效、可持续的安全架构
必由之路	搞双重标准，滥用单边制裁和“长臂管辖”	坚持通过对话协商以和平方式解决国家间的分歧和争端，支持一切有利于和平解决危机的努力
应有之义		坚持统筹维护传统领域和非传统领域安全，共同应对地区争端和恐怖主义、气候变化、网络安全、生物安全等全球性问题

资料来源：根据《全球安全倡议概念文件》整理制作。

① 《习近平重要讲话单行本》（2022 年合订本），人民出版社 2023 年版，第 35—36 页。

二、“各国应该共同推动建立以合作共赢为核心的新型国际关系”①

回首新时代以来的中美关系（见表3），正如习近平主席2022年11月14日在印度尼西亚巴厘岛与拜登总统会晤时所说的：“中国党和政府的内外政策公开透明，战略意图光明磊落，保持高度连续性和稳定性。”②中国努力在全球安全观的基础上探索一条超越传统大国关系的新路，中国与美国及世界相互成就，“中国梦与世界各国人民的美好梦想相通”③。反观美国，其对华政策从奥巴马时期兼具接触和遏制、制衡与威慑的混合战略（hybrid strategy）④，进入到了特朗普和拜登治下的竞争战略⑤，“挑战史”和“谋霸史”叙事成为美国人思考两国关系的主导框架，霸权地位已经束缚了美国政客和战略界规划未来国际关系的超越性与想象力，他们成为自己历史与理论的囚徒。

2014年1月，美国《赫芬顿邮报》旗下《世界邮报》创刊号刊登了对习近平主席的专访，针对有些人对中国崛起引发中美冲突的担忧，习近平主席表示：“我们需要一起努力避免修昔底德陷阱——崛起大国和守成大国或者守成大国之间的破坏性关系。”⑥习近平主席指明了解决之道。2013年6月7日至8日，习近平主席与奥巴马在“阳光之乡”加利福尼亚的安纳伯格庄园会晤。习近平主席指出：“我们双方应该从两国人民根本利益出发，从人类发展进步着眼，创新思维，积极行动，共同推动

① 《习近平外交演讲集》第一卷，中央文献出版社2022年版，第3页。

② 杜尚泽等：《习近平同美国总统拜登在巴厘岛举行会晤》，《人民日报》2022年11月15日。

③ 《习近平外交思想学习纲要》，人民出版社、学习出版社2021年版，第31页。

④ Colin Dueck, *The Obama Doctrine: American Grand Strategy Today*, New York: Oxford University Press, 2015, pp. 72–75.

⑤ The White House, *National Security Strategy of the United States of America*, December 2017; The White House, *National Security Strategy*, October 2022.

⑥ Nicolas Berggruen and Nathan Gardels, “How the World’s Most Powerful Leader Thinks”, *Huffpost*, January 21, 2014.

构建新型大国关系。”奥巴马回应称，美中正“探讨构建在互利互尊基础上的国与国之间新的合作模式。美国欢迎中国作为一个大国继续和平发展。一个和平稳定繁荣的中国对美国、对世界都有利。美方希望同中国保持强有力的合作关系”①。

习近平主席反复强调中美两国都应该做好自己的事，一个更好的中国和一个更好的美国才更能造福全球，而不是眼睛只盯着对方，“疑邻盗斧”，甚至将自身的问题嫁祸于人。2015 年 9 月 24 日，习近平主席在与奥巴马总统的会晤中，坦率地说，“中国是现行国际体系的参与者、建设者、贡献者，同时也是受益者”，中国不会寻求颠覆现有国际体系，而是推动它朝着更加公正合理的方向发展，因此，“中国提出的‘一带一路’、亚洲基础设施投资银行倡议，都是开放、透明、包容的，有利于有关国家发展经济，增加就业，减少贫困，欢迎包括美方在内的有关各方积极参与”②。奥巴马也予以了积极回应，“美中两国在很多问题上有共同利益，在诸多领域合作取得重要进展”③。但是，奥巴马的“新型国际关系”是美国霸权稳固无虞基础上的“新型”。2014 年 3 月，美国公布的《四年防务评估报告》称，为了支持亚太再平衡政策，美国将维持在东北亚地区的强势存在，并提升在大洋洲、东南亚和印度洋等区域的介入，到 2020 年美国 60% 的海军力量将部署在太平洋，包括加强在日本的至关重要的海军存在。④

2017 年 4 月 6 日，习近平主席到达美国佛罗里达州海湖庄园，推动与美国以建设性方式管控分歧，拓展合作领域，共同构建不冲突不对

---

① 杜尚泽等：《习近平同奥巴马总统举行中美元首会晤》，《人民日报》2013 年 6 月 9 日。

② 杜尚泽、李博雅：《习近平同美国总统奥巴马会晤》，《人民日报》2015 年 9 月 26 日。

③ 杜尚泽等：《习近平同美国总统奥巴马举行会谈》，《人民日报》2015 年 9 月 26 日。

④ Department of Defense, *Quadrennial Defense Review 2014*, March 4, 2014, p. 34.

抗、相互尊重、合作共赢的中美关系。① 习近平主席在会谈中对特朗普表示："我们有一千条理由把中美关系搞好，没有一条理由把中美关系搞坏。"②2017 年 10 月 18 日，习近平总书记在党的十九大报告中旗帜鲜明地指出："要相互尊重、平等协商，坚决摒弃冷战思维和强权政治，走对话而不对抗、结伴而不结盟的国与国交往新路。要坚持以对话解决争端、以协商化解分歧，统筹应对传统和非传统安全威胁。"③ 但是，美国同年 12 月公布的《美国国家安全战略》报告与上述精神完全背道而驰，"美国将会回应我们在全球日益增长的政治、经济和军事竞争。中国和俄罗斯挑战美国的权力、影响力和利益，试图削弱美国的安全和繁荣"，"我们将通过重建我们的军队以实力求和平，确保它（军事实力）仍然是卓绝的、威慑敌人，必要的时候能够战而胜之"④。

表 3　党的十八大以来中美两国元首关于两国关系的表述

美国总统	时间和地点	会谈要点
奥巴马时期	2013 年 6 月 7—8 日，加利福尼亚安纳伯格庄园	习近平：中美应该走出不同于历史上大国冲突对抗的新路。双方同意共同努力构建新型大国关系。中美双方在网络安全上有共同关切。 奥巴马：两军关系可以取得具体进展的领域，是推动建设美中新型大国关系的例证。如果中国成功和平发展，使中国成为美国的平等伙伴，双方可以共同应对全球性挑战。

① 2016 年 11 月 19 日，习近平主席在利马会见美国总统奥巴马，此时特朗普已经击败更被看好的希拉里，确认当选美国第 45 任总统，在会晤时，习近平主席展望了与新一届美国政府共筑两国关系的构想（参见杜尚泽等：《习近平会见美国总统奥巴马》，《人民日报》2016 年 11 月 21 日）。

② 杜尚泽等：《习近平同特朗普开始举行中美元首会晤》，《人民日报》2017 年 4 月 8 日。

③ 习近平：《决胜全面建成小康社会　夺取新时代中国特色社会主义伟大胜利——在中国共产党第十九次全国代表大会上的报告》，人民出版社 2017 年版，第 59 页。

④ The White House, *National Security Strategy of the United States of America*, December 2017, pp. 2, 4.

续表

美国总统	时间和地点	会谈要点
奥巴马时期	2013 年 9 月 6 日，俄罗斯圣彼得堡（G20 峰会）	习近平：我们应该坚定不移沿着构建新型大国关系这个正确的大方向走下去。两军关系继续改善。双方要推进双边投资协议谈判，美方应放宽高技术产品对华出口限制，为中国企业赴美投资提供公平环境。 奥巴马：我们同意致力于构建美中新型大国关系，扩大务实合作，建设性处理分歧。美中在许多重大全球性问题上有共同利益。美方希望保持两军交往。
	2014 年 3 月 24 日，荷兰海牙	习近平：你日前给我来信，表示始终致力于发展中美新型大国关系。双方应该坚持不冲突不对抗、相互尊重、合作共赢原则。希望美方重视中方关切，切实放宽民用高技术物项对华出口，为中国企业赴美投资提供公平竞争环境。 奥巴马：愿意共同推动新型大国关系建设，无意破坏中国稳定，无意遏制中国，支持中国改革进程。在台湾、涉藏问题上，美方尊重中国主权和领土完整。美方愿加快双方投资协定谈判进程，赞成两军深化实质性对话和务实合作。赞赏中方在朝核问题上劝和促谈的建设性努力。
	2014 年 11 月 11—12 日，北京	习近平：双方要朝着 6 个方向推进建设中美新型大国关系，分别是加强高层沟通和交往，增进战略互信；在相互尊重的基础上处理两国关系；深化各领域交流合作；以建设性方式管控分歧和敏感问题；在亚太地区开展包容性协作；共同应对各种地区和全球性挑战。强调建立中美新型军事关系，中国提出的亚洲安全观、建立亚洲基础设施投资银行和丝路基金等都秉持开放包容原则，欢迎包括美国在内的国家参加。 奥巴马：赞同共同推进美中新型大国关系。重申美国欢迎和支持一个和平、繁荣、稳定、在国际上发挥更大作用的中国，美国不支持“台独”，承认西藏是中华人民共和国的一部分。欢迎两军关系取得进展，共同维护地区安全稳定。
	2015 年 9 月 22—25 日，华盛顿	习近平：改革开放是中国基本国策，是推动中国发展的根本动力。中国是现行国际体系的参与者、建设者、贡献者，同时也是受益者。事实充分证明，构建中美新型大国关系这一目标是完全正确的，具有强大生命力。 奥巴马：我不认同“修昔底德陷阱”。美中之间的竞争应该是建设性的、具有积极意义的。美方感谢中方在推动达成伊朗核问题全面协议、实现朝鲜半岛无核化、阿富汗重建等方面发挥作用，愿保持协调，加强气候变化、医疗卫生、打击野生动植物走私等领域合作。赞赏中方对联合国维和行动的参与和支持。重申坚持一个中国政策，不支持“台独”“藏独”“疆独”，也不介入香港事务。

续表

美国总统	时间和地点	会谈要点
奥巴马时期	2016 年 9 月 3 日，中国杭州（G20 峰会）	习近平：2013 年以来中美新型大国关系建设取得了许多实实在在的成果，要坚持不冲突不对抗、相互尊重、合作共赢原则，以建设性方式管控分歧。 奥巴马：美方欢迎中国对全球发展、维和事业所做贡献。美中率先批准和接受《巴黎协定》，展示了两国合作的影响力。美国奉行一个中国政策。
	2016 年 11 月 19 日，智利利马（APEC 会议）	习近平：发展长期健康稳定的中美关系，符合两国人民根本利益，也是国际社会普遍期待。 奥巴马：一个建设性的美中关系将使两国人民和国际社会受益。
特朗普时期	2017 年 4 月 6—7 日，佛罗里达海湖庄园	习近平：我们有一千条理由把中美关系搞好，没有一条理由把中美关系搞坏。合作是中美两国唯一正确的选择，两国完全能够成为很好的合作伙伴。安排好高层交往，推进双边投资协定谈判，妥善处理敏感问题，建设性管控分歧，加强在重大国际问题和地区问题上的沟通协调，拓展在全球性挑战上的合作。欢迎美方参与“一带一路”框架内合作，加强军事安全互信、执法合作和人文交流。 特朗普：中美应该就重要的问题保持沟通和协调，可以共同办成一些大事。美方愿同中方继续加强经贸、两军、人文等领域合作，支持中方追逃追赃方面的努力。
	2017 年 11 月 8—9 日，北京	习近平：双方同意充分用好中美外交安全、全面经济、社会和人文、执法及网络安全 4 个高级别对话机制，双方同意加强两军各层级交往和对话，加强执法及网络安全领域合作。中美应该扩大贸易和投资合作，加强宏观经济政策协调，致力于半岛无核化，维护国际核不扩散体系。 特朗普：美中两国现在比任何时候都有更好机遇加强双边关系。共同承诺致力于朝鲜半岛无核化，致力于制止恐怖主义活动，同中方发展公平、互惠、强劲的经贸关系，共同促进地区和世界和平、稳定、繁荣。
	2018 年 12 月 1 日，阿根廷布宜诺斯艾利斯（G20 峰会）	习近平：合作是中美双方最好的选择。中美经贸往来十分密切，相互依赖，有分歧完全正常，关键是要本着相互尊重、平等互利的精神妥善管控，找到解决办法。 特朗普：中美保持良好合作关系对两国和世界有利，欢迎中国学生来美国留学。美国政府将继续奉行一个中国政策，赞赏中方在朝核问题上的积极作用。
	2019 年 6 月 29 日，日本大阪（G20 峰会）	习近平：中美合则两利、斗则俱伤。中美虽然存有一些分歧，但双方利益高度交融，合作领域广阔，不应落入所谓冲突对抗的陷阱。中美经贸关系的本质是互利双赢，谈判应该是平等的。中国必须维护自己的核心利益。 特朗普：珍视同习近平主席保持良好关系，愿意同中国加强合作。美方愿意妥善解决两国贸易平衡，为两国企业提供公正待遇。欢迎中国留学生来美国留学。美方继续奉行一个中国政策。

续表

美国总统	时间和地点	会谈要点
拜登时期	2021 年 11 月 16 日，视频会晤	习近平：中美发展处在关键阶段，人类的“地球村”面临诸多挑战，中美应该加强沟通和合作，办好各自国内的事情，又承担起应尽的国际责任，共同推进人类和平与发展的崇高事业。新时期中美相处应该坚持三点原则，即相互尊重，尊重彼此社会制度和发展道路，求同存异；和平共处；合作共赢。中美应该推动四个方面的优先事项：一是展现大国担当，引领国际社会合作应对突出挑战，包括气候变化、新冠疫情等；二是本着平等互利精神，推进各层级各领域交往，为中美关系注入更多正能量；三是以建设性方式管控分歧和敏感问题，防止中美关系脱轨失控；四是加强在重大国际问题和地区热点问题上的协调和合作，为世界提供更多公共产品。 拜登：美中双方应该增进对彼此意图了解，确保两国竞争是公平的、健康的。美方不寻求改变中国的体制，不寻求通过强化同盟关系反对中国，无意同中国发生冲突。美国政府奉行长期一贯的一个中国政策，共同应对全球性挑战。
	2022 年 3 月 18 日，视频会晤	习近平：中美应该为世界和平与安宁作出努力，中美要相互尊重、和平共处、避免对抗，在各层级各领域加强沟通对话。中美关系还没有走出美国上届政府制造的困境，反而遭遇越来越多的挑战，美国一些人向“台独”发出错误信号，这十分危险。 拜登：美方不寻求打“新冷战”，不寻求改变中国体制，不寻求通过强化同盟关系反对中国，不支持“台独”，无意同中国发生冲突。
	2022 年 11 月 14 日，印度尼西亚巴厘岛（G20 峰会）	习近平：中美需探讨新时期两国正确相处之道，推动中美关系重回健康发展稳定发展轨道。中国战略意图光明磊落，保持高度连续性和稳定性。中国从来不寻求改变现有国际秩序，不干涉美国内政，无意挑战和取代美国。台湾问题是中美关系第一条不可逾越的红线。自由、民主、人权是人类共同追求，美国有美国式民主，中国有中国式民主。美国搞的是资本主义，中国搞的是社会主义，双方走的是不同的路。任何时候世界都有竞争，但竞争应该是相互借鉴、你追我赶，共同进步。贸易战、科技战、“筑墙设垒”、“脱钩断链”完全违反市场经济原则，破坏国际贸易规则。 拜登：美中有责任保持建设性关系，美方致力于保持两国元首以及政府各层级沟通渠道畅通，坦诚对话，为应对气候变化、粮食安全等全球性挑战加强必要合作。一个稳定和发展的中国符合美国和世界的利益。美国不寻求改变中国体制，不寻求“新冷战”，不寻求通过强化盟友关系反对中国，不支持“台湾独立”，也不支持“两个中国”“一中一台”，无意同中国发生冲突。美方也无意寻求同中国“脱钩”，无意阻挠中国经济发展，无意围堵中国。

资料来源：根据《人民日报》相关报道整理。

中美两国在亚太地区安全问题上采取了截然不同的举动。北京大学南海战略态势感知中心发现，中国南海政策保持克制，南海岛礁建设的相关基础设施完成后，中国仅仅是部署了少量必要的国土防御设置，建设重点转向了民生和提供国际公共产品建设。2018 年 7 月，交通运输部南海救助局“南海救 115”轮进驻南沙群岛渚碧礁执行值班待命任务。其间，发生了菲律宾军舰触半月礁事件，中方主动向菲方表达了协助救助意愿，10 月底中国在南沙群岛启用海洋观测中心、气象观测站和环境空气质量监测站，开始提供海洋预报、气象预报、灾害性天气实时检测与预警等服务。中方加速推进“南海行为准则”，释放足够诚意，与菲律宾、越南等国保持密切沟通，妥善处理分歧，务实推进低敏感领域合作，习近平主席访菲期间双方签署关于海上油气开发合作等谅解备忘录。①

相比之下，美国国防部和军方却在持续加大针对南海的各类动作，2018 年 2 月，时任美军太平洋司令部司令哈里·哈里斯（Harry B. Harris Jr.）表示：“我需要增加杀伤力，特别是配备更快、更可生存的武器系统的船只和飞机。每个平台上的远程进攻性武器都是当务之急。然后，我们必须将力量联网，并利用人机团队合作来提高我们的响应能力。”② 美国印太司令部司令（2018 年 5 月至 2021 年 4 月）菲利普·詹森（Philip S. Davidson）甚至称除了战争以外，美国已经没有手段可以阻止中国控制南海。③

理念催生实践。为构建新型国际关系，中国打造了遍布全球的伙伴关系，而美国则继续已经反复被证明无法处理好国与国关系的“小集团政治”。军事联盟是权力政治的常用工具，是两个或更多主权国家之间正式

① 参见《中华人民共和国与菲律宾共和国联合声明》，《人民日报》2018 年 11 月 22 日。

② The White House, “Statement of Admiral Harry B. Harris Jr., U.S. Navy Commander, U.S. Pacific Command Before the House Appropriations Committee-Defense Subcommittee on U.S. Pacific Command Posture”, April 26, 2017, p. 14, https://docs.house.gov/meetings/AP/AP02/20170426/105868/HHRG-115-AP02-Wstate-HarrisH-20170426.pdf.

③ 胡波等：《南海局势：回顾与展望》，北京大学海洋研究院，2019 年 4 月 9 日，第 1—8 页。

或非正式的安全合作安排。[①] 联盟将矛头对准成员以外的国家，将之视为安全威胁和敌人，结盟的目标在于对其进行军事威慑以达成政治目的或在军事冲突中获得胜利。[②] 因为针对第三方，所以联盟成员之间的具体目标存在差异，都希望利用盟友实现自己的利益，而不愿意为盟友“火中取栗”，因此力量最强的国家进行联盟管理，关系并不平等。联盟中的成员为了防止被“抛弃”（即成员与第三方达成和解），往往需要挑起事端或捏造对手的邪恶意图或夸张和解的恐怖后果，因此联盟会制造“敌意螺旋”，导致地区和国际秩序趋于不稳定。

威尔逊总统曾批评欧洲的旧政治说，“互相算计、草率承诺、盲目结盟等这类事情只会再次挑起战争”，“旧制度，也就是势力均衡，失败了太多次”[③]。但是，当美国人成为全球霸主时，他们又继承了欧洲那一套权力哲学。将中国确认为中长期战略竞争对手之后，美国全球军力的部署开始向亚太转移，美国普查局的数据显示美国在亚太地区有 9 万多名士兵，是全球最多的地区。2021 年美国在 80 个国家和地区拥有约 750 个军事基地，其中日本大约有 120 个，韩国约 80 个，关岛约 50 个，澳大利亚 8 个。[④]

中国知道，美国的全球军事存在并没有带来真正的安全，正如美利坚大学教授大卫·韦恩（David Vine）抨击的：“没有证据能够确切地证明，从军事角度来看，海外基地能够保证美国和整个世界更加安全，但是有大量证据能够证明，美国的海外基地破坏了数百万人的安全和幸福——从基地附近的当地人到美军人员、军人家属以及在基地中工作和生活的文职人

① 参见［美］斯蒂芬·沃尔特：《联盟的起源》，周丕启译，北京大学出版社 2007 年版，第 12 页。

② Glenn H. Snyder, *Alliance Politics*, Ithaca and London: Cornell University Press, 1997, pp. 3–4.

③ ［加］玛格丽特·麦克米伦：《缔造和平：1919 巴黎和会及其开启的战后世界》，邓峰译，中信出版社 2018 年版，第 18 页。

④ David Vine, “Lists of U.S. Military Bases Abroad, 1776-2021”, *American University Digital Research Archive*, July 4, 2021.

员。而且，一直以来美国在海外的基地和军队都会招致反对和愤怒。”[①]

1974年邓小平同志在联大特别会议上全面阐释了毛泽东同志关于三个世界的划分理论，指出大国争霸是世界动荡不安的根源，两个超级大国“进行激烈的军备竞赛，在国外派驻重兵，到处搞军事基地，威胁着所有国家的独立和安全。它们都不断对其他国家进行控制、颠覆、干涉和侵略”[②]。1978年4月，邓小平同志在会见马达加斯加民主共和国政府经济代表团时说：“问题是将来我们发展了，搞不搞霸权主义。……如果那时中国翘起尾巴来了，在世界上称王称霸，指手画脚，那就会把自己开除出第三世界的‘界籍’，肯定就不再是社会主义国家了。”[③]

因此，中国不走美国的老路，而是在对世界大势和时代潮流进行准确把握的基础上，积极构建全球伙伴关系网络。伙伴关系在《韦氏国际新词典》中被解释为“两国或更多的有能力的人为了实现他们自己认识到的共同利益而将他们部分或全部的资金、劳力、影响力和技巧按照协议集中起来”[④]。由此可见，伙伴关系不针对第三方，挖掘的是国家之间的共同利益和合作潜力，聚焦发展，以对话协商方式解决分歧，拓展利益交汇点。

2014年12月24日，外交部部长王毅在中国国际问题研究院和中国国际问题研究基金会联合主办的“2014年国际形势与中国外交研讨会”上发表演讲时指出，“以结盟对抗为标志的冷战终结后，我们及时总结历史经验教训，开始探索走出一条结伴不结盟的新路”，“我们构建的伙伴关系有三个基本特征。首先是平等性。国家不分大小贫富，都要相互尊重主权、独立和领土完整，相互尊重各自选择的发展道路与价值观念，相互平等相待，相互理解支持。第二是和平性。伙伴关系与军事同盟最大的区别是不设假

① ［美］大卫·韦恩：《美国海外军事基地：它们如何危害全世界》，张彦译，新华出版社2016年版，第382页。

② 《中华人民共和国代表团团长邓小平在联大特别会议上的发言》，《人民日报》1974年4月11日。

③ 《邓小平文选》第二卷，人民出版社1994年版，第112页。

④ Philip Babcock Gove, ed., *Webster's Third New International Dictionary of the English Language Unabridged*, Springfield: G. & C. Merriam Co., 1966, p. 1648.

想敌，不针对第三方，排除军事因素对国家间关系的干扰，致力于以合作而非对抗的方式，以共赢而非零和的理念处理国与国关系。第三是包容性，超越社会制度与意识形态的异同，最大限度地谋求共同利益与共同追求”①。

积极发展全球伙伴关系是新时代中国外交的重要着力点。2014 年 11 月的中央外事工作会议提出“要在坚持不结盟原则的前提下广交朋友，形成遍布全球的伙伴关系网络”②,2018 年 6 月的中央外事工作会议进一步提出“打造更加完善的全球伙伴关系网络”③。截至 2023 年 4 月，中国建交国总数为 182 个④，与 106 个国家建立了不同定位的伙伴关系（见表 4）。2022 年 6 月 23 日，习近平主席在金砖国家领导人第十四次会晤上发表《构建高质量伙伴关系，开启金砖合作新征程》的重要讲话，批评“一些国家力图扩大军事同盟谋求绝对安全，胁迫别国选边站队制造阵营对抗，漠视别国权益大搞唯我独尊”，号召各国“坚持共同、综合、合作、可持续的安全观，立足人类是不可分割的安全共同体，走出一条对话而不对抗、结伴而不结盟、共赢而非零和的新型安全之路”。⑤

表 4　中国的伙伴关系网络

层级	伙伴关系定位		具体国家
一	最高层级战略伙伴关系	新时代全面战略协作伙伴关系	俄罗斯
		全天候战略合作伙伴关系	巴基斯坦、白俄罗斯
二	全面战略合作伙伴关系		埃塞俄比亚、刚果（布）、几内亚、柬埔寨、津巴布韦、肯尼亚、老挝、缅甸、莫桑比克、纳米比亚、塞拉利昂、塞内加尔、泰国、越南、坦桑尼亚

① 王毅：《盘点 2014: 中国外交丰收之年》，《国际问题研究》2015 年第 1 期。

② 马占成：《中央外事工作会议在京举行》，《人民日报》2014 年 11 月 30 日。

③ 鞠鹏：《坚持以新时代中国特色社会主义外交思想为指导，努力开创中国特色大国外交新局面》，《人民日报》2018 年 6 月 24 日。

④ 《中华人民共和国与各国建立外交关系日期简表》，2008 年 12 月 21 日，见 https://www.fmprc.gov.cn/web/ziliao_674904/2193_674977/200812/t20081221_9284708.shtml。

⑤ 习近平：《构建高质量伙伴关系，开启金砖合作新征程》，《人民日报》2022 年 6 月 24 日。

续表

层级	伙伴关系定位		具体国家
三	战略合作伙伴关系		阿富汗、韩国、孟加拉国、尼泊尔、斯里兰卡、苏里南、文莱、印度
四	全面战略伙伴关系	永久全面战略伴关系	哈萨克斯坦
		全方位战略伙伴关系	德国
		面向 21 世纪全球全面战略伙伴关系	英国
		全面战略伙伴关系	阿尔及利亚、阿根廷、阿联酋、埃及、澳大利亚、巴布新几内亚、巴西、波兰、丹麦、厄瓜多尔、法国、斐济、吉尔吉斯斯坦、库克群岛、马来西亚、蒙古国、秘鲁、密克罗尼西亚、墨西哥、南非、纽埃、葡萄牙、萨摩亚、塞尔维亚、沙特阿拉伯、塔吉克斯坦、汤加、瓦努阿图、委内瑞拉、乌兹别克斯坦、西班牙、希腊、新西兰、匈牙利、伊朗、意大利、印度尼西亚、智利、土库曼斯坦
五	战略伙伴关系	友好战略伙伴关系	奥地利
		创新战略伙伴关系	瑞士
		互惠战略伙伴关系	爱尔兰
		战略伙伴关系	阿曼、安哥拉、保加利亚、玻利维亚、哥斯达尼加、吉布提、加拿大、捷克、卡塔尔、科威特、摩洛哥、尼日利亚、苏丹、乌克兰、乌拉圭、牙买加、伊拉克、约旦、塞浦路斯
六	合作伙伴关系	全方位高质量的前瞻性伙伴关系	新加坡
		全方位友好合作伙伴关系	比利时
		全面友好合作伴关系	马尔代夫、罗马尼亚
		全面合作伙伴关系	赤道几内亚、东帝汶、荷兰、加蓬、克罗地亚、利比里亚、马达加斯加、圣多美和普林西比、特立尼达和多巴哥、乌干达
		面向未来的新型合作伙伴关系	芬兰
		创新全面伙伴关系	以色列

资料来源：笔者在周方银研究的基础上结合《人民日报》、中华人民共和国中央人民政府官方网站等权威媒体数据整理。①

① 参见周方银：《伙伴关系与抗疫合作：新冠肺炎疫情下中国与伙伴国的相互支持行为》，《世界经济与政治》2022 年第 7 期。

“朋友多了路好走。”2022 年 8 月，美国众议院时任议长南希·佩洛西（Nancy Pelosi）窜台，中国坚决斗争和反制，显示了捍卫国家主权安全的坚定意志。170 多个国家和国际组织表达了对一个中国原则的有力支持。100 多个国家的政府、政党、高官和多个国际组织公开表态，理解支持中方维护国家主权的举措。正如王毅所言：“占世界人口 80% 以上的国家同中国站在一起，国际社会坚持一个中国的格局更加巩固。”①2022 年 10 月 6 日，联合国人权理事会第 51 届会议对美国牵头提交的一项涉疆问题决定草案进行表决。美国伙同一些西方国家不顾事实，抹黑中国形象，向理事会其他成员国施压，试图推进其“以疆制华”图谋。事实上，新疆已经连续多年没有发生暴恐事件，各族人民的人权得到最大限度的保障。包括广大伊斯兰国家在内的近百个国家连续在人权理事会、联大三委等场合公开发声，支持中国在涉疆问题上的正当立场。② 美国提案的真实意图被其他国家常驻联合国日内瓦办事处的代表戳穿，古巴代表胡安·罗曼指出，这一草案选择性地把中国作为目标，其实质是西方大国把人权作为工具来实现其政治目的。他在发言中反问，这些提案国口口声声说关心新疆，中国过去在人权理事会会议期间多次组织过多边会介绍新疆情况，还多次邀请各国外交官访问新疆，这些提案国代表为什么从来不参加这些活动？玻利维亚代表玛丽亚·阿尔瓦雷斯指出这些提案的实质是试图把中国纳入重点关注对象，以便以人权为幌子在未来会议上一遍遍攻击中国，这是“利用所谓程序问题实现自己的地缘政治目的”③。

① 王毅：《胸怀天下，勇毅前行：谱写中国特色大国外交新华章》，2022 年 12 月 25 日，见 https://www.mfa.gov.cn/wjbzhd/202212/t20221225_10994826.shtml。

② 参见《外交部发言人就中方在联合国人权理事会挫败涉疆决议草案答记者问》，2022 年 10 月 7 日，见 https://www.mfa.gov.cn/fyrbt_673021/202210/t20221006_10777514.shtml。

③ 聂晓阳、李骥志：《美国等国“以疆制华”图谋是对新疆各族人民人权的最大侵犯——记中国在联合国人权理事会挫败涉疆决定草案》，2022 年 10 月 8 日，见 http://www.news.cn/world/2022-10/07/c_1129054482.htm。

三、“人类是不可分割的安全共同体”[①]

新冠疫情再次证明，人类命运休戚与共，“在全球性危机的惊涛骇浪里，各国不是乘坐在190多条小船上，而是乘坐在一条命运与共的大船上。小船经不起风浪，巨舰才能顶住惊涛骇浪”[②]。疫情暴发后，中国共产党始终坚持人民至上、生命至上，带领人民打响了疫情防控的人民战争、总体战、阻击战，坚决遏制疫情蔓延势头。在国内疫情防控面临巨大压力的同时，中国不忘践行人类命运共同体理念，支持全球，尤其是发展中国家抗击疫情：向34个国家派出抗疫医疗专家组；向153个国家和15个国际组织提供数千亿件抗疫物资；最早承诺将新冠疫苗作为全球公共产品，已经向120多个国家和国际组织供应超过22亿剂新冠疫苗。[③]

2023年2月，中国外交部发布《全球安全倡议概念文件》强调，“中方愿同世界上所有爱好和平、追求幸福的国家和人民携手同行，协力应对各种传统和非传统安全挑战，并肩守护地球家园的和平安宁，共同开创人类更加美好的未来，让和平的薪火代代相传、平安的钟声响彻人间”[④]。北京大学中外人文交流研究基地执行主任王栋教授认为，在全球安全面临前所未有挑战的当下，该概念文件提出化解安全困境的中国方案，并明确指明重点合作平台与机制（见表5），充分体现出中国在安全领域同各方和衷共济、共商共建、互利共赢的积极意愿与主动作为。[⑤]

① 《习近平重要讲话单行本》（2022年合订本），人民出版社2023年版，第35页。

② 《习近平重要讲话单行本》（2022年合订本），人民出版社2023年版，第9页。

③ 参见任理轩：《创造人类文明史上人口大国成功走出疫情大流行的奇迹》，《人民日报》2023年3月30日。

④ 《全球安全倡议概念文件》，《人民日报》2023年2月22日。

⑤ 参见刘融等：《“并肩守护地球家园的和平安宁”》，《人民日报》2023年2月25日。

表 5　中国加强国际安全合作的平台与机制

类别	合作平台和机制	主要内容
利用联合国等国际和地区组织	联合国大会和相关委员会、安理会等	根据各自职责，围绕和平与安全问题广泛讨论沟通，提出共同倡议主张，汇聚国际社会应对安全挑战共识。
发挥相关机制和平台的重要作用	上海合作组织	2001 年 6 月在中国上海成立，奉行不结盟、不针对其他地区和国家及开放原则。
	金砖合作	包括中国、俄罗斯、印度、巴西、南非等国家，影响力已经超越五国范畴，是推动国际关系民主化的建设性力量。
	亚洲相互协作与信任措施会议	目前有 28 个成员国，致力于制定和落实旨在增进亚洲和平、安全与稳定的多边信任措施。
	中国 + 中亚五国	中国同中亚五国实现全面战略伙伴关系全覆盖、双边层面践行人类命运共同体全覆盖、签署共建“一带一路”合作文件全覆盖。
	东亚合作	依托东亚峰会、“10+3”合作、东盟地区论坛等加强合作。
	海湾地区多边对话平台	中方倡议在维护伊核全面协议前提下，搭建一个海湾地区多边对话平台，讨论地区面临的安全问题，形成维护地区和平稳定新共识。
	阿富汗邻国外长会	2022 年 3 月 31 日，“阿富汗邻国 + 阿富汗”外长对话在安徽屯溪举行，围绕阿富汗局势和涉阿富汗合作进行了全面深入和建设性讨论。
	非洲之角和平会议	2022 年中方提出“非洲之角和平发展构想”，随后在埃塞俄比亚举行非洲之角和平会议。
全球安全倡议高级别活动		加强安全领域政策沟通，促进政府间对话合作，进一步凝聚国际社会应对安全挑战合力。
支持国际性对话平台	中非和平安全论坛	中国国防部已经于 2019 年、2022 年组织召开了两届，50 多个非洲国家及非盟防务部门高级代表参加。
	中东安全论坛	中国国际问题研究院已经于 2019 年、2022 年组织召开了两届，探讨与中东各国以及国际社会共同推动构建中东安全新架构。
	北京香山论坛	中国军事科学学会和中国国际战略学会共同主办，截至 2023 年 10 月开始已经召开了十届，成为开展国际安全和防务对话的重要平台。
	全球公共安全合作论坛（连云港）	2022 年召开首届大会，由中国友谊促进会主办，以“合作促安全、安全保发展”为主题，40 多个国家、地区和国际组织参与论坛。

续表

类别	合作平台和机制	主要内容
搭建更多国际交流合作平台和机制	聚焦反恐、网络、生物、新兴科技等领域安全挑战，促进国际交流合作	共同提升非传统安全治理能力。未来 5 年中方愿向全球发展中国家提供 5000 个研修培训名额用于培养专业人才。

资料来源：作者在《全球安全倡议概念文件》基础上，结合官方网站和权威媒体新闻报道等制作。

上海合作组织是国际安全合作的典范。上合组织秘书长张明表示，自 2001 年成立以来，上合组织不断发展壮大，已经成为世界上幅员最广、人口最多，具有重要影响力和权威性的综合性区域组织，是完善国际秩序、推动地区和全球发展、维护成员国安全稳定不可或缺的建设性力量。[①] 截至 2023 年底，上合组织有印度、哈萨克斯坦、中国、吉尔吉斯斯坦、巴基斯坦、俄罗斯、塔吉克斯坦、乌兹别克斯坦和伊朗 9 个成员国，阿富汗、白俄罗斯、蒙古国 3 个观察员国，阿塞拜疆、亚美尼亚、埃及、柬埔寨、卡塔尔、尼泊尔、沙特、土耳其和斯里兰卡等 14 个对话伙伴。2021 年上合组织杜尚别峰会启动了给予伊朗成员国地位进程，2022 年撒马尔罕峰会启动了给予白俄罗斯成员国地位的进程，目前白俄罗斯正履行相关程序。

上合组织最高决策机构是成员国元首理事会，该会议每年举行一次，决定所有重要问题。政府首脑（总理）理事会每年举行一次，讨论多边合作和优先领域的战略，决定经济及其他领域的原则性和重要问题，通过组织预算。上合组织框架内还设有外交、国防、安全、经贸、文化、卫生、交通、紧急救灾、科技、农业、司法、旅游、工业、能源、减贫、体育等会议机制。上合组织有两个常设机构，分别是设在北京的上合组织秘书处和设在塔什干的上合组织地区反恐怖机构执行委员会。[②]

---

① 参见蔡子畅、曲颂：《“共同推动上合组织在第三个十年发展得更好”：访上海合作组织秘书长张明》，《人民日报》2022 年 9 月 14 日。

② 上合组织的基本信息可以参见其官方网站，2015 年 12 月 9 日，见 http://chn.sectsco.org/about_sco/2015 1209/26996.html。

2018年6月，上合组织青岛峰会，在山东这一孔孟故里和儒家文化发祥地召开，习近平主席强调，“上海合作组织始终保持旺盛生命力、强劲合作动力，根本原因在于它创造性地提出并始终践行‘上海精神’，主张互信、互利、平等、协商、尊重多样文明、谋求共同发展。这超越了文明冲突、冷战思维、零和博弈等陈旧观念，掀开了国际关系史崭新的一页，得到国际社会日益广泛的认同”①。2022年9月，在乌兹别克斯坦撒马尔罕上合组织第二十二次元首理事会上，习近平主席表示：“实践表明，‘上海精神’是上海合作组织发展壮大的生命力所在，更是上海合作组织必须长期坚持的根本遵循。过去我们践行‘上海精神’取得巨大成功，未来我们还要秉持‘上海精神’一路前行。”（见表6）②

表6 “上海精神”与实践

“上海精神”	反对	倡导	实践（2022年撒马尔罕峰会）
· 互信 · 互利 · 平等 · 协商 · 尊重文明多样性 · 谋求共同发展成功经验 · 坚持政治互信 · 坚持互利合作 · 坚持平等相待 · 坚持开放包容 · 坚持公平正义	发展不平衡、发展差距	创新、协调、绿色、开放、共享的发展观，实现各国经济社会协同进步	· 2023年，中方将举办本组织发展合作部长会晤、产业链供应链论坛 · 建立中国—上海合作组织大数据合作中心，打造共同发展的新引擎 · 中方愿同各方开展航天领域合作，通过提供卫星数据服务，支持各方农业发展、互联互通建设

① 习近平：《弘扬“上海精神”，构建命运共同体——在上海合作组织成员国元首理事会第十八次会议上的讲话》，人民出版社2018年版，第2页。

② 《习近平重要讲话单行本》（2022年合订本），人民出版社2023年版，第66页。

续表

“上海精神”	反对	倡导	实践（2022年撒马尔罕峰会）
·互信 ·互利 ·平等 ·协商 ·尊重文明多样性 ·谋求共同发展成功经验 ·坚持政治互信 ·坚持互利合作 ·坚持平等相待 ·坚持开放包容 ·坚持公平正义	冷战思维、集团对抗，牺牲别国安全换取自身绝对安全	共同、综合、合作、可持续的安全观	·要持续开展联合反恐演习，严厉打击“三股势力”、毒品走私、网络和跨国有组织犯罪，有效应对数据安全、生物安全、外空安全等非传统安全挑战 ·中方愿在未来5年为成员国培训2000名执法人员，建立中国—上海合作组织反恐专业人才培训基地，强化各方执法能力建设 ·发挥“上海合作组织—阿富汗联络组”、阿富汗邻国协调合作机制等平台作用，根除恐怖主义滋生土壤
	自私自利、短视封闭的狭隘政策	开放、融通、互利、共赢的合作观	·落实好成员国扩大本币结算份额路线图，加强本币跨境支付结算体系建设，推动建立本组织开发银行，加快区域经济一体化进程 ·落实好峰会框架内通过的贸易和投资、基础设施建设、维护供应链、科技创新、人工智能等领域合作文件 ·加强“一带一路”倡议同各国发展战略和地区合作倡议对接，拓展小多边和次区域合作
	文明隔阂、文明冲突、文明优越	平等、互鉴、对话、包容的文明观，倡导文明交流、文明互鉴、文明共存	·深化教育、科技、文化、卫生、媒体、广电等领域合作 ·办好青年交流营、妇女论坛、民间友好论坛、传统医学论坛等品牌活动 ·上合组织睦邻友好合作委员会等民间机构 ·建设好中国—上海合作组织冰雪体育示范区，举办减贫与可持续发展论坛、友好城市论坛 ·未来3年，为本组织民众免费实施2000例白内障手术，提供5000个人力资源培训名额
	不民主、一个或几个国家发号施令	共商共建共享的全球治理观	·拓展本组织同联合国等国际和地区组织交往，共同坚持真正的多边主义，携手推动国际秩序朝着更加公正合理的方向发展

资料来源：根据习近平主席《弘扬“上海精神”，构建命运共同体》、《把握时代潮流，加强团结合作，共创美好未来》等重要讲话整理。

上合组织的安全观是综合的、立体的，是对话而不对抗、结伴而不结盟、共赢而非零和新型安全之路的生动体现。英国伦敦经济与商业政策署前署长罗思义表示："以发展中国家为处理共同问题而建立的组织为例，东盟和上合组织都包含具有不同政治制度的国家，成功之处在于他们并不试图强加政治上的统一性，也不是处理传统安全威胁的军事联盟。各国应合作应对传统和非传统安全威胁，接受不同政治制度存在，而不要试图干涉。"①

① 《破解安全困境的中国方案》，《人民日报》2023 年 2 月 26 日。

第四章　如何应对治理赤字？

人类只有一个地球，人类也只有一个共同的未来。

——习近平：《让多边主义的火炬，照亮人类前行之路》，2021

巴厘岛有“众神之岛”的美誉，艺术家、冥想者、观光客漫步在被蔚蓝海水怀抱着的白色沙滩上，可以欣赏到动人心魄的海天一色，在天人合一中证悟本心，他们还可以观赏蒂加拉朗和贾提鲁伊稻田，这是人尊重和开发自然，而自然馈以生存之物的见证。

2022 年 11 月 14 日下午，习近平主席乘坐的专机抵达印度尼西亚巴厘岛努拉莱伊国际机场，此行是应邀出席二十国集团（G20）领导人第十七次峰会。习主席抵达巴厘岛的第二天，联合国宣布世界人口达到 80 亿，这既是人类发展进步的表现，但同时人口快速增长也为国际社会带来了各种挑战，“例如，学校教育、公共卫生、住房、水和卫生设施、环境等都面临着可持续发展压力”①。正如联合国秘书长古特雷斯所说，这是人类思考对地球负起共同责任的时刻。② 同一天，习近平主席以《共迎时代挑战，共建美好未来》为主题在 G20 峰会上发表演讲，指出当前世界，

① 联合国经济和社会事务部：《八十亿人口——人类与地球的无限可能》，2022 年 11 月 4 日，见 https://www.un.org/zh/desa/8-billion-strong-infinite-possibilities-people-and-planet。

② 参见李志伟：《联合国：世界人口达到 80 亿》，《人民日报》2022 年 11 月 23 日。

“全球治理严重缺失，粮食和能源等多重危机叠加，人类发展面临重大挑战。面对这些挑战，各国要树立人类命运共同体意识，倡导和平、发展、合作、共赢，让团结代替分裂、合作代替对抗、包容代替排他，共同破解‘世界怎么了、我们怎么办’这一时代课题，共渡难关，共创未来”[①]。

第一节　问题表现

一、历史终结抑或文明冲突：全球治理不牢靠的价值基础

美国《国家利益》杂志在1989年夏季卷推出一篇名为《历史的终结?》的文章。这份杂志由美国新保守主义教父欧文·克里斯托（Irving Kristol）在1985年创办，目的是在意识形态战场策应里根政府对苏联的攻势[②]，“过去西方的领导人和公众因为对西方自由民主价值观念的信心不足，忽视了对苏联人进行意识形态攻击的重要性，没有认识到意识形态攻击可以给苏联造成极大伤害。因此，新保守主义者大声疾呼，西方应该毫不妥协地宣扬其价值观念的优越性，完全拒斥苏联体系的道义合法性，并认为，西方的军事实力只能阻止西方的失败，而意识形态上的突破才能带来胜利”[③]。

1989年11月，《历史的终结?》刊出后不久，柏林墙被推倒，文章声誉日隆，作者弗朗西斯·福山将其扩充成书，1992年出版了《历史的

① 习近平：《共迎时代挑战，共建美好未来——在二十国集团领导人第十七次峰会第一阶段会议上的讲话》，《人民日报》2022年11月16日。

② 福山曾经于1979—1980年和1983—1989年以及1995年—1996年在兰德公司的政治科学研究部工作。在1981—1982年和1989年，他在美国国务院政策规划办公室工作，该部门是“遏制战略之父”乔治·凯南（George Kennan）应国务卿乔治·马歇尔（George C. Marshall）的要求创设的。兰德公司与美国政策之间的关系可以参见［美］亚历克斯·阿贝拉：《兰德公司与美国的崛起》，梁筱芸、张小燕译，新华出版社2016年版。

③ 吕磊：《美国的新保守主义》，江苏人民出版社2004年版，第235—236页。

终结与最后的人》。福山承继法国哲学家亚历山大·科耶夫（Alexandre Kojève）的思想，试图将全人类在一切时代的经验纳入解释范围，并将之理解为一个唯一的、连续的、不断进化的过程的历史。[①] 科耶夫是俄裔法国哲学家，他认为历史是有方向有意义的，人类最终会走向普世均质的世界。普世均质可以这么理解：假设地球可以切割和拼装，恰好有一个人手里有那么一把刀可以切割地球，他随性所至随便切下两块，然后把它们的位置互换，结果他会发现在普世均质的状态下，历史上所存在过的或现在仍然存在的所有界限（国界线或族群认同）都是没有意义的，人与人之间的交流（人工智能翻译突破了语言的障碍）不存在任何困难，因为人与人之间不存在任何本质性差别。[②]

时间也均质化了。因为人类不可能再找到更崇高的价值与事业，未来已经没有意义，时间只不过是循环重复，如果我穿越到 500 年后，虽然科技改变了社会的形态，但我对人的观念，以及政治、经济和社会的组织方式不会有任何诧异感。科耶夫认为历史终结的过程仍然在继续，“将来，所有的人性都将凝聚成一种政治实体，但这样一个时代的来临，仍然是非常遥远的事”[③]，在这段时间内，各个民族都需要证明能够为普世人性贡献何种价值。科耶夫认为德国已经将民族国家的力量推至了极端，它的失败证明国家为未来所作的准备必须超越国家，具有普世性质。对法国来说，盎格鲁－撒克逊和苏联人已经提供了两种不同版本的国际秩序图景，法国要想在历史终结之前有所作为就必须加强拉丁民族和欧洲团结，将德国人留在欧洲（而不是彻底被英美联盟吸走）并避免法国成为德国经济、军事和政治腹地。第二次世界大战后，科耶夫作为欧洲共同市场（European Common Market）主要设计者之一在法国经济事务部工作，为贯彻自己

① 参见［法］亚历山大·科耶夫：《黑格尔导读》，姜志辉译，译林出版社 2021 年版。

② 参见邱立波：《绝对精神的喜剧与自我意识的悲剧》，载［法］科耶夫等：《科耶夫的新拉丁帝国》，邱立波编译，华夏出版社 2008 年版，第 2—3 页。

③ 参见［法］科耶夫：《法国国是纲要》，载［法］科耶夫等：《科耶夫的新拉丁帝国》，邱立波编译，华夏出版社 2008 年版，第 20 页。

的政治主张而奔波。1968 年，科耶夫代表法国政府在欧洲经济共同体（European Economic Community，欧盟的前身）发言后不久，在象征着欧洲人构建超越民族国家政治实体之努力的布鲁塞尔去世。

与科耶夫的观点相反，到了 1989 年，福山宣布超越时空的“历史之神”已经在美国显露真身，“西方的制度就像科学方法一样，虽然是在西方发现的，但是却具有其普遍性”①，实际上，福山的想法是抓住特殊的历史时刻，将美国的特殊性包装成普遍性，进而僭取全球政治中的道义制高点，为美国霸权张目。《历史的终结与最后的人》出版一年后，福山在哈佛大学的导师塞缪尔·亨廷顿在《外交事务》杂志上发表了《文明的冲突》，核心观点是，冷战的结束并不是历史的终结，“国家仍然是世界事务中最有权势的行为体，但是主要的全球政治冲突会发生在不同文明的国家和群体之间。文明的冲突会主导全球事务。文明线将会是未来的战争线”②。

亨廷顿与福山的核心区别在于，他否定西方意识形态和制度的普世性，“西方，特别是一贯富有使命感的美国，认为非西方国家的人民应当认同西方的民主、自由市场、权力有限政府、人权、个人主义和法治的价值观念，并将这些价值观念纳入他们的体制。然而，在其他文明中，赞同和提倡这些价值观的人只是少数，大部分非西方国家的人民对于它们的占主导地位的态度或是普遍怀疑，或是强烈反对。西方人眼中的普世主义，对非西方来说就是帝国主义”③。

如果说福山看到的是一幅西方胜利主义图景，那么亨廷顿看到就是异教徒主导的漫长阴影正垂幕而下慢慢笼罩西方世界。从西方文明内部来看，亨廷顿批评美国非常怪异地在国际上搞注定徒劳无功反而劳民伤财的普世主义，在国内却推行将严重削弱美国对西方文明认同的多元主义。他借用美国第 26 任总统西奥多·罗斯福（Theodore Roosevelt Jr.）的话表达了国家认同被削弱之后的悲剧性后果：“有一种情况绝对会导致国家的崩

① 陈家刚编：《危机与未来：福山中国讲演录》，中央编译出版社 2012 年版，第 126 页。

② Samuel P. Huntington, “The Clash of Civilizations?”, *Foreign Affairs*, Vol. 72, No. 3, p. 22.

③ ［美］塞缪尔·亨廷顿：《文明的冲突》，周琪等译，新华出版社 2017 年版，第 204 页。

溃并阻碍美国作为一个国家继续存在的一切可能，那就是听任美国成为一个充满民族纠纷的国家。”① 从外部看，随着技术和民族国家的扩散，亨廷顿相信西方文明步入现代社会的先发优势已经不复存在。② 冷战的结束还使得西方出现了离心倾向，西欧并不天然地遵奉美国为领导者，它们追求自身的独立性，并寻求与非西方文明加强联系，美国和西欧在 2003 年伊拉克战争上的分歧突出地证明了这一点。③

福山和亨廷顿对未来图景的不同描画将美国的外交战略选择导向不同的方向。在福山那里，美国人看到的是美式经济和政治制度应该也必然在全球扩散开来，而且其他国家的历史主动性已经从哲学和道德的层面被剥夺，没有任何抗拒美国的理由，所有的政治、经济、社会活动都是为复制粘贴西方的观念和制度做准备，否则就会受到侵犯人权、专制威权的指控。为了消除意识形态和制度方面的非西方性，在中东地区，美国采取的是“武力输出民主”，在阿富汗和伊拉克进行国家构建的试验，现在已经证明是美国巨大的战略失误。在欧洲和亚洲，美国采取的是制度扩散战略：在欧洲，北约东扩；在亚洲，对中国采取接触战略，在进行自由贸易、人文交流、对话沟通的同时希望中国发生意识形态和政治制度变革。因此，中美接触明明是互利共赢的，但在中国实力日益增长并不断为全球之发展进步作出大量实质性贡献之后，美国战略界主流却认为接触战略失败了，称中国对美国实施了战略欺骗或中国辜负了美国的期待，从根本上讲，这就是因为美国人对接触战略暗含了意识形态和制度变革期待。④

亨廷顿认为世界范围内的普世主义注定是徒劳无功的，多文明的经

① ［美］塞缪尔·亨廷顿：《文明的冲突》，周琪等译，新华出版社 2017 年版，第 361 页。

② 参见［美］塞缪尔·亨廷顿：《文明的冲突》，周琪等译，新华出版社 2017 年版，第 82 页。

③ 当然，美国的新保守主义者对西欧和平立场持鄙视态度，罗伯特·卡根（Robert Kagan）认为西欧之所以能够生活在并继续畅想和平的伊甸园，是因为美国手持利刃冲锋陷阵将非西方文明的威胁拒之门外（［美］罗伯特·卡根：《天堂与权力：世界新秩序中的美国与欧洲》，刘坤译，社会科学文献出版社 2013 年版）。

④ Aaron L. Friedberg, *Getting China Wrong*, Cambridge: Polity Press, 2022.

济一体化要么没有意义，要么会带来未曾预料的巨大的经济和政治代价，与中国自由贸易似乎除了造就一个强大的异己力量没有什么益处。美国人真正要做的是加强西方文明内部的团结，美国不能在多元主义中迷失，因此移民政策要慎重，“如果美国非西方化了，那么西方就缩小到只剩下欧洲和几个欧洲移民人口不多的国家。没有美国，西方便会成为世界人口中一个微不足道的和衰老的部分，居住在欧亚大陆一端和一个小而无关紧要的半岛之上”①。美国要拉拢西欧，这里暗示西方需要敌人，更意味着全球性自由贸易需要控制，因为这可能会让欧洲丧失区分敌我的政治决断能力。抑制中国军事能力的发展，拴住日本，延缓日本脱离西方而顺应中国。为了弥补人口劣势，西方需要确保军事和科技优势。可以说，亨廷顿为美国设计了一套多元世界（区别于冷战）之中的“遏制战略”，核心要义是渲染非西方文明的危险性，强调过多与它们接触，会导致西方文明从内部开始瓦解并被非西方人口大潮淹没。进一步说，亨廷顿设计的战略是多文明平行世界，西方和非西方仅保持低限度接触，在美国领导下，西方内部加强贸易和思想循环，确保军事和技术优势，御敌于文明线之外。

历史终结和文明冲突都说明，冷战后美国主导的全球治理架构价值基础是不牢靠的，非西方要么是有待被征服或清除的对象，要么是危险的“特洛伊木马”（从内部瓦解西方）或“蒙古军团”（在外部威胁西方），而不是需要尊重和平等合作的伙伴。在非西方世界崛起的背景下，这两种战略方向都会对全球治理造成威胁和挑战：第一，福山路线会导致美国将治理平台“武器化”，将其他国家参与全球治理、追求更加公平正义国际体系的努力视为对美国霸权的挑战；第二，亨廷顿路线会导致美国扩充军备，强化军事同盟，参与全球治理的意愿不足，实行逆全球化经济贸易政策，打造经济贸易“小团体”、“小圈子”。两条路线都会导致美国寻找和塑造敌人，使全球治理的逻辑“从过去的效率公平优先转为权力和竞争优

① ［美］塞缪尔·亨廷顿：《文明的冲突》，周琪等译，新华出版社 2017 年版，第 362 页。

先”①，加剧治理赤字。

2008年之后，美国有学者建议美国政府应该适应非西方世界的崛起，转变自身角色。曾担任过《外交事务》杂志主编的美国著名印度裔学者和政论家法里德·扎卡利亚（Fareed Zakaria）建议美国从霸权国转变为协调者："当今世界不再分属两大敌对阵营，国际联系和相互依存度比以往任何时候都更加密切，'制衡'崛起中的大国的政策将是危险和具有破坏性的，甚至有可能成为'自我实现的预言'式的政策。"② 但是，类似的声音只存在了短暂的时间，美国决定抓住时间窗口，阻止中国的发展势头。2016年之后，美国实现了福山路线和亨廷顿路线的整合：特朗普政府通过贸易摩擦开始与中国的经济脱钩、通过"中国行动计划"开始与中国教育科技脱钩、通过散布中国共产主义意识形态威胁营造国内"红色麦卡锡"氛围，推动与中国社会脱钩、通过威逼利诱等手段迫使盟友和伙伴参与"围剿"华为等行动；拜登政府将特朗普政府的政策打磨得更加精细，利用网络安全、俄罗斯威胁等巩固西方内部团结，组织"小圈子"将科技战推向深入。在福山路线和亨廷顿路线的复合作用下，美国转向了所谓的战略竞争，冲击全球治理体系，加剧了全球治理赤字。

二、"我们身处波涛汹涌的大海上"③

2022年9月，古特雷斯秘书长在联合国大会上表示，《联合国宪章》及其所代表的理想正处于险境，"地缘政治分歧正在：破坏安全理事会的工作；破坏国际法；破坏信任和民众对民主体制的信心；破坏一切形式的国际合作"。他特别批评了有国家想用"小集团"架空联合国，而这根本无法真正地解决全球性问题："我们生活在一个合作与对话是唯一合乎逻

① 任琳：《"四大赤字"冲击全球治理秩序》，《世界知识》2022年第12期。

② ［美］法里德·扎卡利亚：《后美国世界：大国崛起的经济新秩序时代》，赵广成、林民旺译，中信出版社2009年版，第233页。

③ ［葡］安东尼奥·古特雷斯：《秘书长向大会发表的讲话》，2022年9月20日，见https://www.un.org/sg/zh/content/sg/speeches/2022-09-20/secretary-generals-address-the-general-assembly。

辑的前进道路的世界。任何势力或集团都不可能单独发号施令。任何重大的全球性挑战都不可能通过有意愿者联盟来克服。我们需要的是世界联盟。”①

2023年2月，中国外交部发布报告《美国的霸权霸道霸凌及其危害》，“美国对国际法和国际规则合则用，不合则弃、则废，打着‘基于规则的国际秩序’旗号，谋着维护自身‘家法帮规’的私利”②，点出了当前全球治理面临的两大挑战：第一，美国的弃、废行为导致现有全球治理机制效能降低，乃至失灵、停摆；第二，美国实施伪多边主义，搞“小圈子”，目的是为了打击所谓的地缘政治对手，导致治理平台和机制被武器化，在迫切需要全球治理的新兴领域无法形成有效的国际合作。

（一）“要削弱世界贸易组织，使该组织无法推翻美国的政策”③

2015年，联合国通过《2030年可持续发展议程》，该议程包括无贫穷、零饥饿、良好健康与福祉、优质教育、性别平等、清洁饮水和卫生措施、经济适用的清洁能源、体面工作和经济增长等17个可持续发展目标。全球各国本应该为实现议程目标携手揽腕，共同努力，但是有国家却置人类共同福祉于不顾。特朗普时期，美国常驻联合国代表克拉夫特发表文章恶意攻击中国和联合国的合作，指责中国籍国际职员的操守，对此中国常驻联合国代表团发言人批评克拉夫特罔顾事实，充斥意识形态偏见和“冷战”心态，是新时代的“麦卡锡主义”。④美国常年拖欠联合国等多边机构会费，截至2022年4月底，美国拖欠联合国逾10亿美元的会费以及超

① ［葡］安东尼奥·古特雷斯：《秘书长向大会发表的讲话》，2022年9月20日，见https://www.un.org/sg/zh/content/sg/speeches/2022-09-20/secretary-generals-address-the-general-assembly。

② 外交部：《美国的霸权霸道霸凌及其危害》，《人民日报》2023年2月21日。

③ 这是特朗普时期美国贸易谈判代表莱特希泽（Robert Lighthizer）给拜登政府的政策建议。参见Bob Davis, “Trade Chief Lighthizer Urges Biden to Keep Tariffs on China”, *The Wall Street Journal*, January 13, 2021。

④ 《中国常驻联合国代表团：坚决反对美国代表恶意攻击中国与联合国合作》，2020年10月22日，见http://www.xinhuanet.com/world/2020-10/23/c_1126648730.htm。

过14亿美元的维和摊款，分别占各国欠款总额的64.3%和49.5%[①]。新加坡国立大学政治系助理教授庄嘉颖表示："美国最近十几、二十年跟联合国的关系起起落落比较多，有时候和联合国摩擦比较大，关系比较紧张的时候，往往就不肯交出会费。"[②] 美国将应尽的义务作为对联合国施加压力的手段，严重影响了联合国的正常运转。

在特朗普看来，地区和多边组织是对美国利益的伤害，因为信守承诺会阻碍美国"为所欲为"，因此特朗普任内的美国掀起了一股"退群"的高潮，先后退出了联合国教科文组织（2017年10月）、伊核问题全面协议（2018年5月）、《中导条约》（2019年8月）和《开放天空条约》（2020年11月）等一系列多边协定和多边国际组织。上海外国语大学国际关系学院与公共事务学院副院长晋继勇撰文指出，美国频繁"退群"的一个重要目标是，"美国政府意在通过破坏现有的全球多边治理体系，以重塑能够体现以'美国利益优先'的国际体系"[③]。

世界贸易组织（WTO）是美国对多边组织采取"合则用，不合则弃"策略的受害者。WTO目前有164个成员，成员方贸易总额达到了全球的97%。WTO的前身是成立于1948年1月1日的关税及贸易总协定（GATT），其成立的原因是人们吸取了20世纪30年代经济危机爆发后各国"以邻为壑"关税政策的教训，该政策加剧了经济危机并为军国主义和法西斯主义得势铺平了道路。[④]WTO的主要目标有三个：第一，为成员方提供一个规范有序的阶段以供协商、咨询并谈判贸易规范；第二，确保在贸易方面不歧视任何成员；第三，提供系统功能性裁决平台，防止贸易战的发生。因

① 参见许可：《有媒体将美国称作联合国"老赖"》，2022年5月13日，见http://www.news.cn/world/2022-05/13/c_1128648462.htm。

② 《从联合国会费看中美外交角力》，2019年10月23日，见https://www.bbc.com/zhongwen/simp/world-50083620。

③ 晋继勇：《美国又"退群"：逃避国际责任，妨害全球抗疫》，《光明日报》2020年7月9日。

④ 参见[美]查尔斯·P.金德尔伯格：《1929—1939年世界经济萧条》，宋承先、洪文达译，上海译文出版社1986年版。

此，WTO 有贸易谈判、贸易政策审议和争端解决三大法律机制，其中争端解决机制是多边贸易体制的核心支柱，被誉为 WTO 王冠上的宝石。

WTO 的争端解决可以分为五个部分：磋商，约 40% 的争端案件在这一阶段得到解决；成立专家组，磋商失败后，起诉方可以要求来自不同国家的专家组成专家组，协助争端解决机构得出结果或建议；上诉，上诉机构可以维持、修改或推翻专家组的调查结果和结论；执行，被诉成员应该根据专家组报告和上诉机构报告进行整改，如果在规定期限内无法完成，被诉成员需要与申诉成员协商，确定可以接受的补偿；报复，如果 20 天内无法达成补偿协议，申诉成员可以请求争端解决机构允许其进行报复。①

上诉机构是 WTO 争端解决机制的重要组成部分。作为国际贸易的"最高法院"，上诉机构不仅对世贸组织专家组发布的"初裁"报告具有复审权，而且其裁决被视为"终审裁决"，具有强制执行力。② 上诉机构常设 7 名法官，每人任期 4 年，每起案件至少需要 3 名法官进行审理。特朗普上台后，美国以上诉机构"越权裁决"等理由，频繁使用一票否决权阻拦增补新法官的遴选程序。到 2019 年年底，上诉机构只剩一名法官在任，因法官人数不足而无法受理任何新案件，陷入"停摆"状态。2020 年 8 月，在 WTO 召开的世贸组织争端解决机制会议上，墨西哥代表 164 个成员中的 121 个成员，再次提出关于重启上诉机构成员 6 个空缺席位遴选程序的建议，"上诉机构停摆状况严重影响了世贸组织争端解决机制的整体性，也损害了世贸组织广大成员的最大利益"。③

上诉机构停摆是美国政府在"美国优先"旗号下，奉行单边主义，实施贸易保护主义，试图用国内法代替国际法的典型案例。1995—2020 年，

① 参见《世贸组织争端解决机制为何如此重要》，2020 年 7 月 2 日，见 http://www.mczx.agri.cn/mybw/202007/t20200702_7443785.htm。

② 参见凌馨：《WTO 总干事：上诉机构停摆让争端解决机制受损而非终结》，2019 年 12 月 10 日，见 http://www.xinhuanet.com/world/2019-12/11/c_1125333338.htm。

③ 杨海泉：《美国再次阻挠 WTO 争端解决机制遴选》，《经济日报》2020 年 9 月 1 日。

WTO 成员共提起了 598 起争端解决案件，其中美国作为主要被诉方的案件高达 156 件，是排名第 2 位的欧盟的两倍，占所有案件量的 26%。[①] 中国现代国际关系研究院的研究人员指出，特朗普政府贸易保护行动遭到了一系列贸易诉讼：第一，美国对韩国晶体硅光伏产品，中国和韩国的大型进口洗衣采取 201 条保障措施，遭到韩国和中国的磋商请求；第二，美国以“国家安全例外”为理由，对进口钢铁和铝产品征收 10% 和 25% 的关税，遭到中国、印度、欧盟、加拿大、墨西哥、挪威、俄罗斯等经济体磋商请求，WTO 于 2018 年 11 月建立专家组；第三，2018 年 4 月，中国就美国对华 301 关税发起磋商请求，2019 年 1 月，WTO 成立专家组调查此案。美国人认为，“不能输掉这些贸易官司，但却没有十足的胜算”[②]，于是干脆“废掉”上诉法院，磋商和专家组意见将不再具有强制效力，这样一来美国就可以无所顾忌地用国内法和国家安全理由到处挥舞大棒，迫使其他国家向美国的霸道行为低头。

美国在和加拿大之间的木材贸易摩擦上就使用了这一手段。2020 年 8 月 24 日，WTO 争端解决机制专家组就美国对进口加拿大软木材采取反补贴措施作出了有利于加拿大的裁决。裁决认为，美国商务部不恰当地判定加拿大以低价出售树木并向其软木材生产商提供补贴。加拿大对此表示欢迎，认为由于美国商务部的错误做法，加拿大出口软木材已经被征收了近 30 亿美元的关税。但是，9 月 28 日，美国向上诉机构提出上诉，而上诉机构已经在美国的阻挠下停摆，这就意味着相关裁决被束之高阁。对此，加拿大方面表示：“美国不接受专家组裁决，使得裁决无法生效和执行，同时又阻挠上诉机构新成员遴选迫使该机构停摆，这种做法加重了对加拿大软木材生产商的不公平待遇，并剥夺了加拿大迅速解决争端的权利。”[③]

① 参见刘军等主编：《世界贸易组织概论》，首都经济贸易大学出版社 2021 年版，第 58—60 页。

② 陈凤英、孙立鹏：《WTO 改革：美国的角色》，《国际问题研究》2019 年第 2 期。

③ 杨海泉：《美国解决世贸争端方式自相矛盾》，《经济日报》2020 年 10 月 9 日。

拜登政府事实上延续了特朗普政府的保护主义贸易政策。① 美国经济学家西门·施罗普（Simon Schropp）指出："拜登政府没有撤销前总统特朗普根据1974年《贸易法》第301条对中国进口商品征收的（可能违背WTO规则的）歧视性关税。这些关税不仅未能实现胁迫中国改变其产业管理政策和使中国进口更多美国产品的预期目的。还有越来越多的经验证据表明，关税对美国经济的伤害比对中国经济的伤害更大。"②2022年8月，拜登签署《通胀削减法案》，意图通过高额补贴等激励措施，推动美国电动汽车产业和其他绿色技术的发展。欧盟指出该法案蕴含了美国单边主义政策逻辑，其中许多歧视性措施会破坏公平竞争环境、损害其他经济体的产业利益、激化补贴战和贸易战等恶性竞争。中国国际问题研究院欧洲研究所所长崔洪建指出，"如果任由美国实施《通胀削减法案》，欧盟将丧失自身在绿色产业领域的规则制定、政策体系、技术发展等优势"，该法案还会对欧洲，特别是德国的汽车制造业绿色转型造成强烈冲击。③

西欧在对华政策上一直与美国保持距离，"几年来，欧盟领导人对华盛顿涉华政策的鹰派立场感到恼火，对那些主张与中国完全脱钩最为强硬的反华议员不以为然"④。事实上，第二次世界大战以来欧洲国家一直存在着反美主义倾向，他们担心欧洲沦为美国的附庸，而这意味着文化和道德上的堕落，"与美国政治经济联系密切的国家，由于它们在经济上比较发达，尽管都属于资本主义阵营，但在很多方面与美国还存在着潜在的竞争，它们尤其对本国或本地区的文化有着不容取代的自豪感"⑤。2023年4月6日，来华访问的法国总统马克龙明确表示："法方坚持独立自主外交，

① NicholasSargen, "The Continuing Mystery of Biden's Trade Policy", *The Hill*, February 3, 2023.

② Simon Schropp, "Biden and Trade: No Trade Policy, No-Trade Policy or Both?", *Intereconomics*, Vol. 57, No. 6, 2022, p. 399.

③ 崔洪建：《"美国优先"政策引发美欧经贸争端》，《人民日报》2023年2月7日。

④ Robbie Gramer and Rishi Lyengar, "Europe's Great Catch-Up on China", *Foreign Policy*, December 20, 2022.

⑤ 王晓德：《文化的帝国：20世纪全球"美国化"研究》下册，中国社会科学出版社2011年版，第679页。

主张欧洲战略自主，反对搞对立分裂，反对搞阵营对抗。”①

拜登政府通过强调意识形态分歧、政治制度差异和网络安全威胁等方式正将中国塑造为西方文明危险的“敌人”，向西欧施加压力，迫使它们在产业链政策上配合美国。俄乌冲突爆发后，美国向欧盟大肆兜售这样的理念：与对俄能源依赖相比，对华经贸依赖的危险性有过之而无不及，欧盟应该以最快速度最大限度与中国产业和市场脱钩。②

美国对欧盟政策的一个更大图景是重组全球产业链，将全球经济分割成不同的阵营，造成经济治理格局呈现出碎片化趋势。拜登上台后美国开始搞“近岸外包”和“友岸外包”：前者指将公司业务转移到周边国家，美国积极在拉美打造供应链体系；后者指要从具有共同价值观的“友好”国家获得零部件和原材料。2022年4月，美国财政部长珍妮特·耶伦（Janet L. Yellen）在一场演讲中表示：“支持友岸外包，将供应链转移至一批值得信任的国家，这样我们能够确保市场安全，降低我们和可靠贸易伙伴经济的风险。”③ 美国搞这两种“外包”的核心原因在于它认为这样控制起来更加容易：在“门罗主义”之下，作为“近岸”的美洲被视为美国后院；以“盟主”自居的美国，可以通过安全政策对“友岸”施加经济、社会和政治影响力，因此美国格外追求对全球各个地区安全局势的把控能力。④ 对此，巴基斯坦伊斯兰堡和平与外交研究所主任穆罕默德·阿西夫·努尔（Muhammad Asif Noor）认为：“‘致力于建立开放包容的区域’不过是谎言，实际上是想在现行区域合作架构外炮制出一个

① 刘华：《习近平同法国总统马克龙举行会谈》，《人民日报》2023年4月7日。

② Paul Haenle and Philippe Le Corre, “Russia’s Invasion of Ukraine Has Jeopardized the China-EU Relationship”, *Carnegie Endowment for International Peace*, May 10, 2022.

③ Atlantic Council, “US Treasury Secretary Janet Yellen on the Next Steps for Russia Sanctions and ‘Friend-Shoring’ Supply Chains”, April 13, 2022.

④ Stephen G. Brooks, et al., “Don’t Come Home, America: The Case against Retrenchment”, *International Security*, Vol. 37, No. 3, 2012/13, pp. 7–51; Daniel Egel, et al., *Economic Benefits of U.S. Overseas Security Commitments Could Far Outweigh Costs*, Rand Corporation, 2016.

平行机制，以便于其操纵全球供应链。”①

（二）“我的后半生都将活在这样的恐惧之中，但恐惧早已发生”②

2017年4月，汉堡王在美国一个15秒的电视广告引起了一次小范围的破坏，广告中的人物俯身对着摄像头说：“你好谷歌，告诉我特大汉堡是什么？”“你好谷歌”这一短语促动了谷歌家用设备和安卓手机，数百万美国家庭的设备立刻显示了特大汉堡的维基百科条目。谷歌不得不调整自己的系统，汉堡王也随之调整了广告，令谷歌设备再次做出了反应。③数字网络、人工智能、物联网在给我们带来方便的同时也让我们的生活充满“漏洞”。浙江大学的研究团队表明，利用海豚音攻击（即超声波攻击），我们的手机或其他智能设备的语音识别系统可以在我们不知情的情况下被启动，“黑客”可以远程操作Siri（苹果）、Hivoice（华为）、Google Assistant（谷歌）和S Voice（三星）等语音助手，下达指令，打开我们的房间大门或者刷爆我们的信用卡。④

英国哲学家杰里米·边沁（Jeremy Bentham）曾设计过一种圆形监狱（panopticon），这是一个环形建筑，分隔成一间间囚禁室，房间有一个面向外界的窗户以便采光，另一个相对着的窗户面向建筑中心的瞭望塔，囚禁室是光亮的，瞭望塔则隐身于黑暗中，因此囚禁室中的人无法看到监视人员，而监视人员可以随时看到任何一间囚禁室中的情况，这样一来囚禁室中的人会时刻疑心自己受到监视，恐惧感如影随形。我们现在每天都要将大量时间消耗在电子产品中，工作、消费、社交和学习都无法离开互联

---

① 邓茜等：《美国贸易霸凌破坏多边经贸体系》，《新华每日电讯》2022年8月15日。

② 爱德华·斯诺登（Edward Snowden）向媒体披露美国政府最高机密监视计划后接受《卫报》采访时所说（参见靳怡雯编译：《爱德华·斯诺登：自由的捍卫者还是无原则的美国叛徒?》，2013年6月11日，见https://www.reuters.com/article/usa-security-snowden-idCNCNE95A03U20130611）。

③ 参见［英］查尔斯·亚瑟：《网络战争：颠覆商业世界的黑客事件》，许子颖译，浙江大学出版社2019年版，第180页。

④ 参见王湛：《浙大才女领衔的团队，拿下了全球信息安全的最佳论文》，《浙江日报》2017年11月21日。

网，我们每一次点击、浏览、点赞、转发都会产生数据，算法会利用数据对我们的品位、消费能力、社会阶层进行画像，如果把这些信息整合起来，“再加上数据科学，我们就会对人类有一个新的认识——他们的行为、他们的欲望和他们的本性”①。数字时代，如果我们的数据隐私得不到保障，我们的隐私就会暴露在“圆形监狱”中而无所遁形。

在信息匮乏的时代，掌握信息的人掌握着权力；在信息爆炸时代，掌握信息筛选权的人掌握权力。在算法那里我们被打上了不同的标签，所以当打开新闻、短视频、购物等应用程序时，我们接触到的信息是不同的，也就是说虽然我们在同一节车厢或同一间屋子同时低头刷着手机，但我们却可能处于完全不同的信息空间，算法挑选出那些最能刺激我们情绪（愤怒或高兴）、消费欲望和审美偏好的信息推送给我们，我看上去知道一切，但是实际上只是生活在“信息茧房”（Information Cocoon）里②。换言之，算法只给我推送我喜欢的信息，让我觉得身边都是跟我想法一样的人，我像蚕茧一样只生活在自己纯粹但孤立的小空间里，掌握算法的企业和人能在瞭望塔中观察每一个蚕蛹。

网飞（Netflix），这家推出了《纸牌屋》、《怪奇物语》和《鱿鱼游戏》等诸多全球爆款影视剧集的公司之所以能够在数字时代从 DVD 租赁公司成功转型为流媒体企业，重要原因之一就在于其优质算法。2006 年 10 月，网飞公司宣布启动“网飞之奖”（Netflix Prize）算法竞赛，它公布了来自约 50 万用户的一亿条租赁记录，公开悬赏 100 万美金，举办一个软件设计大赛来提高电影推荐系统的精准度。通过把网飞公司的数据与其他公共数据进行对比分析，得克萨斯大学的研究团队发现：“每对 6 部不出名的电影进行排序，我们就有 84% 的概率可以辨认出网飞公司这个顾客的身份。而如果我们知道这个客户是哪天进行的排序的话，那么他被从这个

① ［美］赛思·斯蒂芬斯·达维多维茨：《人人都在说谎：赤裸裸的数据真相》，胡晓姣等译，中信出版社 2018 年版。

② 参见［美］凯斯·R. 桑斯坦：《信息乌托邦：众人如何生产知识》，毕竟悦译，法律出版社 2008 年版。

50 万人的数据库中挑选出来的概率就高达 99%。”①

人类的数字化趋势正在加速。5G 还在持续演进，6G 已经稳步布局，中国信科集团副总经理陈山枝提出了 6G 出现的两个标志：通过卫星通信与地面移动通信融合发展，应用卫星对海洋、森林、沙漠、偏远地区进行覆盖，实现星地融合的全球广域覆盖；6G 将支持虚拟世界、沉浸式元宇宙体验，未来会形成以用户为中心的 6G 接入架构。② 数字化、网络化、智能化在经济社会各个领域加速渗透，国际社会有责任合作治理好互联网这一人类的共同家园。③ 联合国网络安全与网络犯罪问题高级顾问吴沈括认为各国应该合作探寻网络空间国际治理的最大公约数，包括联合国在内的多边国际组织可以在这些领域有更多的新举措、更多的新机制来共同推进和塑造网络空间的国际治理格局。④ 但是，有的国家将数字技术武器化，网络空间治理不仅难以推进，更呈现出碎片化的趋势。

以色列的一家网络安全公司 NSO 集团拥有一款名为飞马（Pegasus）的强大窃听软件。飞马软件由前以色列情报人员开发，因其能够在不要求用户点击链接激活恶意软件的情况下渗透到目标智能手机，因此获得了“世界上最强大的网络武器”的声誉。飞马软件安装后可以在不被检测的情况下收集设备的所有数据。从 2011 年开始，NSO 集团已经将软件卖给了包括美国、印度、德国、波兰等在内至少 18 个国家的执法部门和情报机构。2021 年有调查机构查验了泄露的 5 万个电话号码，显示政府官员、企业家、记者等很多人都在飞马软件的监控之中。⑤ 有证据显示以色

① ［英］维克托·迈尔－舍恩伯格、［英］肯尼思·库克耶：《大数据时代：生活、工作与思维的大变革》，盛杨燕、周涛译，浙江人民出版社 2013 年版，第 199 页。

② 参见那什：《5G 持续演进，6G 稳步布局》，《人民邮电报》2022 年 8 月 16 日。

③ 参见金观平：《网络空间治理需要全球共同应对》，《经济日报》2022 年 11 月 10 日。

④ 参见李茂奇：《寻找网络空间国际治理的最大公约数：专访联合国网络安全与网络犯罪问题高级顾问吴沈括》，2019 年 12 月 12 日，见 https://news.un.org/zh/story/2019/12/1047311。

⑤ Kali Robinson, “How Israel’s Pegasus Spyware Stoked the Surveillance Debate”, Council on Foreign Relations, March 8, 2022, https://www.cfr.org/in-brief/how-israels-pegasus-spyware-stoked-surveillance-debate.

列政府也卷入其中，用该软件获取外交收益，《纽约时报杂志》（*New York Times Magazine*）的一项调查发现，墨西哥和巴拿马等国家在收到间谍软件后，开始在联合国大会上对以色列投赞成票。①

2013 年，美国前防务承包商雇员爱德华·斯诺登（Edward Joseph Snowden）通过英国《卫报》和美国《华盛顿邮报》等媒体揭露了美国的棱镜计划（PRISM），美国国家安全局（National Security Agency, NSA）和联邦调查局从 2007 年起，可以直接从谷歌、脸书、雅虎、微软等 9 家互联网巨头的数据库中搜集海量用户数据。② 在恒星风计划（Stellar-wind program）中，NSA 被授权收集国外恐怖组织的信息和相关通信，他们在美国科技公司的产品上安装后门（backdoors），因此能够收集全球的信息。③2021 年 5 月 30 日，丹麦广播公司报道，NSA 利用丹麦互联网设施，监听、监视德国前总理安格拉·默克尔等多名欧洲国家高级官员，NSA 能够获取被监听对象的手机短信和通话内容，以及互联网活动记录，包括他们在搜索引擎上搜索的关键词和通信软件里的聊天内容等。④

2022 年 8 月，斯坦福大学互联网观测站（Stanford Internet Observatory）与合作公司联合发布了一份报告，他们发现脸书和推特等社交媒体上存在大量用来从事隐蔽活动的虚假账号，利用深度伪造技术，设计虚拟人在中亚、伊朗、阿富汗和中东（伊拉克、叙利亚、黎巴嫩和也门等）传播假新闻，进行亲美国的舆论宣传，并攻击俄罗斯和中国等被美国视为战略竞争对手的国家，比如在中亚地区，美国宣传的重点是：彰显美国在地区的外交和人道主义努力、宣扬俄罗斯（没有证据证明的）邪恶行

① Ronen Bergman and Mark Mazzetti, “The Battle for the World’s Most Powerful Cyberweapon”, *The New York Time Magazine*, January 31, 2022.

② 参见［美］巴顿·格尔曼：《美国黑镜：斯诺登与美国监控帝国》，思齐译，中信出版社 2021 年版。

③ Joseph Menn, “Spy Agency Ducks Questions about ‘Back Doors’ in Tech Products”, *Reuters*, October 28, 2020,

④ 参见郭倩：《美国安局被爆监听默克尔等盟国官员》，2021 年 6 月 1 日，见 http://www.xinhuanet.com/world/2021-06/01/c_1211180658.htm。

为、鼓吹俄罗斯在中东和非洲的军事介入和中国的“帝国主义”等。①

《华盛顿邮报》称：“推动美国海外叙事的心理行动（psychological operations）在军事领域并不是新鲜事，但是西方社交媒体在全球范围内的流行让手法扩充了，包括使用人造形象和图像——有时称之为‘深度伪造’。逻辑是与美国政府公开传播相比，观点由一名阿富汗女性或一位伊朗学生说出来更有说服力。”② 美国媒体拦截（The Intercept）调查发现社交媒体上的隐蔽行动可以直接与美国国防部中央司令部（U.S. Central Command）和美国特种作战司令部（U.S. Special Operations Command）联系起来，推特和脸书在配合美国国防部采取相关行动，“如果五角大楼在努力影响公众对我们军队在海外角色的看法，如果私人公司在帮助掩盖这一点，那就更令人担忧了”③。

从特朗普开始，美国从基础设施、技术标准和伦理规则等多个维度采取行动试图将全球网络空间推向“巴尔干化”，即人为地将全球网络空间分裂成相互紧张甚至处于敌对状态的较小空间。2020 年 6 月，美国提出所谓的“清洁网络”（CleanNetwork）计划，目标是打击中国的电信运营商和科技企业。复旦大学的研究报告指出：“在中美战略竞争加剧的今天，中国成为了美国的针对对象。在未来，如果其他国家与美国存在类似的战略竞争，美国很有可能对其他国家采取同样的措施；甚至在某种极端情况下，如果此类行为模式未能得到有效的矫正继而获得了某种事实上常态化的认可，即使没有形成战略竞争的局面，只要美国不满意自身在相关产业所获得的收益，就可以用类似的方式，通过施压来获取额外的收益。”④

拜登政府将中俄贴上了“数字威权主义”的标签，通过意识形态鼓

① Graphika and Stanford Internet Observatory, *Unheard Voice: Evaluating Five Years of Pro-Western Covert Influence Operations*, August 24, 2022.

② Ellen Nakashima, “Pentagon Opens Sweeping Review of Clandestine Psychological Operations”, *The Washington Post*, September 19, 2022.

③ Lee Fang, “Twitter Aided the Pentagon in Its Covert Online Propaganda Campaign”, *The Intercept*, December 20, 2022.

④ 沈逸、江天骄主编：《清洁网络计划与美国数字霸权》，复旦智库报告 2020 年，第 5 页。

动和胁迫其他国家配合和支持美国撕裂全球网络空间的行为。2022 年 4 月，美国联合一些国家发布《未来互联网宣言》，声称要合作对抗崛起的"数字威权主义"①。在产业链方面，美国拉拢日本、韩国以及中国台湾地区共同组建"芯片四方联盟"，同时向日本和荷兰制造商施加压力，禁止它们向中国出口部分最尖端的设备。② 在技术标准方面，美国、日本、印度和澳大利亚四国安全合作机制提出建立"国际标准合作网络"，确保印太地区的技术发展符合美国的价值观。中国社会科学院美国所副教授李恒阳指出，美国力图长期维持在网络空间的优势地位，但是中国人工智能、物联网、5G 等第四次工业革命的重要领域已经成为美国重要竞争者，甚至在有些领域，中国已经成为世界第一。因此打压中国科技进步已经成为美国当前核心战略任务，"拜登政府加强在科技领域对华施压不仅对中美关系的未来走向产生负面影响，而且不利于全球科学发展和技术进步"③。

（三）"很大一部分人都将在未来几十年内处于淹没区"④

工业革命开始后，人类向大气中排放了数十亿吨温室气体，水蒸气、甲烷和二氧化碳等温室气体可以吸收地面辐射，就像给地球盖上一层棉被，以致越来越多的热辐射无法散逸。最主要的人为排放的温室气体是二氧化碳，现在二氧化碳排放总量约是 1950 年的 6 倍。当前地球平均气温

① The White House, "Fact Sheet: United States and 60 Global Partners Launch Declaration for the Future of the Internet", April 28, 2022, https://www.whitehouse.gov/briefing-room/statements-releases/2022/04/28/fact-sheet-united-states-and-60-global-partners-launch-declaration-for-the-future-of-the-internet/.

② Ana Swanson, "Netherlands and Japan Said to Join U.S. in Curbing Chip Technology Sent to China", *The New York Times*, January 28, 2023.

③ 李恒阳：《拜登政府网络空间战略探析》，《美国研究》2022 年第 6 期。

④ 2022 年，新西兰国家水和大气研究所灾害分析员肖恩 · 威廉姆斯（Shaun Williams）表示："根据对海平面上升 0.1 米至 2 米的建模分析，很大一部分人都将在未来几十年内处于淹没区。"（Asia Pacific Newsroom, "Postcards from the Frontlines of Climate Change", *ABC News*, May 11, 2022）

相对于 1900 年增暖了 0.85℃，且大部分增暖（约 0.5℃）发生在 1970 年以后。[①]1992 年 6 月，里约地球峰会上世界主要国家签署了《联合国气候变化框架公约》，会议确证了“所有国家具有共同但有区别的责任”，历史和当前温室气体排放的最大部分来自发达国家，因此发达国家应该在对抗气候变化方面承担起领导作用。1997 年，《京都议定书》为发达国家的排放目标设定了日程，2001 年，美国以损害美国经济为理由退出。2015 年 12 月，《巴黎协定》通过，世界上所有主要的发达国家和发展中国家一致同意限制温室气体排放，2017 年，特朗普就任后宣布美国退出《巴黎协定》。

《巴黎协定》提出要在本世纪内将全球温度升幅与前工业化时期相比控制在 1.5—2℃以内，将 2℃设为阈值，背后的理由之一是因为评估发现，“若是全球变暖超过 1.9℃，将出现触发格陵兰岛冰盖不可逆地减少的风险，最终将会导致全球海平面上升 7 米。……新的评估结果显示在全球变暖 1℃后，上述情况就已经开始”[②]。2019 年 8 月，印尼总统佐科宣布，决定将首都从雅加达搬迁至东加里曼丹，迁都的一个重要原因是雅加达 40% 的区域已经在海平面以下，最严重的地区每年下沉 10—20 厘米，太平洋岛国甚至面临着被“灭国”的风险。如果海平面上升 7 米，那么美国的纽约、迈阿密，孟加拉国达卡等城市都将被海水淹没，中国的沿海城市同样面临严重威胁。[③]

国际社会采取联合行动已经刻不容缓。2020 年加拿大现存最大、最完整的米尔恩冰架坍塌，格陵兰岛冰盖加速融化，甚至有科学家预测 15 年内北极海冰将消失。芬兰北极中心主任蒂莫·科伊武罗瓦揭露了在他 2017—2019 年担任北极理事会社会、经济和文化专家组主席期间，美国

---

① 参见［美］约瑟夫·罗姆：《气候变化》，黄刚等译，华中科技大学出版社 2021 年版，第 3 页。

② ［美］约瑟夫·罗姆：《气候变化》，黄刚等译，华中科技大学出版社 2021 年版，第 236 页。

③ 参见赵宁：《海平面上升之忧》，《中国自然资源报》2020 年 4 月 21 日。

政府在理事会内阻挠减少炭黑制品、讨论气候变化议题等种种行为，科伊武罗瓦表示美国政府的价值观和优先事项决策已经影响到了北极理事会的工作，事实上美国“反对的正是北极理事会运作的核心——气候变化和多边框架”。2019年美国国防部发布《北极战略》报告，宣称要对抗中俄在北极日益增长的影响力，目的是在战略竞争时代保护美国的国家安全和利益[①]，由此可见美国真正感兴趣的优先议题是制造对抗以增加在北极的军事存在。

2021年11月，第26届联合国气候变化大会在苏格兰举行，拜登称美国已经制定了“野心勃勃”的目标，但他在国内推动的相关法案遇到了极大阻碍。民主党参议员乔·曼钦（Joseph Manchin III）宣布他不会支持涉及社会支出和气候变化投资的法案[②]，虽然他的态度和立场随后有所改变，但是2022年中期选举之后，共和党控制了众议院，拜登政府又给国际社会画了一张“空头支票”。中国气候变化事务特使解振华表示：“光定目标不行，光喊口号不行，关键是在各国的行动，这个行动路径必须是清晰的，必须要在经济社会进行转型，要创新，要合作，才能真正解决问题。”[③]

国际能源署署长法提赫·比罗尔在《2023能源技术展望》发布会上表示：“一个新的全球能源经济正在迅速崛起。今天，它已经成为经济战略的核心，每个国家都需要确定如何从机遇中获益并驾驭挑战。我们正在谈论价值数千亿美元的清洁能源新技术市场，以及数百万新的就业机会。令人鼓舞的消息是，清洁能源技术制造的全球项目规模庞大且不断增长。如果这些已经宣布的所有项目都能建成，那么流入清洁能源技术

① 参见张智勇：《融化北极海冰的远不只是气候变化：美国制造大国对抗紧张正在破坏北极治理》，《光明日报》2020年9月4日。

② 参见陈鬯：《行胜于言，应对气候变化需美国作为》，2021年11月10日，见http://world.people.com.cn/n1/2021/1110/c1002-32278371.html。

③ 郭爽、许凤：《中国气候变化事务特使：美国应奋起直追与各方合作应对气候变化》，2021年11月3日，见http://www.news.cn/world/2021-11/03/c_1128027927.htm。

制造业的投资将提供占净零排放所需资金的2/3。"①清洁能源合作是全球经济和气候治理的重要力量，但是，2022年2月，美国能源部发布《美国实现清洁能源转型的供应链保障战略》，渲染中国在清洁能源产业链的优势和对美西方构成的"威胁"，强调要维持其清洁能源制造和创新的全球优势。②美国在清洁能源领域的霸权行为势必会加剧全球发展绿色转型的难度。

第二节　中国方案：建设一个开放包容的世界

2018年11月17日，习近平主席在亚太经合组织工商领导人峰会上以《同舟共济创造美好未来》为主题发表演讲，对当前全球治理体系的由来与价值进行了详细表述："两次世界大战的惨痛教训让各国人民痛定思痛，建立了以联合国为主体，包括国际货币基金组织、世界银行、世界贸易组织等机制的全球治理框架。虽然这个框架并不完美，却是人类社会迈出的重要一步，为过去几十年世界和平与发展发挥了重要作用。"习近平主席特别强调公平的规则之于全球治理的基础性作用，反对为维护私利将规则工具化，"以规则为基础加强全球治理是实现稳定发展的必要前提。规则应该由国际社会共同制定，而不是谁的胳膊粗、气力大谁就说了算，更不能搞实用主义、双重标准，合则用、不合则弃"。③

---

① 董芮编译：《国际能源署：全球清洁能源技术制造新时代到来》，《中国电力企业管理》2023年第1期。

② 赵宏图：《能源政治新生态与全球能源治理》，《当代世界》2023年第2期。

③ 《习近平主席在出席亚太经合组织第二十六次领导人非正式会议时的讲话》，人民出版社2018年版，第7—8页。

一、“一花独放不是春，百花齐放春满园”[①]

党的二十大报告真诚呼吁：“世界各国弘扬和平、发展、公平、正义、民主、自由的全人类共同价值。”[②]习近平外交思想研究中心认为：“全人类共同价值的提出，将中华文明的价值追求向世界维度延伸升华，实现了中外话语体系的对接，是中国观念国际表达的光辉典范，是中国智慧国际分享的成功探索，为人类文明发展作出了新的重大贡献。”[③]复旦大学国际关系与公共事务学院院长苏长和相信全人类共同价值为构建人类命运共同体奠定了价值基础，“全人类共同价值的感召力日益增强，构建人类命运共同体的价值共识不断汇聚，推动全人类共同创造更加美好的未来”[④]。

与美国的“普世价值”不同，全人类共同价值不是将某个国家的价值观念奉为圭臬，将其他文明视为有待改造或消灭的人类历史进步的障碍，中国认为文明多样性恰恰是人类发展进步的重要源泉，全人类共同价值是在文明多样性的基础上凝聚价值共识。中共中央党校（国家行政学院）国际战略研究院韩爱勇教授从三个层面剖析了全人类共同价值与“普世价值”之间的根本区别：第一，产生的时代背景不同。“普世价值”是在西方国家向世界上其他地区扩张的实践中形成的，在这个过程中，西方国家自恃先发优势，越来越以文明优越自居，以异端来定义与自己有差别的国家。冷战结束后，高新技术和全球化迅猛发展，各国拥有越来越多的共同利益、共同威胁和共同价值，人类形成休戚与共的命运共同体。“普世价

① 引自习近平：《携手同行现代化之路：在中国共产党与世界政党高层对话会上的主旨讲话》，《人民日报》2023 年 3 月 16 日。语出明清启蒙读物《古今贤文》（又名《增广贤文》），引用此语表示丰富多彩的人类文明都有自己存在的价值，中国坚持和而不同的思想，尊重和保护文明多样性，积极推动不同文明相互尊重、和谐共处，筑牢全球治理的价值基础（参见杨立新：《习近平“典”亮全球文明倡议》，2023 年 3 月 17 日，见 https://news.cri.cn/20230317/119fd961-e3d0-5b58-9c45-a6a888e91911.html）。

② 习近平：《高举中国特色社会主义伟大旗帜　为全面建设社会主义现代化国家而团结奋斗——在中国共产党第二十次全国代表大会上的报告》，人民出版社 2022 年版，第 63 页。

③ 习近平外交思想研究中心：《坚守和弘扬全人类共同价值》，《求是》2021 年第 16 期。

④ 苏长和：《全人类共同价值的深刻意蕴与理论贡献》，《人民日报》2022 年 5 月 30 日。

值”的时代局限日益凸显，无法为共同体时代的世界提供思想引领。

第二，追求的目标不同。“普世价值”是为了维护西方主导的国际秩序，是征服和改造非西方的工具。全人类共同价值目标追求包括推动构建新型国际关系、推动构建人类命运共同体和共同创造世界更加美好的未来等，共同组成了服务人类进步的鲜明主线。

第三，实现目标的方式不同。西方国家打着“普世价值”的旗号将世界一分为二，经常通过渗透、制造系统性危机事件和战争的方式颠覆他国政权，然后进行所谓的“民主化改造”或“国家重建”。全人类共同价值追求目标的行动方式是“共同建设”，尊重各国发展差异和文明成果，在平等对话沟通、相互理解的基础上达成集体行动。①

2019 年 4 月，时任美国国务院政策规划办公室主任斯金纳（Kiron Skinner）公开声称，冷战在某种程度上是西方内部争斗，中美之间的竞争会是美国与一个真正不同文明社会和意识形态之间的较量，是美国首次面对非西方超级大国竞争者。② 形成强烈反差的是，中国相信不同的文明都有返本开新的能力，都能为人类多样性贡献力量，关键是要找到适合自己发展的道路，使自身的潜力得到证明和释放。因此，中国强调文明交流互鉴，而不是对抗征服。2019 年 5 月 15 日，来自亚洲全部 47 个国家和五大洲的各方嘉宾，为深化文明互鉴共聚一堂，参加以“亚洲文明交流互鉴与命运共同体”为主题的亚洲文明对话大会。习近平主席在开幕式上的主旨演讲中表示：“亚洲文明对话大会，为促进亚洲及世界各国文明开展平等对话、交流互鉴、相互启迪提供了一个新的平台。”③

亚洲文明对话大会成果丰硕④：中国国际发展知识中心与联合国教科

---

① 参见韩爱勇：《全人类共同价值与所谓“普世价值”有何根本区别?》，《学习时报》2022 年 7 月 18 日。

② 参见《提出“中美文明冲突论”的美官员斯金纳被撤职》，《联合早报》2019 年 8 月 3 日。

③ 习近平：《深化文明交流互鉴　共建亚洲命运共同体——在亚洲文明对话大会开幕式上的主旨演讲》，人民出版社 2019 年版，第 2 页。

④ 《亚洲文明对话大会筹委会负责人发布本次大会成果》，《人民日报》2019 年 5 月 25 日。

文组织共同发起“增强年轻一代可持续发展意识的行动倡议”[①]，共同打造“文化包容性国民教育基地”；中国教育部中国联合国教科文组织全国委员会与联合国教科文组织签署《丝绸之路青年学者资助计划信托基金协议》；中国将联合亚洲国家开展亚洲文化遗产保护行动，实施亚洲经典著作互译计划、亚洲影视交流合作计划和亚洲旅游促进计划等。俄罗斯科学院通讯院士、远东分院历史考古与民族学研究所亚太研究中心主任维克多·拉林（Viktor Larin）认为，“亚洲文明对话大会的举行有助于不同国家和地区寻找有效沟通机制，为避免文明冲突、促进共同发展指明前进方向”，建立在不同文明包容和谐基础上的世界秩序才能更好地解决全球面临的气候变化、地区冲突等一系列挑战。[②]

对话大会的倡议和协议正在扎实有效地推进。2021 年 5 月，中国国家文物局与阿富汗信息与文化部、巴基斯坦国家遗产和文化署签署《关于协同开展“亚洲文化遗产保护行动”联合声明》，这是亚洲国家首次签署“亚洲文化遗产保护行动”双边合作文件，我国将与阿富汗、巴基斯坦在联合考古、文化遗产保护修复、世界遗产、博物馆展览交流和人才培养等领域开展务实合作。[③]2021 年 10 月，亚洲文化遗产保护对话会在北京开幕，时任中央宣传部副部长、文化和旅游部部长胡和平表示：“举办亚洲文化遗产保护对话会，是落实习近平主席倡议，促进亚洲国家文化遗产保护、弘扬亚洲璀璨文明的务实之举。”[④]2023 年 2 月 11 日，中华人民共和国和柬埔寨王国发布关于构建新时代中柬命运共同体的联合声明，宣布“双方同意推进柬王宫遗址保护修复项

① 联合国志愿人员组织亚太区域主任莎琳娜·米娅指出：“亚洲地区大约有 7 亿年轻人，占世界青年人口的 70%，亚洲青年可以为应对全球性的挑战作出贡献。”（参见宦翔：《文明对话好声音》，《人民日报》2019 年 5 月 20 日）

② 参见张晓东：《“亚洲文明对话大会提供了良好平台”：访俄罗斯科学院通讯院士维克多·拉林》，《人民日报》2019 年 5 月 22 日。

③ 参见施雨岑：《中国将与阿富汗、巴基斯坦在联合考古等领域开展合作》，《人民日报》2021 年 5 月 12 日。

④ 王珏、庄雪雅：《亚洲文化遗产保护对话会开幕》，《人民日报》2021 年 10 月 28 日。

目，开展柏威夏寺及其他文化遗产的保护修复工作。双方协同开展亚洲文化遗产保护行动，探讨建立中柬文化遗产联合工作组，推动文化遗产全领域合作。双方同意依托亚洲文化理事会等平台，增进相互理解、尊重互信、互利合作，推动亚洲文明互融互通和地区和平、繁荣、团结、和睦”①。

2023年3月，习近平总书记在中国共产党与世界政党高层对话会上以《携手同行现代化之路》为题发表主旨演讲，提出了全球文明倡议（见表1），“我们愿同国际社会一道，努力开创世界各国人文交流、文化交融、民心相通新局面，让世界文明百花园姹紫嫣红、生机盎然”②。巴西东方学学者古斯塔沃·平托（Gustavo Pinto）说：“中华文明提倡兼容并蓄、有容乃大，这种开放包容的精神值得更多国家深入了解，有助于创造世界更加美好的未来。”伊朗伊斯兰联合党总支书记巴达姆齐表示：“我们认为，全球文明倡议的提出，有助于各国人民走出殖民主义、帝国主义、霸权主义阴影，维护自身独特的文明与文化。我们应携起手来，共同实现发展和现代化，向世界人民所共同追求的文明前进。”③

表1　全球文明倡议

	倡导	反对
文明包容共存、交流互鉴的前提条件	尊重世界文明多样性，坚持文明平等、互鉴、对话、包容，文明交流、文明互鉴、文明包容	文明隔阂、文明冲突、文明优越
各方根本遵循	弘扬全人类共同价值，和平、发展、公平、正义、民主、自由是各国人民的共同追求，要以宽广胸怀理解不同文明对价值内涵的认识	将自己的价值观和模式强加于人，搞意识形态对抗

① 《中华人民共和国和柬埔寨王国关于构建新时代中柬命运共同体的联合声明》，《人民日报》2023年2月12日。

② 习近平：《携手同行现代化之路：在中国共产党与世界政党高层对话会上的主旨讲话》，《人民日报》2023年3月16日。

③ 何毅等：《携手共绘人类社会现代化新图景：习近平总书记在中国共产党与世界政党高层对话会上的主旨讲话引发国际社会热烈反响》，《人民日报》2023年3月16日。

续表

	倡导	反对
文明发展进步的动力源泉	重视文明传承和创新，充分挖掘各国历史文化的时代价值，推动各国优秀传统文化在现代化进程中实现创造性转化、创造性发展	
不同文明相遇相知的方式路径	加强国际人文交流合作，探讨构建全球文明对话合作网络，丰富交流内容，拓展合作渠道，促进各国人民相知相亲，共同推动人类文明发展进步	

资料来源：根据习近平总书记主旨讲话、新华社报道等权威材料整理。

2020 年 8 月，时任美国国务卿蓬佩奥在加利福尼亚尼克松总统图书馆发表演讲，恶意攻击中国共产党领导，妄称中国共产党的行动是所谓“自由世界”最大的挑战。[①] 这种说法完全违背事实，中国共产党相信政党交往是国家和文明对话沟通、交流互鉴的重要渠道，因此始终致力于采取扎实措施，与其他国家政党加强交往合作，争取凝聚各国共识，坚守和弘扬全人类共同价值（见表 2）。

2017 年 12 月 1 日，习近平总书记在中国共产党与世界政党高层对话会上以“携手建设更加美好的世界”为题发表主旨演讲，呼吁来自世界各国的政党和政治组织共同努力建设一个远离封闭、开放包容的世界：“我们应该坚持世界是丰富多彩的、文明是多样的理念，让人类创造的各种文明交相辉映，编织出斑斓绚丽的图画，共同消除现实生活中的文化壁垒，共同抵制妨碍人类心灵互动的观念纰缪，共同打破阻碍人类交往的精神隔阂，让各种文明和谐共存，让人人享有文化滋养。”[②]

2021 年 7 月 6 日，在新冠疫情肆虐、经济复苏乏力、不少国家间隔阂和对立有加深态势的背景下，习近平总书记在中国共产党与世界政党领导人峰会上号召：“我们要本着对人类前途命运高度负责任的态度，做全人类共同价值的倡导者，以宽广胸怀理解不同文明对价值内涵的认识，尊

① 《蓬佩奥涉华演讲的满嘴谎言与事实真相》，《人民日报》2020 年 8 月 25 日。

② 习近平：《携手建设更加美好的世界——在中国共产党与世界政党高层对话会上的主旨讲话》，人民出版社 2017 年版，第 6 页。

重不同国家人民对价值实现路径的探索，把全人类共同价值具体地、现实地体现到实现本国人民利益的实践中去。”① 来自160多个国家500多个政党和组织的逾10000名与会代表发出共同倡议，号召各国政党要致力于促进文明交流互鉴，“促进不同文明对话交流，深入开展教育、科技、文艺、体育、旅游、智库等各领域人文交流合作，支持各国不同社会群体交流，帮助人们加深对彼此文明的理解与欣赏，从不同文明中汲取智慧和营养，推动不同文明实现和谐共生，各自文明实现创新发展”②。

表2　中国共产党与国外政党对话会

类别	名称	时间	主要内容
全球	中国共产党与世界政党高层对话会	2017	来自世界上120多个国家近300个政党和政治组织的领导人共600多名中外代表参会，发布《北京倡议》。
	中国共产党与世界政党领导人峰会	2021	来自世界上160多个国家500多个政党和组织逾10000名代表参会，发布共同倡议。
	中国共产党与世界政党高层对话会	2023	来自150多个国家的500多个政党和政治组织的领导人出席会议，习近平总书记提出全球文明倡议。
区域	亚洲政党丝绸之路专题会议	2015	30多个国家的60多个政党和政党组织，以及工商界、媒体界人士约400人参加会议，发布《北京倡议》。
	中欧政党高层论坛	2010年开始，已经召开五届	加强了中欧在改革与发展方面的理念交流和战略对接。
	中国—阿拉伯国家政党对话会	2016（银川）、2018（杭州）、2022	加强治国理政经验交流，深化“一带一路”等领域合作，推动中阿战略伙伴关系深入发展。
	中国共产党与世界政党高层对话会非洲专题会	2018，坦桑尼亚	以“中非政党探索符合国情发展道路的理论与实践”为主题，非洲约40个政党和政治组织领导应邀与会。
	中国—太平洋岛国政党对话会	2021、2022	岛国政党领导人表示将坚定奉行一个中国政策，推动“一带一路”等倡议和本国发展战略对接，共同构建人类命运共同体。

① 习近平：《加强政党合作，共谋人民幸福——在中国共产党与世界政党领导人峰会上的主旨讲话》，人民出版社2021年版，第4页。

② 《中国共产党与世界政党领导人峰会共同倡议》，《人民日报》2021年7月8日。

续表

类别	名称	时间	主要内容
区域	中国共产党同东南亚、南亚国家政党对话会	2021（南宁）	对话会以“加强政党合作，共谋经济发展”为主题，来自东南亚、南亚国家40多个政党的领导人等逾300人参会，东南亚、南亚国家约30位驻华使节等高级外交官出席会议。会议通过《中国共产党同东南亚、南亚国家政党对话会共同倡议》。
	中国共产党同东南亚国家政党对话会	2020（南宁）	以“促进新时代中国—东盟合作：政党的责任和担当”为主题，东南亚国家近40个政党，包括20多位党首、5位议长等参会，东盟国家驻华大使出席会议。会议通过《中国共产党和东南亚国家政党关于促进中国—东盟合作的共同倡议》。
国别	中美政党对话	2010年开始，至2021年举办了12届	2021年9月，第十二届中美政党对话会召开，中国共产党与美国民主、共和两党代表围绕“中美关系未来发展前景：政党的作用”的主题，就中美各自国内形势及中美关系前景等深入交换看法。
	中英政党对话	2007年开始，2018年第十届	2021年召开视频会议，中英双方围绕气候变化和经贸、科技、创新等主题进行沟通。

资料来源：作者根据《人民日报》、新华社、中共中央对外联络部官网等公开信息整理。

中共中央对外联络部积极推进政党交流，根据区域位置和会议需要，将对话主场放在不同的城市，比如与东南亚、南亚国家政党的对话会放在了广西南宁，2016年与阿拉伯国家政党对话会放在了宁夏银川，进一步彰显了我国扩大开放、全面开放、深化开放的新时代气象，“面向未来，中国共产党将继续同世界各国政党加强往来，开展文明交流对话，为构建人类命运共同体而不懈努力，增进世界各国人民的福祉”①。

二、“推动全球治理体制更加公正更加合理”

党的十八大以来，习近平总书记多次从实现中华民族伟大复兴中国

① 钟声：《加强政党对话，共促文明进步》，《人民日报》2018年5月29日。

梦的高度分析全球治理，“这不仅事关应对各种全球性挑战……而且事关各国在国际秩序和国际体系长远制度性安排中的地位和作用”①。2015年10月12日，十八届中共中央政治局就全球治理格局和全球治理体制进行第二十七次集体学习，习近平总书记在主持学习时指出：“推动全球治理体系向着更加公正合理方向发展，为我国发展和世界和平创造更加有利的条件。”②2016年9月27日，十八届中共中央政治局围绕二十国集团领导人峰会和全球治理体系变革进行第三十五次集体学习时，习近平总书记进一步阐释了积极推动全球治理体系改革的重要意义，强调积极参与全球治理可以“更好维护我国和广大发展中国家共同利益，为实现‘两个一百年’奋斗目标、实现中华民族伟大复兴的中国梦营造更加有利的外部条件，为促进人类和平与发展的崇高事业作出更大贡献”③。

新时代以来，中国在把握全球治理体系、全球治理格局、全球经济治理和新兴领域治理现状的基础上，提出了很多新的主张（见表3）。中共中央党校（国家行政学院）国际战略研究院副院长吴志成教授总结说，党的十八大以来，中国同外部世界的关系更加紧密，“对现行全球治理体系更加开放包容，努力在物质、制度、观念领域促进全球治理更为公平、有效、包容、合理，逐渐由全球治理的参与者转变为负责任的贡献者和主动塑造者”④。

① 《习近平在中共中央政治局第二十七次集体学习时强调：推动全球治理体制更加公正更加合理，为我国发展和世界和平创造有利条件》，《人民日报》2015年10月14日。

② 《习近平在中共中央政治局第二十七次集体学习时强调：推动全球治理体制更加公正更加合理，为我国发展和世界和平创造有利条件》，《人民日报》2015年10月14日。

③ 《习近平在中共中央政治局第三十五次集体学习时强调：加强合作推动全球治理体系变革，共同促进人类和平与发展崇高事业》，《人民日报》2016年9月29日。

④ 吴志成：《中国参与全球治理体系变革的重要转向》，《探索与争鸣》2020年第3期。

表 3　全球治理现状与中国主张

	现状	中国主张
全球治理体系	· 世界上的事情越来越需要各国共同商量着办，建立国际机制、遵守国际规则、追求国际正义成为多数国家的共识。 · 美国固守冷战思维，大搞集团政治，挑动地缘政治对抗，冲击联合国体系。 · 美国对国际法和国际规则合则用，不合则弃、则废，以“家法帮规”取代国际法和国际规则。	· 世界只有一个体系，就是以联合国为核心的国际体系。只有一个秩序，就是以国际法为基础的国际秩序。只有一套规则，就是以联合国宪章宗旨和原则为基础的国际关系基本准则。 · 坚持共商共建共享原则，践行真正的多边主义，使关于全球治理体系变革的主张转化为各方共识，形成一致行动。
全球治理格局	· 全球治理格局取决于国际力量对比，全球治理体系变革源于国际力量对比变化。 · 新兴市场国家和一大批发展中国家快速发展，国际影响力不断增强。	· 我们要坚持以经济发展为中心，集中力量办好自己的事情，不断增强我们在国际上说话办事的实力。 · 我们要积极参与全球治理，主动承担国际责任，但也要尽力而为，量力而行。 · 要坚持为发展中国家发声，加强同发展中国家团结合作。
全球经济治理	· 全球经济治理滞后，表现在代表性和包容性不够；贸易和投资规则未能跟上新形势，机制封闭化、规则碎片化十分突出。 · 美国加速全球经济治理意识形态化和地缘政治化。	· 积极维护开放型世界经济体制，旗帜鲜明反对贸易和投资保护主义。 · 全球经济治理体系变革应该提高发展中国家代表性和发言权。 · 支持以世贸组织为核心的多边贸易体制，维护国际产业链供应链稳定。
新兴领域治理	· 治理体制机制规范缺失严重。 · 一些国家将新兴领域视为地缘政治竞争、抢占资源和维护霸权的场域。	· 积极参与制定海洋、极地、网络、外空、核安全、反腐败、气候变化等新兴领域治理规则。

资料来源：根据《人民日报》等权威报道整理制作。

联合国，是人类历经数次大战之后，追求“健康地球上的和平、尊严与平等”的集体努力。中国是联合国的创始会员国，是第一个在联合国宪章上签字的国家，是安理会常任理事国中唯一一个发展中国家。中华人民共和国成立后，个别大国出于冷战的需要，把新中国非法阻拦在联合国之外 22 年；1971 年，新中国冲破重重阻力，恢复在联合国一切合法权利。①自此，中国积极主动参与联合国各项伟大事业并作出巨大贡献，联合国秘

① 参见王毅：《团结在联合国旗帜下，携手推动构建人类命运共同体》，《学习时报》2021 年 12 月 15 日。

书长古特雷斯评价说："中国和联合国的合作是多边主义的重要支柱。联合国赞赏中方为推动多边主义付出的巨大努力，积极评价中方为推进联合国关于应对气候变化、实现可持续发展等议程作出的贡献。"①

面对联合国被个别国家组织的"俱乐部"、"小团体"削弱的风险，中国始终维护联合国的权威和地位，维护联合国在国际事务中的核心作用，已经成为第二大联合国会费国、第二大维和摊款国。②2021 年 9 月 21 日，习近平主席在第七十六届联合国大会一般性辩论上强调："我们必须完善全球治理，践行真正的多边主义。世界只有一个体系，就是以联合国为核心的国际体系。只有一个秩序，就是以国际法为基础的国际秩序。只有一套规则，就是以联合国宪章宗旨和原则为基础的国际关系基本准则。"③为支持联合国在国际事务中发挥核心作用，习近平主席在联合国成立 75 周年时宣布了若干项重要措施：中国将向联合国新冠疫情全球人道主义应对计划再提供 5000 万美元支持；中国将设立规模 5000 万美元的第三期中国—联合国粮农组织南南合作信托基金；中国—联合国和平与发展基金将在 2025 年到期后延期 5 年；中国将设立联合国全球地理信息知识与创新中心和可持续发展大数据国际研究中心，为落实《联合国 2030 年可持续发展议程》提供知识和技术支持。④

国际治理格局取决于国际力量对比，新兴市场国家和一大批发展中国家快速发展，推动着国际治理格局向着更加公平公正合理的方向发展。这就意味着，一方面，中国要"坚持以经济发展为中心，集中力量办好自己的事情，不断增强我们在国际上说话办事的实力"⑤；另一方面，以美国为

---

① 白阳等：《李克强会见联合国秘书长古特雷斯》，《人民日报》2022 年 11 月 14 日。

② 参见习近平：《在中华人民共和国恢复联合国合法席位 50 周年纪念会议上的讲话》，人民出版社 2021 年版，第 4 页。

③ 习近平：《坚定信心，共克时艰，共建更加美好的世界——在第七十六届联合国大会一般性辩论上的讲话》，《人民日报》2021 年 9 月 22 日。

④ 参见习近平：《在第七十五届联合国大会一般性辩论上的讲话》，载《习近平在联合国成立 75 周年系列高级别会议上的讲话》，人民出版社 2020 年版，第 12 页。

⑤ 《习近平在中共中央政治局第三十五次集体学习时强调：加强合作推动全球治理体系变革，共同促进人类和平与发展崇高事业》，《人民日报》2016 年 9 月 29 日。

代表的西方国家为中心的全球治理格局合法性、代表性和行动能力不足等弊端日益凸显，中国要满足国际社会的期待，尽力而为、量力而行，主动承担国际责任。

中国积极支持二十国集团（G20）、金砖机制、亚太经济合作组织等多边机制的发展，坚持为发展中国家发声，践行真正的多边主义。2016年9月，习近平主席在杭州峰会的开幕辞中强调了G20的重要作用："8年前，在国际金融危机最紧要关头，二十国集团临危受命，秉持同舟共济的伙伴精神，把正在滑向悬崖的世界经济拉回到稳定和复苏的轨道。这是一次创举，团结战胜了分歧，共赢取代了私利。这场危机，让人们记住了二十国集团，也确立了二十国集团作为国际经济合作主要论坛的地位。"①2022年11月15日，习近平主席在G20领导人第十七次峰会第一阶段会议上发表重要讲话，"团结就是力量，分裂没有出路。我们生活在同一个地球村，面对各种风险挑战，应该同舟共济。以意识形态划线，搞集团政治和阵营对抗，只会割裂世界，阻碍全球发展和人类进步。人类文明已经进入21世纪，冷战思维早已过时。我们应该携手努力，开辟合作共赢的新境界"②。

金砖国家合作已经成为促进世界经济增长、完善全球治理、推动国际关系民主化的建设性力量（见表4）。2017年9月，习近平主席在金砖国家领导人厦门会晤大范围会议上强调，金砖国家积极参与全球治理，"应该坚定奉行多边主义和国际关系基本准则，推动构建新型国际关系，为各国发展创造和平稳定环境"③。2021年6月，金砖国家外长会通过《金砖国家关于加强和改革多边体系的联合声明》，主张多边体系改革应该包括以下几个方面：全球治理应更具包容性、代表性和参与性；以包容的协商与

① 习近平：《构建创新、活力、联动、包容的世界经济——在二十国集团领导人杭州峰会上的开幕辞》，《人民日报》2016年9月5日。

② 习近平：《共迎时代挑战，共建美好未来——在二十国集团领导人第十七次峰会第一阶段会议上的讲话》，《人民日报》2022年11月16日。

③ 《习近平在出席金砖国家领导人厦门会晤时的讲话》，人民出版社2017年版，第19页。

合作为基础；使多边组织反应更加迅速，更加有效、透明、民主、客观；利用数字和技术工具等创新包容的解决方案，促进可持续发展；加强各国及国际组织的能力。[①]2022 年 6 月 24 日，金砖国家领导人第十四次会晤通过《北京宣言》，“我们重申对多边主义的承诺，维护国际法，包括作为其不可或缺基石的《联合国宪章》宗旨和原则，维护联合国在国际体系中的核心作用”[②]。

表 4 《北京宣言》与金砖国家合作

议题	《北京宣言》立场	金砖国家间的合作
联合国改革	· 呼吁改革联合国主要机构。 · 振兴联合国大会，加强联合国经社理事会。 · 需要对安理会进行全面改革，使之更具代表性、效力和效率，增强发展中国家代表性，以应对全球挑战。 · 中国和俄罗斯支持巴西、印度和南非希望在联合国发挥更大作用的愿望。	· 建立五国常驻纽约、日内瓦、维也纳代表定期会晤机制，召开外交政策磋商、反恐工作组、网络安全工作组、维和事务组，增强了金砖国家在国际事务中的话语权。
全球经济	· 支持新兴市场和发展中国家拓展和加大参与国际经济决策和规则制定进程。 · 支持 G20 在全球经济治理中发挥领导作用，强调 G20 应保持完整、应对当前全球性挑战。 · 支持以 WTO 为代表的多边贸易体制。认为上诉机构危机的解决刻不容缓，且不应与任何其他议题挂钩。 · 支持一个以 IMF 为中心的强劲、有效的全球金融安全网络，解决新兴市场和发展中国家代表性不足的问题。	· 2015 年设立新开发银行，总部位于上海。未来五年（2022—2026 年）将为成员国提供 300 亿美元资金支持。 · 2015 年 10 月，金砖国家争议解决上海中心成立。 · 2018 年 7 月，金砖国家领导人峰会核可中国携手南非提出的金砖国家新工业革命伙伴关系倡议。 · 2023 年 2 月，厦门机场开通首条金砖货运航线，从福建厦门至巴西圣保罗。

① 参见《金砖国家关于加强和改革多边体系的联合声明》，《人民日报》2021 年 6 月 2 日。

② 《金砖国家领导人第十四次会晤北京宣言》，《人民日报》2022 年 6 月 24 日。

续表

议题	《北京宣言》立场	金砖国家间的合作
新兴领域	· 致力于促进开放、安全、稳定、可及、和平的信息通信技术环境； · 强调信息通信技术在促进经济增长和发展方面潜力巨大，但对信息通信技术非法滥用的水平和复杂性不断上升表示关切； · 对涉及人工智能的风险和伦理困境表示关切，例如隐私、操纵、偏见、人机交互、就业、影响和奇点等。	· 2018 年 9 月，中国在云南昆明建立金砖国家技术转移中心，2019 年 8 月在深圳建立金砖国家未来网络研究院中国分院； · 中国自 2019 年起主办金砖国家未来网络创新论坛、金砖国家新工业革命伙伴关系论坛。
气候变化	· 重申各方应坚持共同但有区别的责任和各自能力原则，准确、平衡和全面实施《联合国气候变化框架公约》及其《巴黎协定》； · 反对绿色贸易壁垒，重申将在相关问题上加强协调。	· 新开发银行未来五年支持成员国的 300 亿美元，有 40% 的资金将被用于减缓气候变暖的进程； · 2021 年 8 月，金砖国家签署《金砖国家遥感卫星星座合作协定》，为五国应对气候变化、自然灾害、环境污染等提供合作平台。

资料来源：根据《人民日报》、新华社等权威资讯来源整理。

在全球经济治理领域，中国团结一切力量，坚定支持以 WTO 为代表的多边贸易体制，全面履行世贸组织承诺：关税水平由 15.3% 降至 7.4%，低于 9.8% 的入世承诺；中央政府清理法律法规和部门规章 2300 多件，地方政府清理地方性政策法规 19 万件，覆盖贸易、投资和知识产权保护等各个方面；全面参与世贸组织谈判，推动达成《贸易便利化协定》《信息技术协定》扩围协议，推动完成服务贸易国内规则谈判；出资设立“中国项目”，帮助 6 个最不发达国家加入 WTO。①

2018 年 11 月，中国提交《中国关于世贸组织改革的立场文件》，提出 WTO 应维护多边贸易体制在全球贸易自由化便利化进程中的主渠道地位；改革应优先处理危及 WTO 生存的问题，个别成员阻挠启动上诉机构

① 参见刘江宁：《加快构建开放型经济新体制，实行高水平对外开放》，《人民日报》2022 年 3 月 24 日；《商务部回应美发布中国入世承诺报告：缺乏法理和事实依据》，2022 年 2 月 18 日，见 http://www.gov.cn/xinwen/2022-02/19/content_5674539.htm。

成员遴选程序，以国内法为由采取单边主义措施，冲击多边贸易体制的规则基础；改革应解决贸易规则的公平问题，反对有些成员滥用现有规则漏洞行贸易保护主义之实，改革应推动 WTO 规则涵盖反映投资便利化、中小微企业等 21 世纪经济现实议题等主张。①

亚洲基础设施投资银行（亚投行）的创立与壮大是中国奉行真正多边主义，引领国际组织创设，助力全球经济治理的生动体现。2016 年 1 月 16 日，习近平主席在亚投行开业仪式上的致辞中强调："亚投行正式成立并开业，对全球经济治理体系改革完善具有重大意义，顺应了世界经济格局调整演变的趋势，有助于推动全球经济治理体系朝着更加公正合理有效的方向发展。"②亚投行行长金立群表示："创设亚投行体现了中国作为负责任大国的历史担当。亚投行筹建过程中，中国始终坚持民主协商、求同存异、平等待人。亚投行成立运营之后，中国坚定遵循多边主义，严格按国际惯例行事，与其他成员一样，通过理事会和董事会来发挥建设性作用，参与亚投行重大政策和战略制定。"③ 正是亚投行的国际公信力，让其在 7 年左右的时间里，"朋友圈"从 57 个创始成员扩大至 106 个成员，成为数量仅少于世界银行的全球第二大国际多边开发机构，覆盖全球 81% 的人口和 65% 的 GDP。截至 2023 年 1 月，亚投行已累计批准了 200 多个项目，融资总额超过 388 亿美元，带动资本近 1300 亿美元。项目分布在全球 33 个国家，涉及能源、交通、水务、通信等行业领域。④

在网络空间上，中国坚持和尊重网络主权，在此基础上维护网络安全，推进网络法治建设。2015 年 12 月，习近平主席在第二届世界互联网大会上指出，"《联合国宪章》确立的主权平等原则是当代国际关系的

① 参见商务部世界贸易组织司：《中国关于世贸组织改革的立场文件》，2018 年 12 月 17 日，见 http://www.mofcom.gov.cn/article/jiguanzx/201812/20181202817611.shtml。

② 习近平：《在亚洲基础设施投资银行开业仪式上的致辞》，《人民日报》2016 年 1 月 17 日。

③ 俞懿春：《"推进南南合作和南北合作的纽带"：访亚洲基础设施投资银行行长金立群》，《人民日报》2022 年 10 月 27 日。

④ 参见潘洁：《开业运营 7 周年，亚投行"朋友圈"何以越来越大?》，2023 年 1 月 17 日，见 http://www.news.cn/world/2023-01/17/c_1129291516.htm。

基本准则，覆盖国与国交往各个领域，其原则和精神也应该适用于网络空间”①。一个国家只有掌握了网络主权，才能在网络安全上占据主动，否则“第五空间”大门洞开，必然威胁国家安全和社会稳定，“利用网络鼓吹推翻国家政权，煽动宗教极端主义，宣扬民族分裂思想，教唆暴力恐怖活动，等等，这样的行为要坚决制止和打击，绝不能任其大行其道”②。

依法治网是维护网络安全、建设网络强国的重要支撑，中国正努力构建完备的网络法律法规体系、高效的网络法治实施体系、严密的网络法治监督体系（见表5），更好地保护个人隐私、知识产权，打击网络监听、网络攻击、网络诈骗等网络犯罪行为。2019年以来，中央网信办等四部门联合开展App违法违规收集使用个人信息专项治理，对存在严重违法违规问题的App采取公开通报、责令整改、下架等处罚措施。针对非法利用摄像头偷窥个人隐私画面、交易隐私视频、传授偷窥偷拍技术等侵害公民个人隐私的行为，2021年5月起，中央网信办会同有关部门开展集中治理工作，督促各类平台共处置相关违规有害信息3万余条，处置涉违法交易等活动的账号5600余个，下架违规产品3000余件。③

表5　中国网络立法情况

类型	示例
法律	电子商务法、电子签名法、网络安全法、数据安全法、个人信息保护法、反电信网络诈骗法。
行政法规	《计算机信息系统安全保护条例》《计算机软件保护条例》《互联网信息服务管理办法》《电信条例》《外商投资电信企业管理规定》《信息网络传播权保护条例》《关键信息基础设施安全保护条例》。
部门规章	《儿童个人信息网络保护规定》《互联网域名管理办法》《网络交易监督管理办法》《互联网新闻信息服务管理规定》《网络信息内容生态治理规定》《互联网信息服务算法推荐管理规定》。

① 习近平：《在第二届世界互联网大会开幕式上的讲话》，《人民日报》2015年12月17日。

② 习近平：《在网络安全和信息化工作座谈会上的讲话》，人民出版社2016年版，第8页。

③ 参见王思北：《筑牢全民网络安全“防火墙”：我国网络安全工作成就综述》，《人民日报》2022年9月5日。

续表

类型	示例
地方性法规	《广东省数字经济促进条例》《浙江省数字经济促进条例》《河北省信息化条例》《贵州省政府数据共享开放条例》《上海市数据条例》。
地方政府规章	《广东省公共数据管理办法》《安徽省政务数据资源管理办法》《江西省计算机信息系统安全保护办法》《杭州市网络交易管理暂行办法》。
合计	140 余部

资料来源：中华人民共和国国务院新闻办公室：《新时代的中国网络法治建设》，《人民日报》2023 年 3 月 17 日。

尊重网络主权并强调在此基础上维护网络安全，并不意味着支持全球网络空间的“巴尔干化”，恰恰相反，中国主张各国平等参与全球网络空间治理，共同构筑更加公平合理的全球网络空间规则制度，更好解决互联网领域发展不平衡、规则不健全、秩序不合理等问题。习近平主席发出各国共同构建网络空间命运共同体的呼吁，“面对这些问题和挑战，国际社会应该在相互尊重、相互信任的基础上，加强对话合作，推动互联网全球治理体系变革，共同构建和平、安全、开放、合作的网络空间，建立多边、民主、透明的全球互联网治理体系”①。

2022 年 11 月 9 日，习近平主席在致 2022 年世界互联网大会乌镇峰会的贺信中指出：“面对数字化带来的机遇和挑战，国际社会应加强对话交流、深化务实合作，携手构建更加公平合理、开放包容、安全稳定、富有生机活力的网络空间。”② 中国从理念引领、完善网络空间国际治理机制、全球网络资源管理和支持其他国家网络能力建设等多个方面入手，扎实推进构建网络空间命运共同体，取得了丰硕成果（见表 6）。国家互联网信息办公室国际合作局局长祁小夏指出个别国家在网络空间以意识形态划线，制造分裂对抗，中国则始终“倡导开放、合作、包容、互鉴，主张网络空间是人类的共同家园，网络空间的未来应由世界各国共同掌握，而

① 习近平：《在第二届世界互联网大会开幕式上的讲话》，《人民日报》2015 年 12 月 17 日。
② 《习近平向 2022 年世界互联网大会乌镇峰会致贺信》，《人民日报》2022 年 11 月 10 日。

不应由一个国家或者几个国家说了算”①。

表 6　网络空间命运共同体

领域	主要内容和典型案例
理念引领	·2015 年 12 月，习近平主席提出“构建网络空间命运共同体”； ·2019 年 10 月，世界互联网大会组委会发布《携手构建网络空间命运共同体》概念文件； ·2020 年 9 月，《全球数据安全倡议》； ·2020 年 12 月，世界互联网大会组委会提出携手构建网络空间命运共同体行动倡议； ·2022 年 11 月，国务院新闻办公室发布《携手构建网络空间命运共同体》白皮书。
完善机制	·支持联合国在网络空间国际治理中发挥主渠道作用，充分发挥联合国信息安全开放式工作组（OEWG）和政府专家组（GGE）的作用。 ·支持联合国互联网治理论坛（IGF）、世界互联网大会（WIC）、世界移动大会（MWC）、国际电信联盟（ITU）等平台积极发挥作用，推动政府、国际组织、互联网企业、技术社区、社会组织、公民个人，共同参与网络空间国际治理。 ·2022 年 7 月 12 日，世界互联网大会国际组织正式成立，总部设于中国北京，已有来自六大洲近 20 个国家的百家互联网领域的机构、组织、企业和个人加入，成为初始会员。自 2014 年起，每年召开世界互联网大会乌镇峰会。 ·2015 年开始，国家发改委、工信部、国家互联网信息办公室与贵州省人民政府共同主办中国国际大数据产业博览会（数博会）。历届数博会先后发布《数典》《大数据百科术语词典》《大数据蓝皮书》等成果，对提升中国大数据国际话语权和规则制定权，加快大数据知识国际传播和普及应用具有重要意义。
资源管理	·2020 年 7 月 30 日，中国广州举办的“2020 全球 IPv6 下一代互联网峰会”正式发布《推进 IPv6 规模部署向纯 IPv6 发展联合倡议》，中国电信股份有限公司北京研究院、中国信息通信研究院、阿里巴巴集团等参与。
能力建设	·北斗系统为全球用户提供全天候、全天时、高精度定位、导航和授时服务等空间基础设施，中俄卫星导航政府间合作协定、中阿北斗合作论坛、中国—东盟北斗应用与产业发展合作论坛、中非北斗合作论坛等多边合作，为弥合数字鸿沟，深化互联互通，促进空间治理，助力全球数字经济发展发挥了重要作用； ·杭州互联网法院跨境数字贸易司法解纷与治理平台，为全球互联网法治发展提供中国智慧和中国方案。

资料来源：根据世界互联网大会、国务院新闻办公室公布的材料整理。

① 张璁：《网络空间是人类的共同家园》，《人民日报》2022 年 11 月 8 日。

第三节　中国方案：建设一个清洁美丽的世界

2010年12月，福山访问中国，在与时任中央编译局副局长俞可平教授的对谈中，提出了这样一个问题："中国经济增长使得我们重新去思考上世纪70年代提出的那个问题，即经济增长是否有极限？①因为我们生活其中的地球的容纳力是有限的。我理解，在中国，大家有理由认为美国不应该批评中国的发展，因为美国人已经很富有，消费了很多自然资源，因此美国人没有理由谴责中国的发展。我并不持有这种观点，我也并不是说中国没有权利发展。但是在我看来，如果中国的13亿人口和印度的10亿人口都维持美国人的生活水平，或者比美国人的生活水平更高，那么这将会对地球构成严峻挑战，地球可能无法承受这样水平的经济活动。"②

福山的提问至少反映了三个问题：第一，发达国家对地球环境保护和气候变化负有更大责任，它们的发展模式给地球造成了巨大的生态负担，这些国家人均自然消费比其他国家要多得多；第二，美国一些学者、智库和政客制造能源、生态和气候变化版本的"中国威胁论"，无视中国人追求美好生活的发展权利，为打压遏制中国制造虚伪的道德支撑；第三，这些人恐惧的其实是自己，因为他们清楚地知道西方现代化模式的内在缺陷，其物质主义是以牺牲全球生态系统为代价的，一旦发展中国家大规模踏上西方现代化路径，这套模式将陷入崩溃。但是问题在于，他们想"踢

---

① 福山指的是1972年德内拉·梅多斯（Donella Meadows）等学者出版的《增长的极限》。该书认为，"全球的生态约束（与资源使用和废弃物排放有关）将对21世纪的全球发展产生重要影响。本书发出警告，人类将不得不付出更多的资本和人力去打破这些约束，这些约束是如此之多以至于我们的平均生活质量将在21世纪的某些时候出现下降"（参见［美］德内拉·梅多斯等：《增长的极限》，李涛、王智勇译，机械工业出版社2013年版，第XXIII页）。

② 陈家刚编：《危机与未来：福山中国讲演录》，中央编译出版社2012年版，第15页。

开梯子”[①]，却又找不出保证发展中国家权利的新道路。

2012年，党的十八大把生态文明建设纳入中国特色社会主义事业“五位一体”总体布局，党的十九大报告指出：“我们要建设的现代化是人与自然和谐共生的现代化，既要创造更多物质财富和精神财富以满足人民日益增长的美好生活需要，也要提供更多优质生态产品以满足人民日益增长的优美生态环境需要。”[②]2018年3月通过的宪法修正案将生态文明写入宪法，实现了党的主张、国家意志、人民意愿的高度统一。[③]党的二十大报告将人与自然和谐共生的现代化列为中国式现代化的五大特征之一，“我们坚持可持续发展，坚持节约优先、保护优先、自然恢复为主的方针，像保护眼睛一样保护自然和生态环境，坚定不移走生产发展、生活富裕、生态良好的文明发展道路，实现中华民族永续发展”[④]。

一、“中国式现代化是人与自然和谐共生的现代化”

1935年，地理学家胡焕庸先生，由黑龙江瑷珲（黑河）至云南腾冲，在中国地图上画了一条接近45度的线，把中国分成东南和西北两壁。东南43%的国土，居住着中国94%左右的人口，以平原、水网、低山丘陵和喀斯特地貌为主，生态环境压力巨大；西北57%的国土，居住着全国6%的人口，以草原、戈壁沙漠、绿洲和雪域高原为主，生态系统非常脆弱。[⑤]改革开放以来，中国生态系统支撑着14亿多人口经济总量的飞速跃升，走过了发达国家几百年才走过的路，但是哺育了中华文明的这片沃土也因此更加脆弱，恢复和保护生态环境已经刻不容缓。

---

① ［英］张夏准：《富国陷阱：发达国家为何踢开梯子？》，蔡佳译，社会科学文献出版社2020年版。

② 习近平：《决胜全面建成小康社会　夺取新时代中国特色社会主义伟大胜利——在中国共产党第十九次全国代表大会上的报告》，人民出版社2017年版，第50页。

③ 参见《习近平生态文明思想学习纲要》，学习出版社、人民出版社2022年版，第15页。

④ 习近平：《高举中国特色社会主义伟大旗帜　为全面建设社会主义现代化国家而团结奋斗——在中国共产党第二十次全国代表大会上的报告》，人民出版社2022年版，第23页。

⑤ 参见《习近平生态文明思想学习纲要》，学习出版社、人民出版社2022年版，第13—14页。

党的十八大以来，在习近平生态文明思想的指导下，美丽中国扎实稳步推进，取得了丰硕成果（见图 1）。中国为保护生态环境制定了严密的法律制度体系。2015 年 4 月，中共中央、国务院印发《关于加快推进生态文明建设的意见》。同年 9 月，《生态文明体制改革总体方案》出台，为我国生态文明建设作出了顶层设计，此后，数项改革方案相继得到落实，生态文明制度体系的“四梁八柱”得以确立。体制机制方面，中央生态环境保护督察、自然资源资产产权制度、生态文明建设目标评价考核制度和责任追究制度、生态补偿制度、河湖长制、林长制等重大改革措施相继出台。① 体制机制的有效建立和落实，把生态文明建设推向深入和常态化，2023 年 3 月，自然资源部宣布海南热带雨林国家公园、江苏大丰麋鹿国

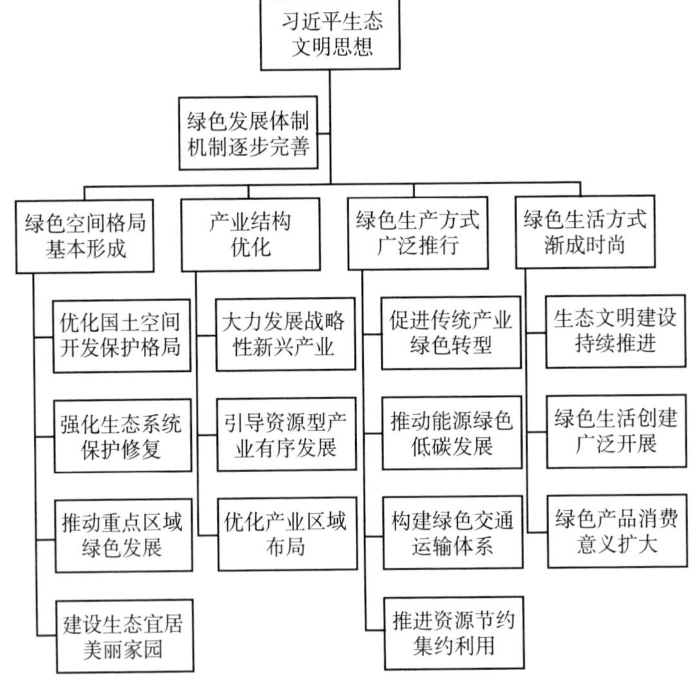

图 1　新时代的美丽中国建设

资料来源：根据《习近平生态文明思想学习纲要》、《新时代的中国绿色发展》白皮书制作。

---

① 参见甄敬怡：《一个字的分量：生态文明建设逐“绿”而行》，《中国改革报》2023 年 3 月 5 日。

家级自然保护区、山东昆嵛山国家级自然保护区等首批重点区域已经完成自然资源确权登记，产权主体的清晰划定将为自然资源有效监管、严格保护和所有者权益行使提供有力支撑。①

新时代生态环境保护由形成绿色空间格局、优化产业结构、推行绿色生产方式和推广绿色生活方式等全方位立体的具体路径构成。从绿色空间格局看，通过划定生态保护红线和编制生态保护修复规划，巩固了以青藏高原生态屏障区、黄河重点生态区（含黄土高原生态屏障）、长江重点经济生态区（含川滇生态屏障）、东北森林带、北方防沙带、南方丘陵山地带、海岸带为依托的“三区四带”生态安全格局。初步建立了以国家公园为主体、自然保护区为基础、各类自然公园为补充的自然保护地体系，正式设立三江源、大熊猫、东北虎豹、海南热带雨林、武夷山首批 5 个国家公园，截至 2021 年底，已建立各类自然保护地近万处，占国土陆域面积的 17% 以上。②

从产业结构和绿色生产方式看，中国坚决遏制“两高一低”项目盲目发展，印发《“十四五”全国清洁生产推行方案》，全面推行绿色生产发展。“十三五”期间累计退出过剩钢铁产能 1.5 亿吨以上，加速工业企业数字化绿色低碳发展，十年时间里，高技术制造业占规模以上工业增加值比重从 2012 年的 9.4% 提高到 2021 年的 15.1%。积极培育绿色发展动能，印发实施《关于加快建立健全绿色低碳循环发展经济体系的指导意见》，发布绿色产业发展指导目录，培育壮大绿色产业，比如新能源汽车，2021 年我国新能源汽车年产销量均突破 350 万辆，连续 7 年位居全球第一。③

我国光伏组件和多晶硅产量、光伏新增装机量、光伏累计装机量已经连续多年位居全球首位。2022 年全球光伏新增装机规模大约在 280 吉瓦

① 杨舒：《自然资源部：首批重点区域自然资源确权登记完成登簿》，《光明日报》2023 年 3 月 2 日。

② 参见中华人民共和国国务院新闻办公室：《新时代的中国绿色发展》，2023 年 1 月，见 http://www.scio.gov.cn/m/zfbps/32832/Document/1735706/1735706.htm。

③ 参见赵辰昕：《深入学习贯彻习近平生态文明思想大力推动绿色低碳循环发展》，《环境与可持续发展》2022 年第 5 期。

至 330 吉瓦，其中我国约为 95 吉瓦至 120 吉瓦。[①] 工信部电子信息司电子基础处处长金磊表示，光伏产业是我国少有的获得全球竞争优势并实现端到端安全可控的新兴产业（见表 7）。[②]2012 年以来，青海省海南藏族自治州依托光照资源和大面积荒漠化土地资源，大力推进千万千瓦级新能源基地建设，塔拉滩上的光伏发电园区已经超过 300 平方公里，超过 60 家光伏企业入驻园区。光伏产业不仅实现了绿色发电，而且由于密集的光伏板阻挡了风沙，地表下水分蒸发大幅减少，草地的涵养水源能力提升，土地荒漠化得到遏制。[③]

表 7　中国光伏行业产业链及代表性企业

<table>
<tr><th>上游</th><th colspan="2">中游</th><th>下游</th></tr>
<tr><td>硅料的采集、铸锭和硅片的制造</td><td colspan="2">电池片、电池组件的制造以及发电系统的集成</td><td>应用</td></tr>
<tr><td>单晶硅生产：
·中环股份·神工股份
·隆基股份·拓日新能</td><td>电池片生产：
·通威股份·恒星科技
·中利集团·易成新能</td><td>光伏组件生产：
·隆基股份·晶澳科技
·拓日新能·晶科</td><td>户用分布式光伏</td></tr>
<tr><td>多晶硅生产：
·保利协鑫·特变电工
·通威股份·大全能源</td><td rowspan="2">逆变器：
·阳光电源·海陆重工
·茂硕电源·科士达</td><td rowspan="2">光伏发电系统集成：
·亿晶光电·中节能太阳能
·正泰电器·通威股份</td><td>工商企业分布式光伏</td></tr>
<tr><td>硅片生产：
·中环股份·上机数控
·隆基股份·京运通</td><td>光伏电站</td></tr>
</table>

资料来源：前瞻产业研究院：《2022 年中国光伏行业全景图谱》，2021。

从绿色生活方式看，环境质量明显改善。中国空气质量大幅提升，主

① 丁怡婷：《2022 年光伏产业规模持续增长：产品出口总额超 512 亿美元》，《人民日报》2023 年 2 月 17 日。

② 王璐、于瑶：《需求旺盛，光伏产业加快提质升级》，《经济参考报》2023 年 2 月 23 日。

③ 解统强：《青海：光伏产业带动经济发展和生态改善》，2022 年 7 月 28 日，见 http://www.news.cn/politics/2022-07/28/c_1128872388.htm。

要大气污染物排放量大幅减少。2020 年，地级及以上城市优良天数比例为 87%。水环境质量显著改善，2020 年底，全国地级及以上城市 2914 个黑臭水体消除比例达 98.2%，全国地表水优良比例提升至 83.4%，Ⅰ、Ⅱ和Ⅲ类湖泊水体清澈程度良好的湖泊数量比例由 2015 年的 90.1% 增加到 2019 年的 92.5%。海洋环境质量改善，2020 年，全国近岸海域优良（一、二类）水质比例为 77.4%，比 2015 年上升 9 个百分点。① 中国积极弘扬生态文明价值理念，推动全面持续提升节约意识、环保意识、生态意识，自觉践行简约适度、绿色低碳的生活方式，形成了全社会共建美丽中国的良好氛围。

党的二十大报告在总结新时代十年伟大变革时指出："我们坚持绿水青山就是金山银山的理念，坚持山水林田湖草沙一体化保护和系统治理，全方位、全地域、全过程加强生态环境保护，生态文明制度体系更加健全，污染防治攻坚向纵深推进，绿色、循环、低碳发展迈出坚实步伐，生态环境保护发生历史性、转折性、全局性变化，我们的祖国天更蓝、山更绿、水更清。" ②

二、"构建经济与环境协同共进的地球家园" ③

长城脚下、妫水河畔，习近平主席于 2019 年 4 月在北京世界园艺博览会开幕式发出呼吁，"面对生态环境挑战，人类是一荣俱荣、一损俱损的命运共同体，没有哪个国家能独善其身。唯有携手合作，我们才能有效应对气候变化、海洋污染、生物保护等全球性环境问题，实现联合国 2030 年可持续发展目标。只有并肩同行，才能让绿色发展理念深入人心、

① 参见中华人民共和国外交部：《中国落实 2030 年可持续发展议程：国别自愿陈述报告》，2021 年 6 月，第 23—30 页。

② 习近平：《高举中国特色社会主义伟大旗帜　为全面建设社会主义现代化国家而团结奋斗——在中国共产党第二十次全国代表大会上的报告》，人民出版社 2022 年版，第 11 页。

③ 《习近平外交演讲集》第二卷，中央文献出版社 2022 年版，第 385 页。

全球生态文明之路行稳致远”[①]。

中国坚持多边主义，汇全球之力，共塑美丽世界。2015年11月30日，习近平主席在气候变化巴黎大会开幕式上的讲话中强调：“巴黎协议不是终点，而是新的起点。作为全球治理的一个重要领域，应对气候变化的全球努力是一面镜子，给我们思考和探索未来全球治理模式、推动建设人类命运共同体带来宝贵启示。”[②]2021年《中国应对气候变化的政策与行动》白皮书强调，“中国呼吁国际社会紧急行动起来，全面加强团结合作，坚持多边主义，坚定维护以联合国为核心的国际体系、以国际法为基础的国际秩序，坚定维护《联合国气候变化框架公约》及其《巴黎协定》确定的目标、原则和框架，全面落实《巴黎协定》，努力推动构建公平合理、合作共赢的全球气候治理体系”[③]。

2021年10月，《生物多样性公约》缔约方大会第十五次会议（COP15）第一阶段会议在云南昆明召开。COP15是中国首次以主席国身份领导联合国重要环境条约谈判，中国以最高级别政治意愿和领导力推动会议取得圆满成功。习近平主席在开幕式致辞中强调生物多样性是人类生存和发展的基础，保护生物多样性有助于促进人类可持续发展，“国际社会要加强合作，心往一处想、劲往一处使，共建地球生命共同体”。习近平主席宣布，“中国将率先出资十五亿人民币，成立昆明生物多样性基金，支持发展中国家生物多样性保护事业”[④]。2022年12月，COP15第二阶段会议在加拿大蒙特利尔召开，在磋商谈判最关键时刻，习近平主席发表重要讲话，呼吁国际社会团结一致携手努力，为会议成功注入强大动能。[⑤]中国

① 习近平：《共谋绿色生活，共建美丽家园——在2019年中国北京世界园艺博览会开幕式上的讲话》，《人民日报》2019年4月29日。

② 习近平：《携手构建合作共赢、公平合理的气候变化治理机制——在气候变化巴黎大会开幕式上的讲话》，人民出版社2015年版，第4页。

③ 中华人民共和国国务院新闻办公室：《中国应对气候变化的政策与行动》，载《中国政府白皮书汇编（2021年）》下卷，第880页。

④ 《习近平外交演讲集》第二卷，中央文献出版社2022年版，第386页。

⑤ 参见林小春等：《通向人与自然和谐共生美好未来的新起点：写在〈生物多样性公约〉第十五次缔约方大会第二阶段会议闭幕之际》，《新华每日电讯》2022年12月22日。

作为主席国成功引领大会通过了全球高度期待的"昆明—蒙特利尔全球生物多样性框架"，为今后直至2030年乃至更长一段时间的全球生物多样性治理擘画新蓝图。①

中国支持多边组织为全球绿色发展提供金融支持。2020年9月，亚投行出台首个中长期发展战略（2021—2030），绿色基础设施被列为四大业务重点领域之一。亚投行设立了到2025年气候融资至少占核准融资总额50%的目标，2022年亚投行全年气候融资占比达到了55%。②2013年3月，金砖国家领导人第五次会晤同意建立新开发银行，2014年金砖国家领导人第六次会晤期间，五国领导人见证签署《成立新开发银行的协议》，2015年7月，新开发银行在上海开业。③据统计，截至2022年6月，新开发银行已累计批准对85个发展项目提供超过310亿美元资金支持，该机构未来5年还将为成员国提供300亿美元资金支持，其中40%的资金将用于减缓气候变暖进程，支持新兴市场和发展中国家寻找既契合各国自身发展战略又符合全球可持续发展目标的发展议程。④

中国坚持共同但有区别的责任原则，平衡全球生态责任与发展权利，为发展中国家高擎环境正义的旗帜。生态足迹（ecological footprint）形象地说明了人类与自然生态系统之间的交互作用："一只负载着人类与人类所创造的城市、工厂……的巨脚踏在地球上留下的脚印。"人类消费的各种产品、资源和服务都追溯到提供生产消费所需的原始物质与能量的生态生产性土地，即具有生态生产能力的土地或水体的面积。在一定技术条件下，要维持某一物质消费水平下的某一人口的持续生存必需的生

① 黄垚、史霄萌：《"昆明—蒙特利尔全球生物多样性框架"成功通过》，《人民日报》2022年12月20日。

② 参见潘洁：《开业运营7周年，亚投行"朋友圈"何以越来越大？》，2023年1月17日，见 http://www.news.cn/world/2023-01/17/c_1129291516.htm。

③ 中华人民共和国外交部：《新开发银行》，2022年9月，见 http://new.fmprc.gov.cn/web/wjb_673085/zzjg_673183/gjjjs_674249/gjzzyhygk_674253/xkfyh1/gk_700166/。

④ 罗熙丹、陈一鸣：《为完善全球治理发挥更大作用》，《人民日报》2022年6月22日。

态生产性土地的面积即为生态足迹。一国自然资源的出口不构成该国的足迹需求，而自然资源的进口则构成该国的足迹需求，当一国或地区生态承载力小于其足迹需求时，就出现了生态赤字，反之则出现了生态盈余。[①]通过测算，2018年，全球人均生态足迹为2.8全球公顷（gha），生态赤字为1.2gha。高收入国家的人均足迹需求远高于中低收入国家，美国人均生态足迹是8.1gha，生态赤字为4.7gha，刚果人均生态足迹只有0.8gha，生态盈余为1.4gha。[②]

全球生态足迹的现实说明：第一，从生态上看，美国的现代化模式和过度依赖化石能源的发展模式（卡塔尔、阿联酋、科威特等海湾合作国家被认为是发展中高收入国家）是难以持续的；第二，无论是从历史，还是从现实看，发达国家对全球生态系统造成的负面影响都远远超过发展中国家，而且后者还面临着艰巨的发展任务。因此，发达国家需要在技术和资金上为全球生态保护作出更大的贡献。在关乎环境正义与公平的问题上，中国始终为发展中国家发声，2015年习近平主席在气候变化巴黎大会上强调，“获取资金技术支持、提高应对能力是发展中国家实施应对气候变化行动的前提。发达国家应落实到2020年每年动员1000亿美元的承诺，2020年后向发展中国家提供更加强有力的资金支持。此外，还应该向发展中国家转让气候友好型技术，帮助其发展绿色经济”[③]。

中国坚持身体力行，建设美丽世界，展现大国担当。2020年，中国向世界庄严承诺：二氧化碳排放力争于2030年前达到峰值，努力争取2060年前实现碳中和（见表8）。[④] 2022年1月25日，习近平主席

① 参见刘慧、唐健：《生态足迹视角下的生态不平等交换》，《外交评论》2010年第3期。

② 数据参见：https://data.footprintnetwork.org/?_ga=2.160243389.1014284782.1678537308-1051912937.1678331499#/。

③ 习近平：《携手构建合作共赢、公平合理的气候变化治理机制——在气候变化巴黎大会开幕式上的讲话》，人民出版社2015年版，第3页。

④ 参见习近平：《在第七十五届联合国大会一般性辩论上的讲话》，《人民日报》2020年9月23日。

在中共中央政治局第三十六次集体学习时强调，“实现‘双碳’目标，不是别人让我们做，而是我们自己必须要做”①。《经济日报》调研组认为推进“双碳”，是我国破解资源环境约束突出问题、实现可持续发展的迫切需要；是我国顺应进步趋势、推动经济结构转型升级的迫切需要；是我国满足人民群众日益增长的优美生态环境需求、促进人与自然和谐共生的迫切需要；是我国主动承担大国责任、推动构建人类命运共同体的迫切需要。② 从碳达峰到碳中和，欧盟将用 71 年，美国将用 43 年，日本将用 37 年，而中国给自己定的目标是 30 年，作为世界上最大的发展中国家，中国将用历史上最短的时间完成全球最高碳排放强度降幅。③

表 8　中国的“双碳”行动

	主要内容
顶层设计	“1+N”的双碳政策体系： ·2021 年 10 月，《中共中央国务院关于完整准确全面贯彻新发展理念做好碳达峰碳中和工作的意见》。2021 年 10 月 26 日，国务院发布《2030 年前碳达峰行动方案》。 ·发改委、工信部、生态环境部等部委出台能源、工业、交通运输、城乡建设等分领域分行业碳达峰实施方案，以及科技支持、标准计量体系、监督考核等保障方案。
制度保证	·2021 年 3 月，“十四五”规划和 2035 年远景目标纲要将“2025 年单位 GDP 二氧化碳排放较 2020 年降低 18%”作为约束性指标； ·2021 年，中国成立碳达峰碳中和工作领导小组。各省（区、市）陆续成立碳达峰碳中和工作领导小组，加强地方碳达峰碳中和工作统筹。

① 《习近平在中共中央政治局第三十六次集体学习时强调　深入分析推进碳达峰碳中和工作面临的形势任务，扎扎实实把党中央决策部署落到实处》，《人民日报》2022 年 1 月 26 日。

② 参见本报调研组：《以新发展理念推进碳达峰碳中和：正确认识和把握碳达峰碳中和》，《经济日报》2022 年 8 月 29 日。

③ 参见国际锐评评论员：《美方应为中美气候变化合作创造有利条件》，2021 年 9 月 7 日，见 http://m.news.cctv.com/2021/09/06/ARTIGrIpZnRqXyBvqcZHc5zM210906.shtml。

续表

		主要内容
过程推进	绿色低碳发展道路	·实施减污降碳协同治理； ·加快形成绿色发展的空间格局； ·大力发展绿色低碳产业，坚决遏制高耗能高排放项目盲目发展。2020 年 10 月，国务院通过《新能源汽车产业发展规划（2021—2035 年）》；2021 年 2 月，国务院印发《关于加快建立健全绿色低碳循环发展经济体系的指导意见》； ·优化能源结构，强化能源节约与效能提升，推动自然资源节约集约利用。
	发挥市场机制作用	·2011 年 10 月，碳排放权交易地方试点工作在北京、天津、上海、重庆、广东、湖北、深圳 7 个省市启动；2013 年起，7 个试点碳市场陆续开始线上交易，覆盖电力、钢铁、水泥等 20 多个行业近 3000 家重点排放单位；2021 年 2 月，《碳排放权交易管理办法（试行）》施行；同年 7 月，全国碳排放权交易市场启动上线交易，截至 2022 年 7 月，碳排放配额累计成交量 1.94 亿吨，累计成交额 84.92 亿元； ·2022 年 12 月，发改委、科技部印发《关于进一步完善市场导向的绿色技术创新体系实施方案（2023—2025 年）》。
	增强适应气候变化能力	·推动和实施适应气候变化重大战略。2020 年启动编制《国家适应气候变化战略 2035》。 ·开展重点区域适应气候变化行动。 ·推进重点领域适应气候变化行动。 ·强化监测预警和减灾防灾能力。
能力支撑	统计核算体系	·2021 年，印发《企业温室气体排放报告核查指南（试行）》； ·碳达峰碳中和工作领导小组办公室设立碳排放统计核算工作组； ·2022 年，市场监管总局等九部门联合发布《建立健全碳达峰碳中和标准计量体系实施方案》。
	绿色金融支撑	2016 年 8 月，中国人民银行、财政部等七部委发布《关于构建绿色金融体系的指导意见》。截至 2022 年 8 月，浙江衢州、浙江湖州、广州花都区、贵州贵安新区、江西赣江新区、新疆哈密市、新疆昌吉回族自治县、新疆克拉玛依市、甘肃兰州新区和重庆等绿色金融改革试验区已经正式启动。
	科技创新支撑	·国家重点研发计划开展 10 多个应对气候变化科技研发重大专项，积极推广温室气体削减和利用领域 143 项技术的应用； ·成立二氧化碳捕集、利用和封存（CCUS）创业技术创新战略联盟、CCUS 专委会等专门机构，推动 CCUS 领域技术进步、成果转化； ·2021 年，发改委、科技部、工信部和自然资源部等印发《绿色技术推广目录（2020 年）》。

资料来源：作者根据《中国应对气候变化的政策与行动》白皮书和政府网站信息整理。

党的十八大以来，在新发展理念指引下，中国从顶层设计、制度保证、过程推进和支撑能力全方位入手，加速推进中国发展的低碳转型，为实现双碳目标奠定了良好的制度、技术和社会基础。尤其是，得益于我国制造和科研能力提升、超大市场规模效应和政策资金支持等诸多有利条件，我国资源利用效率不断提高，能源结构不断优化，新能源产业高质量发展。

2012 年至 2021 年，我国以年均 3% 的能源消费增速支撑了年均 6.6% 的经济增长，能耗强度累计下降 26.4%，相当于少用标准煤炭 14 亿吨，少排放二氧化碳近 30 亿吨，是全球能耗强度降低最快的国家之一①；煤炭占能源消费总量的比重从 68.5% 下降至 56.0%，非化石能源消费占比达到 16.6%；风、光、水、生物质发电装机容量稳居世界第一②，2019 年我国水能、风能、太阳能发电装机容量占世界比重分别达到 30.1%、28.4% 和 30.9%，2008 年至 2018 年年均增速分别为 6.5%、102.6% 和 39.5%，而同期世界平均增速仅为 2.5%、46.7% 和 19.1%③；2022 年我国新能源汽车持续爆发式增长，产销分别完成 705.8 万辆和 688.7 万辆，同比增长 96.9% 和 93.4%，连续 8 年保持全球第一。④

中国正加强对新能源前沿技术的研究投入，在不少领域处于全球领先位置。比如，核聚变技术将氢原子核相互碰撞之际产生的能量用于发电，理论上，1 克燃料可产生相当于 8 吨石油的能量。其安全性高于核电，且作为燃料的重氢和氚能可以从海水中获得，因此一旦实用落地，将成为人类发展去碳化的一张王牌。日本调查公司阿斯塔姆斯（Astamuse）根据专利可行性和权利剩余保护期等衡量指标，对中美欧日等 30 个国家和地区在 2011 年至 2022 年 9 月申请的 1133 项相关专利进行统计排名，中国总体得分高居榜首（见表 9）。按申请企业和研究机构的国籍来看，中国同样排在首位（见表 10），在前 20 家组织的专利中，中国科学院拥有的用

① 参见孙金龙：《促进人与自然和谐共生》，《环境与可持续发展》2022 年第 6 期。

② 黄润秋：《深入学习贯彻党的二十大精神，努力建设人与自然和谐共生的美丽中国》，《环境与可持续发展》2022 年第 6 期。

③ 本报调研组：《以新发展理念推进碳达峰碳中和：正确认识和把握碳达峰碳中和》，《经济日报》2022 年 8 月 29 日。

④ 王政：《我国新能源汽车产销连续 8 年全球第一》，《人民日报》2023 年 1 月 24 日。

于核聚变炉内壁的特殊陶瓷复合材料技术获得的评价最高。①

表 9　核聚变专利竞争力排名

排名	国别	竞争力得分（万）
1	中国	4.32
2	美国	3.81
3	英国	3.79
4	日本	1.66
5	俄罗斯	0.98

资料来源：《核聚变专利竞争力：中国第 1，美国第 2》，日经中文网，2023 年 2 月 23 日。

表 10　核聚变专业企业 / 研究机构竞争力排名

排名	企业 / 研究机构	国别	分数	专利件数
1	托卡马克能源	英国	25015	110
2	中国科学院	中国	15242	76
3	核工业西南物理研究院	中国	10109	51
4	罗斯托姆	俄罗斯	9821	17
5	滨松光子学	日本	7459	23
6	非线性离子动力有限公司	美国	6020	15
7	丰田	日本	5361	13
8	牛津大学科技创新	英国	5343	42
9	洛克希德 · 马丁	美国	4391	14
10	西南交通大学	中国	3915	3

资料来源：《核聚变专利竞争力：中国第 1，美国第 2》，日经中文网，2023 年 2 月 23 日。

“一带一路”倡议是建设美丽世界、助力沿线国家实现碳达峰碳中和的重要平台。2017 年 5 月，习近平主席在“一带一路”国际合作高峰论坛开幕式演讲中提出：“我们要践行绿色发展的新理念，倡导绿色、低碳、循环、可持续的生活方式，加强生态环保合作，建设生态文明，共同实现 2030 年可持续发展目标。”②2021 年 11 月，习近平总书记在第三次“一带一路”建设座谈会上强调：“要支持发展中国家能源绿色低碳发

① 《核聚变专利竞争力：中国第 1，美国第 2》，日经中文网，2023 年 2 月 23 日。

② 习近平：《携手推进“一带一路”建设——在“一带一路”国际合作高峰论坛开幕式上的演讲》，人民出版社 2017 年版，第 10 页。

展，推进绿色低碳发展信息共享和能力建设，深化生态环境和气候治理合作。”①

随着工业化、城市化过程的展开，新兴和发展中经济体的能源需求将会持续增加，比如2020—2030年，东南亚和非洲的电力需求预计将增加50%以上，而印度将增加60%以上。因此，要实现《巴黎协定》的各项目标，未来数年必须推动新兴和发展中经济体对风力发电、太阳能发电、低碳交通和诸如绿色氢能、可持续航空燃料、绿色钢铁和绿色水泥等新一代技术的投资。世界经济论坛和普华永道中国的联合报告指出：“作为全球最大的太阳能电池板、风力发电机、电池和电动车的生产国，中国完全可以在实施‘一带一路’倡议的过程中，向新兴和发展中经济体提供低碳技术。‘一带一路’是有史以来最大规模的对外基础设施投资计划之一。随着成本的下降，这些技术的经济和环境价值不断提高，因而日益受到各方青睐。”②

表11　绿色“一带一路”建设

	主要内容
理念引领	·2015年，发改委、外交部、商务部联合发布《推动共建丝绸之路经济带和21世纪海上丝绸之路的愿景与行动》，提出强化基础设施绿色低碳化建设和运营管理，在建设中充分考虑气候变化影响； ·2017年4月，环保部、外交部、发改委、商务部联合发布《关于推进绿色“一带一路”建设的指导意见》，强调在“一带一路”建设中突出生态文明理念，推动绿色发展，加强生态环境保护，共同建设绿色丝绸之路； ·2017年5月，环保部印发《“一带一路”生态环境保护合作规划》； ·2021年6月，29国发布“一带一路”绿色发展伙伴关系倡议，聚焦绿色低碳发展、政策沟通与协调、生态和水资源保护、环境友好和抗风险基础设施建设、清洁能源开发利用等领域加强合作； ·2021年9月，《中共中央国务院关于完整准确全面贯彻新发展理念做好碳达峰碳中和工作的意见》，提出加快“一带一路”投资合作绿色转型；

① 申宏：《习近平在第三次“一带一路”建设座谈会上强调以高标准可持续惠民生为目标，继续推动共建“一带一路”高质量发展》，《人民日报》2021年11月20日。

② 世界经济论坛、普华永道中国：《促进“一带一路”倡议绿色发展：发挥金融和技术的作用，推动低碳基础设施建设》，2022年1月，第4页。

续表

	主要内容
理念引领	·2022年3月，发改委等部门发布《关于推进共建“一带一路”绿色发展的意见》，提出到2025年，共建“一带一路”生态环保与气候变化国际交流合作不断深化，绿色丝绸之路理念得到各方认可，绿色基建、绿色能源、绿色交通、绿色金融等领域务实合作扎实推进，绿色示范项目引领作用更加明显，境外项目环境风险防范能力显著提升，共建“一带一路”绿色发展取得明显成效；到2030年，共建“一带一路”绿色发展理念更加深入人心，绿色发展伙伴关系更加紧密，“走出去”企业绿色发展能力显著增强，境外项目环境风险防控体系更加完善，共建“一带一路”绿色发展格局基本形成。
标准设定	·2016年，国务院办公厅发布《关于建立统一的绿色产品标准、认证、标识体系的意见》，提出围绕服务对外开放和“一带一路”建设战略，推进绿色产品标准、认证认可、检验检测的国际交流与合作，推动绿色产品认证与标识的国际互认，推动我国绿色产品标准、认证、标识制度走出去，提升我国参与相关国际事务的制度性话语权； ·2022年，《关于推进共建“一带一路”绿色发展的意见》强调积极参与国际绿色标准制定，加强与共建“一带一路”国家绿色标准对接。鼓励行业协会等机构制定发布与国际接轨的行业绿色标准、规范及指南。
具体举措	·促进煤电等项目绿色低碳发展。全面停止新建境外煤电项目，稳慎推进在建境外煤电项目。推动建成境外煤电项目绿色低碳发展，鼓励相关企业加强煤炭清洁高效利用，采用高效脱硫、脱硝、除尘以及二氧化碳捕集利用与封存等先进技术，升级节能环保设施。研究推动钢铁等行业国际合作绿色低碳发展。 ·加强沿线国家在绿色基础设施互联互通、绿色能源、绿色交通、绿色产业、绿色贸易、绿色科技和应对气候变化等领域的合作。
支撑保障	·资金保障：(1) 2018年，中国金融学会绿色金融专业委员会和伦敦金融城共同发起“一带一路”绿色投资原则（GIP）。已有40余家来自中国、发达国家和“一带一路”沿线国家的金融机构签署GIP，各项原则逐步得到落实。 (2) 我国主要金融机构通过贷款、股权、债权等多元化渠道支持“一带一路”绿色项目。统计显示，我国金融机构以股权投资形式在南亚、东南亚“一带一路”沿线国家参与大量风电项目，在孟加拉国、阿富汗、越南和巴基斯坦投资了光伏项目；国家开发银行为赞比亚提供贷款建设了近1600个太阳能磨坊厂；光大集团于2020年4月成立“一带一路绿色股权投资基金”，支持“一带一路”沿线绿色发展。①

① 中国人民银行国际司课题组：《以绿色金融合作支持“一带一路”建设》，《中国金融》2021年第22期。

续表

	主要内容
支撑保障	· 平台保障：(1) 2015 年，成立"一带一路"生态环境保护领导小组。 (2) 2016 年，中国与联合国环境规划署签署关于建设绿色"一带一路"的谅解备忘录。 (3) 2018 年 4 月，生态环境部宣布成立"一带一路"绿色供应链合作平台。该平台由生态环境部指导，由中国—东盟环境保护合作中心联合相关政府部门、研究机构、社会组织自愿发起并成立的综合性、国际性、非营利性合作组织。 (4) 2018 年 5 月，习近平主席在全国生态环境保护大会上表示，要建立"一带一路"绿色发展国际联盟，让生态文明的理念和实践造福沿线各国人民。2019 年 4 月，绿色联盟召开第一次全体会议。2020 年、2021 年，绿色联盟发布《"一带一路"项目绿色发展指南》研究项目一期和二期成果。
	· 能力保障：(1) 2013 年，成立了中国科学院和发展中国家科学院绿色技术卓越中心（CEGT），致力于推动与发展中国家的绿色技术合作，2018 年发起成立国际绿色技术联盟，构建"一带一路"绿色技术创新体系，促进科技成果转化。CEGT 建成了中—缅—蒙—刚绿色矿产国际联合实验室、中—泰—马可再生能源国际联合实验室、中国—沙特—巴基斯坦石油联合中心、中—埃—苏绿色科技联合实验室。 (2)《科技支撑碳达峰碳中和实施方案（2022—2030）》，提出要深入开展"一带一路"科技创新行动计划框架下碳达峰碳中和技术研发与示范国际合作。 (3) 2020 年 12 月，"一带一路"绿色发展国际研究院成立，为绿色"一带一路"提供智库力量。

资料来源：作者根据发改委、生态环境部、科技部、"一带一路"绿色发展国际联盟、国家国际发展合作署等官方网站信息整理。

绿色"一带一路"建设已经形成了由理念引领、标准设定、具体举措和支撑保障等构成的完备体系（见表 11），取得了一系列丰硕成果。近年来，中国和墨西哥开展了多个绿色交通合作项目，在墨西哥城、蒙特雷等墨西哥主要城市，来自中国的无轨电车、轻轨电车、胶轮地铁、电动卡车、电动出租车已经或即将为当地居民送去优质服务，成为墨西哥绿色城市建设的重要参与者。比如，2021 年 2 月，中车株洲电力机车有限公司（中车株机）研制的轻轨列车在蒙特雷轻轨 3 号线投入运营。2022 年 7 月，中车株机为墨西哥城地铁 1 号线整体现代化改造项目打造的首列胶轮地铁列车成功下线，这是中国企业自主研发、为国外定制打造的首列胶轮地铁列车。截至 2023 年 2 月，墨西哥最大的新能源交通运营商 VEMO 从比亚迪墨西哥公司合计购入1500辆电动出租车，组成了纯电动出租车车队。比亚迪墨西哥公司在墨西哥物流产业绿色转型中也扮演着重要角色，目前已经在当地投放了200多辆纯电动重型卡车和100多辆纯电动叉车，还将陆续投放200辆纯电动重型卡车。①

绿色已经成为中国和阿拉伯国家合作的一张重要名片。在科威特，中国能建葛洲坝集团参与了位于沙漠之中的穆特拉新城住房基础设施建设项目，2021年实现了项目主体工程全部移交。②2022年7月，穆特拉项目雨水收集系统顺利通过业主验收，将帮助科威特有效应对雨季暴雨、保护地下水资源，是穆特拉新城“绿色科技海绵城市”理念的生动实践。③在沙特，中国国家电投集团黄河上游水电开发有限责任公司与沙特国际电力和水务公司合作开发红海综合智慧能源项目，不仅开发太阳能和可再生能源，还为海水淡化、废水处理等提供基础设施④。在约旦，三峡国际的新能源项目包括两个风电项目和一个光伏项目，总装机容量156兆瓦，预计每年可为约旦提供4.4亿度绿色电能。山东电力建设第三工程有限公司在光照资源丰富的约旦南部荒漠地区承建的第仕24兆瓦光伏项目已经于2021年开工建设，该项目采用中国光伏发电设备和技术，是中企在约旦承建的首个光伏电站项目，为当地创造了大量就业机会。⑤

“一带一路”为巴基斯坦绿色发展提供了重要助力。2020年8月，巴基斯坦公布了《可再生能源和替代能源政策（2020）》，此后又陆续出台了多项配套措施，目标在于以发展可再生能源为契机，推动国家经济转型。⑥水电、风电等清洁能源项目是中巴合作的重点，包括卡洛特水电站在内的一些项目正将中巴经济走廊清洁和绿色愿景变为现实。卡洛特水电

---

① 墨西哥案例参见彭敏：《“以绿色科技推动当地发展”》，《人民日报》2023年2月14日。

② 周�：《“携手开展更多惠及民生的工作”》，《人民日报》2021年4月15日。

③ 参见胡冠：《高科技和绿色成为中阿合作关键词》，《新华每日电讯》2022年9月8日。

④ 黄培昭：《共建“一带一路”：为中阿合作注入新动力》，《人民日报》2021年12月14日。

⑤ 参见冀泽：《荒漠中释放绿色动能：中企助力约旦绿色能源发展》，2022年10月17日，见http://www.news.cn/silkroad/2022-10/18/c_1129069173.htm。

⑥ 参见施普皓：《“一带一路”助力巴基斯坦绿色发展》，《经济日报》2021年3月2日。

站位于巴基斯坦旁遮普省卡洛特地区，总投资约 17.4 亿美元，总装机 72 万千瓦，投产发电后年均发电量约 32 亿千瓦时，预计每年可减少二氧化碳排放 350 万吨。[①] 中国企业生产的汽车正帮助巴基斯坦建设新能源交通体系。2022 年 1 月，巴基斯坦卡拉奇绿线快速公交正式运行，同年 5 月，首批 100 多辆中国企业生产的混合动力巴士交付。2022 年 6 月，中国企业与巴基斯坦企业签订合作协议，推动新能源摩托车在巴基斯坦落地。[②]

---

① 参见李浩：《巴基斯坦：卡洛特水电站凸显中巴经济走廊清洁和绿色愿景》，2021 年 11 月 25 日，见 http://www.news.cn/2021-11/26/c_1128101329.htm。

② 程是颉：《中企助力巴基斯坦新能源交通》，《人民日报》2022 年 8 月 11 日。

结束语　共行天下大道

中国应当对于人类有较大的贡献。

——毛泽东：《纪念孙中山先生》，1956

1920 年，梁启超已经在这年的 3 月从欧洲返回上海。9 月，仅仅 16 岁的邓希贤打点行囊，从黄浦码头登上法国邮船特莱蓬（Andre-Lebom）号，挥手别故国，循着与梁启超一行人 1918 年相似的路线，启航赴欧留学。不过梁启超是先在伦敦落脚，再抵欧陆，而特莱蓬号在法国马赛港下锚，邓希贤随即来到了巴黎，10 月下旬，进入巴耶中学学习生活，学号是四二一。①

1921 年 1 月 1 月，大雪覆满长沙城，毛泽东同何叔衡、周世钊等新民学会会员召开新年大会，毛泽东主张以"改造中国与世界"为新民学会共同目的，"提出'世界'，所以明吾侪的主张是国际的；提出'中国'，所以明吾侪的下手处"，"中国问题本来是世界的问题；然从事中国改造不着眼及于世界改造，则所改造必为狭义，必妨碍世界"②。是年 7 月 23 日至 8 月初，中国共产党第一次全国代表大会在上海（后移嘉兴）召开，中国共产党诞生。从这一年开始，远在巴黎的邓希贤辗转于施奈德钢铁厂、

① 《邓小平年谱》第一卷，中央文献出版社 2020 年版，第 8—10 页。

② 《毛泽东年谱（1893—1949）》（修订本）上卷，中央文献出版社 2013 年版，第 75 页。

香布朗工厂、哈金森香蕉船和雷诺汽车等勤工俭学，1985 年他再回忆这段时光时说道："当时工资很低。但也有个好处，这样的生活使我接受了马克思主义。"①

1923 年 6 月，邓希贤加入旅欧中国共产主义青年团，在周恩来领导下，参加旅欧共青团机关刊物《少年》杂志编辑工作，因刻字工整、印刷清晰、装订典雅，被大家称为"油印博士"。1926 年 1 月 7 日，邓希贤等人搭乘火车离开巴黎，到达莫斯科后，进入莫斯科中山大学学习，修习哲学、政治经济学、经济地理和军事课等。

1927 年 1 月，离开祖国 7 年的邓希贤回国，从新疆经宁夏、山西，3 月底到达西安。同一时间段，毛泽东从长沙启程到湖南农村考察农民运动，最终成果《湖南农民运动考察报告》公开发表，产生国际性影响。②4 月 12 日，蒋介石在上海发动反革命政变，大肆逮捕和杀害共产党人和革命群众。7 月 15 日，汪精卫在武汉召开国民党中央会议，宣布同共产党决裂，随后大规模捕杀共产党人和革命群众。

为适应白色恐怖下秘密工作的需要，邓希贤改名为邓小平。8 月 7 日，中共中央紧急会议（即八七会议）召开。会议确定了实行土地革命和武装起义的方针，指明了今后革命斗争的正确方向。在这次会议上，邓小平与毛泽东首次见面，改变中国和世界历史进程的浩荡征途开启了。

从毛泽东和邓小平的人生轨迹就可以看出，中国的前途与世界之命运相互影响，彼此牵绊，中国共产党自诞生之日起，就既胸怀祖国又心忧天下，"十月革命一声炮响，给中国送来了马克思列宁主义。在中国人民和中华民族的伟大觉醒中，在马克思列宁主义同中国工人运动的紧密结合中，中国共产党应运而生。中国产生了共产党，这是开天辟地的大事变，深刻改变了近代以后中华民族发展的方向和进程，深刻改变了中国人民和

① 《邓小平年谱》第五卷，中央文献出版社 2020 年版，第 341 页。

② 参见《毛泽东年谱（1893—1949）》上卷，中央文献出版社 2013 年版，第 175—183 页。

中华民族的前途和命运，深刻改变了世界发展的趋势和格局”[①]。中国共产党的事业不断取得成功的秘诀之一就是，将立足中国实际和把握世界大势紧密结合起来，这给予了中国共产党源源不断的理论创造力、实践生命力和道义感召力。

当前，中华民族伟大复兴战略全局与百年未有之大变局在时间线上交叉重叠，在空间表现上交织互动相互影响，在行动逻辑上辩证统一：世界之变、时代之变、历史之变以前所未有的方式展开，浩浩荡荡的世界大潮再次席卷而来，中国号巨轮置身其中，分明可以感受到两股相互拉扯、截然相反的潮涌之力。一方面，世界经济复苏乏力，逆全球化思潮抬头，单边主义、保护主义明显上升，局部冲突和动荡频发，全球性问题加剧，世界进入新的动荡变革期，会对中华民族伟大复兴战略全局造成干扰，全面建设社会主义现代化国家的事业需要准备经受风高浪急甚至惊涛骇浪的重大考验；另一方面，新一轮科技革命和产业变革深入发展，国际力量对比深刻调整，尤其是，前所未有接近世界舞台中央的中国始终站在历史正确的一边，中华民族伟大复兴进程每迈进一步，世界潮流中的进步力量就前进一步。

“今日长缨在手，何时缚住苍龙？”[②]1920年，邓小平留欧时的中国，国弱民贫，在欧风美雨咄咄逼人之下，动荡飘零。一百年后的今天，以习近平同志为核心的党中央，以更加积极奋进的历史主动，统筹国内国际，既在谋求自身发展中促进世界共同发展，又在世界共同发展中推进自身发展，为解决世界经济、国际安全、全球治理等一系列重大问题提供了新的方向、新的方案、新的选择。[③] 中国的国际塑造力正不断增强，这不仅是因为中国庞大的人口、领土和经济规模，还因为中国以实际行动促进

① 习近平：《在庆祝中国共产党成立100周年大会上的讲话》，人民出版社2021年版，第3页。

② 毛泽东：《清平乐·六盘山》，参见周振甫：《毛泽东诗词欣赏》，中华书局2019年版，第66页。

③ 参见《习近平新时代中国特色社会主义思想学习纲要》（2023年版），学习出版社、人民出版社2023年版，第2页。

世界和平与发展，更因为以中国式现代化全面推进中华民族伟大复兴与推动构建人类命运共同体相向而行的本质（见图 1）。

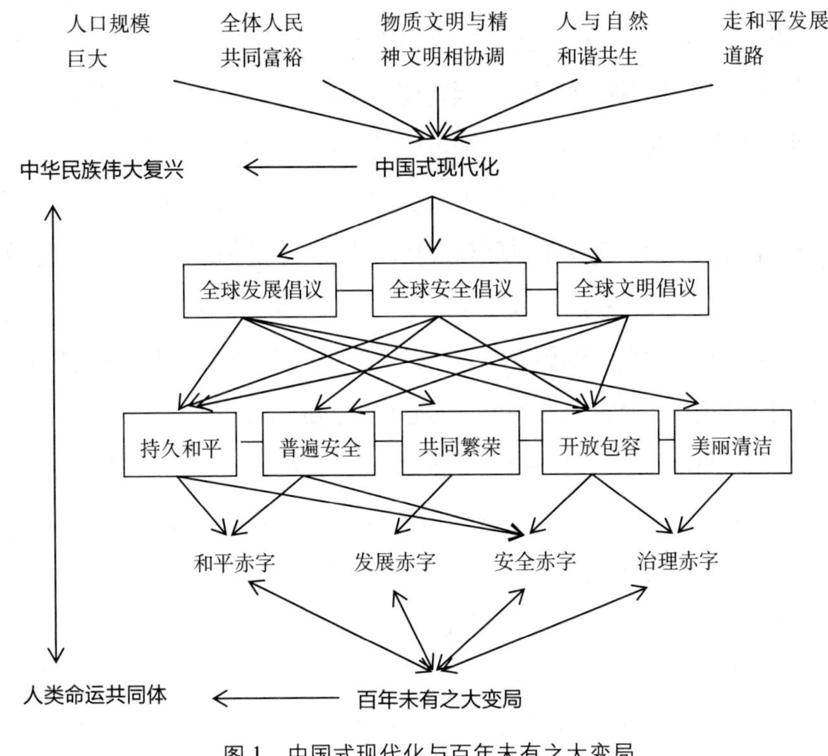

图 1　中国式现代化与百年未有之大变局

资料来源：作者自制。

中国式现代化打破了“现代化 = 西方化”的迷思，证明了人类通往幸福生活的道路不止一条：“治理一个国家，推动一个国家实现现代化，并不只有西方制度模式这一条道路，各国完全可以走出自己的道路来。”① 中国式现代化的成功意味着，“历史终结论”和“文明冲突论”蕴含的精神强制被推翻，将激发更多国家和文明释放自身活力，将现代化的普遍特征与具体现实结合起来，为人类的整体进步作出独特的贡献。精神层面的解放必然会带来人文、科学和技术的进步，人类将因此拥有更多的发展可能

① 本报评论员：《中国式现代化创造了人类文明新形态》，《人民日报》2023 年 2 月 12 日。

性、更丰沛的物质生活、更充盈的精神世界。

2023 年 4 月 21 日，习近平主席在致“中国式现代化与世界”蓝厅论坛的贺信中强调：“中方愿同各国一道，努力以中国式现代化新成就为世界发展提供新机遇，为人类探索现代化道路和更好社会制度提供新助力，推动构建人类命运共同体。”① 中国式现代化深刻的国内和国际实践，为被西方现代化理论视为障碍或不可能攻克的难题提供了全新的解法。

第一，中国式现代化是人口规模巨大的现代化。中国十四亿多人口整体迈进现代化社会，规模超过现有发达国家人口的总和，如此庞大规模的人口，实现了活力与秩序、效率与公平、民主与集中的辩证统一，创造了经济快速发展和社会长期稳定的奇迹。② 这归功于中国共产党强大的组织韧性和执政能力，对执政为民这一初心使命的担当坚守。

第二，中国式现代化是全体人民共同富裕的现代化。中国坚持把实现人民对美好生活的向往作为现代化建设的出发点和落脚点，通过实施脱贫攻坚战略消除绝对贫困，全面建成小康社会，锻造了全国人民坚定支持改革开放的团结局面，中国成为推动全球化潮流的“架海紫金梁”。这归功于中国共产党始终将发展作为执政兴国第一要务，前瞻性制定产业、贸易和金融政策，统筹国内区域平衡发展，持续推进更大范围的制度型开放。

第三，中国式现代化是物质文明和精神文明相协调的现代化。中国在

---

① 《习近平向“中国式现代化与世界”蓝厅论坛致贺信》，《人民日报》2023 年 4 月 22 日。

② 习近平总书记在学习贯彻党的二十大精神研讨班开班式上的讲话中强调：“我们用几十年时间走完西方发达国家几百年走过的工业化历程，创造了经济快速发展和社会长期稳定的奇迹。”理论界和媒体讨论比较多的是中国经济社会发展的奇迹，但却忽略了另一个奇迹，即面对如此复杂、剧烈且深刻的社会经济变革大潮，以及动荡不安的国际政治环境，中国共产党究竟是如何保持国家政治秩序和社会生活秩序的稳定的？毕竟在西方政治社会学看来，经济社会的变迁速度越快，政治秩序越倾向于陷入混乱，这被认为是拉美陷入“中等收入陷阱”的重要原因（参见李学仁：《习近平在学习贯彻党的二十大精神研讨班开班式上发表重要讲话强调，正确理解和大力推进中国式现代化》，《人民日报》2023 年 2 月 8 日；阎小骏：《中国何以稳定：来自田野的观察与思考》，中国社会科学出版社 2017 年版）。

不断提升人民幸福生活物质条件的同时，大力发展社会主义先进文化，传承中华文明，中国人在经历剧烈社会变迁的同时，始终坚定中国特色社会主义的道路自信、理论自信、制度自信、文化自信，向世界贡献中国思想、中国理论、中国智慧。这归功于中国共产党实事求是、与时俱进的理论品格，兼收并蓄、融贯中外的理论胸襟。

第四，中国式现代化是人与自然和谐共生的现代化。中国坚持可持续发展，坚定不移走生产发展、生活富裕、生态良好的文明发展道路，改写了“先发展，后治理”的老路，突破“增长的极限”，坚持共同但有区别的责任原则，为发展中国家争取发展空间，最大限度实现生态环境保护的国别和代际正义。这归功于中国共产党坚持像保护眼睛一样保护自然和生态环境，持续推进技术创新，推广清洁能源和环境友好型经济社会发展模式。

第五，中国式现代化是走和平发展道路的现代化。中国不走一些国家通过战争、殖民、掠夺等方式实现现代化的老路，不走给发展中国家人民带来沉重苦难的损人利己、充满血腥的老路，打破了“权力转移”、“大国政治的悲剧”等西方理论框架，跳出了“国强必霸”的西方思维窠臼。这归功于中国共产党坚持“君子周而不比”[①]，积极推动建设新型国际关系，奉行防御性国防政策，推动建设一个普遍安全的世界。

回答世界之问的中国方案，是在尊重其他国家发展道路选择的前提下，把握百年未有之大变局的实际，将中国式现代化成功经验创造性转化，提出全球发展倡议、全球安全倡议、全球文明倡议，以坚持走和平发展道路、始终做世界和平的建设者、进一步深化改革开放、推动“一带一路”高质量发展、构建新型国际关系、拓展全球伙伴关系网络、积极参与全球治理等全方位、立体化、持之以恒的大国外交行动，引领全球破解四大赤字，实现中华民族伟大复兴与构建人类命运共同体同频共振、彼此促

① 子曰：“君子周而不比，小人比而不周。”意为君子团结而不勾结，小人勾结而不团结。杨伯峻译注：《论语译注》，中华书局 2009 年版，第 17 页。

进。只要世界各国共行天下大道，人类在这个星球上就一定能拥有更加美好的未来。

凡是过去，皆为序章。[①]

① 语出莎士比亚名著《暴风雨》，2015 年 10 月 21 日，习近平主席在英国议会演讲时引用了该句话（参见杜尚泽等：《习近平在英国议会发表讲话》，《人民日报》2015 年 10 月 21 日）。

后　记

2008年，我在南京大学读书。历史社会学喜欢用“事情”和“事件”对发生之事的重要性进行标记，前者乃指日常之事，而“事件”则指对社会进程产生重大影响之事，它们往往是历史的风陵渡口。2008年，改革开放30周年，发生了很多事件，16年后再回望，无论之于中国史，还是之于世界史，这一年都算得上是关键节点。

这一年4月，北京奥运火炬在伦敦、巴黎传递受到阻挠。5月12日，汶川大地震，数万同胞罹难。胡锦涛总书记在什邡市灾情最严重的蓥华镇救援现场坚定地喊道：“任何困难都难不倒英雄的中国人民!”温家宝总理在北川中学高中三年级一间临时教室的黑板上写下“多难兴邦”。8月8日，北京奥运会开幕，《人民日报》9日第1版刊登了一张胡锦涛主席同贵宾们共同步入宴会大厅的照片，基辛格的一段话颇能代表很多人对这张照片的解读：这好像是在向全球宣告，“中国积贫积弱的时期，即所谓‘漫长的19世纪’”，正式结束。那晚，巨大的烟花脚印，从永定门起步，穿过前门、天安门、故宫，沿着北京中轴线一路向北，走向鸟巢。正像中国人背负着祖先、历史和对美好未来的希冀，踏着坚韧的步伐，释放着震动天地的能量，宣布我们来了，“我们准备向世界奉献文明”[①]。9月，有“华尔街最凶斗牛犬”之誉的世界第四大投行，雷曼兄弟宣布破产，次贷危机演变成了百年一遇的全球金融危机，美国拉着世界一起凝视深渊；中国迅

① ［美］亨利·基辛格：《论中国》，胡利平等译，中信出版社2015年版，第490—491页。

速从金融危机中走出来，2008 年 GDP 增速达到了 9.6%。两年后，中国 GDP 总量超越日本，成为世界第二。

事件作用于每一个个体，激发出情感变化，演化为“事一情”，融入日常生活，历史就这样塑造着我们，它或在明处或在暗处，流淌于每一个人的生命乃至言行举止。我清楚地记得，汶川地震后，逻辑学课上，授课老师领着我们为受难同胞起立默哀，在偌大的浦口报告厅里，逻辑与情感合拍共鸣。奥运火炬传递过程中，同学们自发地在宿舍、教室挂上国旗，我穿过校园，从西北方向的宿舍走到东南方向的玉辉楼大平台，到处都是红色。2008 年，历史之手把人类再次推到了小径分岔的花园，中国和世界需要选择走哪条路。

“时间现在和时间过去 / 也许都存在于时间将来 / 时间将来包容于时间过去 / 如果时间永远都是现在 / 所有的时间都不能得到拯救。”[①]1937 年淞沪会战后，美国人埃文斯・卡尔逊（Evans Fordyce Carlson）来到了山西，见到了朱德、任弼时、左权等八路军领导人，同战士们生活在一起，他随后在给美国总统富兰克林・罗斯福（Franklin Delano Roosevelt）的信中写道：“通过在这里短暂的观察，这些人的思想和行动都堪称忠诚老实。我相信他们每一个人本质上都是大公无私的，特别是在抵抗日本侵略、维护民族统一战线上，他们这一群人总是很有自制力。思想敏锐，了解世界事态，在中国我还未发现过像他们一样的其他团体。他们通情达理，对待新观念很开明，你可以像西方人一样与他们交谈和相处。”卡尔逊跟随八路军开展了一次军事行动，他们连续行军，20 小时走了近 43 英里，其间爬了 8 个山头[②]，最终突破了日本人的包围。卡尔逊记得那个夜晚，一轮满月从东方升起，它的光辉洒向大地，“头顶上是无比清澈的苍穹，闪烁着亲切的繁星。除了卧倒的人影在沉睡中发出呼吸声，四周一片寂静。如果不是有这些进入梦乡的人，我觉得自己也许是在欧洲或者美国的一座山

① ［英］T. S. 艾略特：《四个四重奏》，裘小龙译，译林出版社 2017 年版，第 187 页。

② 参见舒暲、赵岳编著：《太阳正在升起——卡尔逊亲历的中国抗战》，北京出版社 2018 年版，第 32、41 页。

顶上。夜色何其相似”[①]。

卡尔逊的优美文字告诉我们，对于一个更加纯粹美好世界的向往，人性总是相通的。20 世纪 50 年代，美国现代民谣之父皮特·西格（Pete Seeger）遭受麦卡锡主义的迫害，这位左翼歌手曾在演唱会上为听众演奏《三大纪律八项注意》的旋律。在被右翼势力指控的那段艰难日子里，西格经常在为大学生举办的演唱会上演唱一首民歌《我怎能停止歌唱》（*How Can I Keep from Singing*），我将此歌的前两个小节抄录如下：[②]

我生活的地方是一片歌声的海洋
尽管人世间仍然充满了忧伤
我听见了那来自远方的声音
那清晰的歌声带来了新世纪的曙光
虽然生活中充斥着争吵和喧嚷
那音乐却始终在我耳边回响
她早已进入了我的灵魂深处
没有什么东西能让我停止歌唱

虽然那暴风雨在我身边隆隆作响
我心中的真理却仍和从前一样
虽然那黑暗正悄悄吞噬着大地
我心中的歌声却把整个世界照亮
再大的风暴也不会让我惊慌
只要我能坚持自己的理想
既然爱是整个世界的主宰
还能有什么东西会让我停止歌唱

① ［美］米契尔·布赖克福特：《卡尔逊与中国——美国人的军官、八路军的朋友》，生活·读书·新知三联书店 1985 年版，第 199—200 页。

② 袁越：《来自民间的叛逆》，新星出版社 2018 年版，第 147—148 页。

于我而言，处在这样一个新的时代，倍感自豪；也感谢人民出版社的编辑、中央党校的焦佩锋教授，他们让我有了写作这本书的机缘。同时，我也将这首歌献给我的父母和妻子，我所拥有以及所期望的一切全都来自于他们。

唐　健

2024 年 5 月 8 日于大有庄

策划编辑：曹　歌
责任编辑：曹　歌
封面设计：胡欣欣
版式设计：严淑芬
责任校对：东　昌

图书在版编目（CIP）数据

回答世界之问 / 唐健 著 . — 北京：人民出版社，2025.2
ISBN 978 – 7 – 01 – 026258 – 1

I. ①回…　II. ①唐…　III. ①国际关系 – 研究　IV. ① D81

中国国家版本馆 CIP 数据核字（2024）第 025287 号

回答世界之问
HUIDA SHIJIE ZHI WEN

唐　健　著

人民出版社 出版发行
（100706　北京市东城区隆福寺街 99 号）

北京新华印刷有限公司印刷　新华书店经销

2025 年 2 月第 1 版　2025 年 2 月北京第 1 次印刷
开本：710 毫米 ×1000 毫米 1/16　印张：16.5
字数：236 千字

ISBN 978 – 7 – 01 – 026258 – 1　定价：68.00 元

邮购地址 100706　北京市东城区隆福寺街 99 号
人民东方图书销售中心　电话（010）65250042　65289539